BAEDEKER
SMART

SÜDTIROL

Perfekte Tage auf der Sonnenseite der Alpen

Verlag Karl Baedeker – www.baedeker.com

Inhalt

Kapiteleinteilung: siehe vordere Umschlaginnenseite

TOP 10

Was muss ich gesehen haben? Unsere TOP 10 helfen Ihnen, von der absoluten Nummer eins bis zur Nummer zehn, die wichtigsten Reiseziele einzuplanen.

1 MERAN ➤ 66
Mittelalterliche Lauben, Kurstadtflair von anno dazumal, moderne Therme und die Gärten von Trauttmansdorff. Meran (Abb. links) war und ist die Nummer eins in Südtirol – daran hat sich seit Kaiserin Sisis Zeiten nichts geändert.

2 BOZEN ➤ 90
Die moderne und zugleich ländliche Landeshauptstadt Bozen hat zwei Gesichter – ein deutsches, ein italienisches – und einen Ötzi: Die Gletschermumie residiert in ihrem eigenen gut gekühlten Museum.

3 DORF & SCHLOSS TIROL ➤ 69
Die Wiege des Landes ist auch Ausgangspunkt für Wanderungen in die Texelgruppe und bietet einen grandiosen Blick auf das Etschtal.

4 NATIONALPARK STILFSER JOCH ➤ 44
Der Ortler, mit 3905 m der höchste Berg Südtirols, übertrumpft alles. Ihn aus der Nähe zu sehen, ist allemal ein Erlebnis.

5 BRIXEN ➤ 140
Die Bischofsstadt Brixen und Kloster Neustift machen deutlich, warum immer vom »Heiligen Land Tirol« die Rede ist.

6 EPPAN ➤ 94
Wenn Südtirol seinem Ruf als Weinland gerecht wird, dann im Überetsch, zwischen Eppan und Kaltern. Nirgendwo sind die Weinberge so harmonisch und die Schlösser so edel und majestätisch wie hier.

7 SEISER ALM & SCHLERNGEBIET ➤ 118
Ein 50 km^2 großes Wander- und Wintersportgebiet – und das mit Schlern, Rosengarten und Langkofelgruppe vor gewaltiger Bergkulisse.

8 MALS & GLURNS ➤ 47
Im romanisch geprägten oberen Vinschgau warten zwei Ortschaften, deren mittelalterliches Stadtbild seit 500 Jahren unverändert erhalten geblieben ist.

9 TOBLACH, INNICHEN, SEXTEN ➤ 162
Wahrzeichen des Hochpustertals rund um Toblach, Innichen und Sexten sind die Drei Zinnen, die nicht nur Kletterer magisch anziehen.

10 SCHNALSTAL ➤ 49
Begeben Sie sich auf Ötzis Spuren. Das Hochtal wartet mit herrlicher Bergwelt und den für Südtirol so typischen Holz-Bauernhöfen auf.

DAS SÜDTIROL

Erleben, was diese Region ausmacht, ihr einzigartiges Flair spüren. So, wie die Südtiroler selbst.

AUF DER ALM, DA GIBT'S KOA SÜND'

Fast jeder Südtiroler hat seine Lieblingsalm, seinen Lieblingsplatz in den Bergen. Und fast jeder Südtiroler weiß: Bei einer Almwanderung kann man die Seele baumeln lassen, den Kopf frei bekommen – und natürlich schmeckt es »auf einer Alm« einfach am besten.

PALMEN UNTER SCHNEEBEDECKTEN GIPFELN

Dieses Postkartenmotiv der Kurstadt Meran (➤ 66) ist ebenso kitschig wie wahr. Aber so ist Südtirol. Alpine Berglandschaften und mediterrane Pflanzenwelt wechseln einander nicht nur ab, sondern ergänzen sich auf wunderbare Weise. Wenn im Frühling im Tal alles blüht und die Bergspitzen noch unter einer weißen Decke stecken, dann ergibt sich genau dieses Bild, das selbst für die Einheimischen immer wieder ein Grund zum Staunen ist.

Ob Moutainbiker oder Flachlandradler – Südtirol bietet für jeden etwas

KNÖDEL UND KAISERSCHMARRN, PIZZA UND PASTA

Eigentlich müssten Südtiroler alle Kleidergröße XXL haben. Tun sie aber nicht: Und zwar weil die einheimische Küche ebenso gut wie gesund ist und weil die Kalorien dank des vielfältigen Freizeitprogramms

GEFÜHL

gleich wieder »abgeschwitzt« werden. Und so lässt sich die Speisekarte mit ihrem eigentümlichen Mix aus italienischen, Tiroler und altösterreichischen Spezialitäten genussvoll studieren. Also nur zu!

MIT DEM RAD QUER DURCHS LAND

Südtirol, eine Region für Bergsteiger und Skifahrer? Richtig! Aber Südtirol ist genau so ein Land für Radfahrer. Längst haben die Südtiroler auch das Radwandern an Etsch, Eisack und Rienz entdeckt. Und viele Urlauberfamilien machen es ihnen mittlerweile nach. Kein Wunder: So lässt sich das Land in den Bergen ganz gemütlich auf zwei Rädern entdecken, abseits vom Straßenverkehr, aber nicht fern von kulinarischen Genüssen.

URLAUB AUF DEM BAUERNHOF …

… bedeutet nicht, dass man unbedingt nur faulenzen darf. Wer bei der Arbeit auf dem Hof mithelfen und sich auf diese Weise einen Eindruck vom bäuerlichen Alltag machen will, ist gern aufgefordert, die Ärmel hochzukrempeln. Die Kinder zieht es natürlich vor allem in den Stall zu den Tieren. Endlich einmal im Dreck stehen und niemand schimpft.

BADEN IM BERGSEE

Auch in Südtirol kann es ganz schön heiß werden. Temperaturen um die 35 °C sind zwischen Mitte Juni und Mitte August keine Seltenheit. Da verschwinden die Einheimischen dann in die Sommerfrische. Und wer in die Berge flüchtet, hat Badeklamotten dabei – denn fast alle Wanderungen führen an einen See oder zumindest daran vorbei. Es heißt also nicht wandern oder baden, sondern wandern und baden, egal in welch luftiger Höhe man sich befindet.

MUSIK KLINGT IN DEN OHREN

Dass Südtirol mehr Blaskapellen hat als Gemeinden, ist kein großes Geheimnis. Musikalisch hat das Land aber auch darüber hinaus einiges mehr zu bieten: Mittelalterliche Musik bei den Soireen auf Schloss Tirol (➤ 69), die Mahlerwochen in Toblach (➤ 162), das Jazzfestival, Tanzfestival, die Veranstaltungsreihe Musik und Kirche und nicht zuletzt die renommierten Meraner Musikwochen (➤ 66) – Südtirols Musikliebhaber sind verwöhnt. Und auch immer mehr Gäste versuchen, ihren Urlaub mit einem der vielen Konzertevents zu kombinieren.

BAUERNMÄRKTE

Es gibt sie mittlerweile in jedem größeren Ort, in den Städten sowieso. Bauern aus der Umgebung verkaufen einmal wöchentlich ihre eigenen Produkte: Gemüse und Obst je nach Saison, Speck, Eier und Käse, manchmal auch Brot. Und natürlich bietet sich auch hier und da die Gelegenheit für einen kleinen Plausch. Kaum eine einheimische Hausfrau verpasst den wöchentlichen Bauernmarkt. Wo sonst könnte man besser den Rucksack für die nächste Wanderung mit Proviant füllen?

Blick auf den Vernagtsee

Das Magazin

BERGE
so weit das Auge reicht

Schon der Anblick der zahllosen Zwei- und Dreitausender in den Alpen und den Dolomiten verschlägt den Atem. Wer nicht ganz hoch hinaus will, kann bereits von den Mittelgebirgsterrassen aus fantastische Panoramablicke genießen.

Eine schöne Form der Annäherung sind auch die Trekkingtouren auf den einheimischen Haflingern (➤ 77, 100, 103), die Sie bis zu den höher gelegenen Almen tragen. Hier stehen die urigen Hütten, in denen sich die Menschen neben der Käserei auch den Wanderern und ihrer Versorgung widmen. Sobald Sie auf den Wiesen keine Rindviecher mehr, dafür aber Gämsen, Steinböcke und Murmeltiere beobachten können und Steinadler über Ihnen kreisen, wird es ernst. Spätestens ab hier gilt das Gesetz der Berge. Und dann macht es durchaus Sinn, sich von einem erfahrenen Einheimischen führen zu lassen.

Sicher hinauf und hinab

Der frühe Vogel fängt den Wurm. Wer den Aufstieg während des Sonnenaufgangs meistern will, muss zeitig los. In Begleitung eines Bergführers können Sie sich ganz entspannt dem Glücksgefühl hingeben, das die Schönheit der Bergwelt und das gleichmäßige Schreiten herbeizaubern – im sicheren Wissen, auf dem richtigen Weg zu einer gemütlichen Hütte zu sein. Viele Wege kann man auch alleine gehen, die Bergführer aber führen zu Stellen, die ohne sie nicht erreichbar wären. Sie nehmen Sie sicher ans Seil oder führen Sie auf Schneeschuhen über Gletscher und vermeiden dabei lawinengefährdete Gebiete. Rund 170 Berg- und Skiführer, von denen sich viele in den Alpinschulen (www.suedtirol.com/bergsport/ausruestung/alpinschulen) zusammengeschlossen haben, bieten ihre Dienste an.

Von links nach rechts: Die Sextner Dolomiten sind ein Paradies für Bergwanderer; Wanderziele und einsame Arbeitsplätze zugleich sind die Berghöfe im Villnösser Tal; den Wechsel von der Nacht zum Tag – wie hier am Sellamassiv – vergisst man nie

Im Naturpark

Die schönsten Hochtäler, Hochplateaus und Gipfel sind in den provinzübergreifenden Nationalpark Stilfser Joch und in die sieben Naturparks des Landes (www.provinz.bz.it/natur) eingebunden: Schlern-Rosengarten, Texelgruppe, Puez-Geisler, Fanes-Sennes-Prags, Trudner Horn, Drei Zinnen und Rieserferner-Ahrn. Eingerichtet zur Erhaltung von Natur und Landschaft, bieten diese nicht nur Schutzräume für die alpine Fauna und Flora, sondern gleichzeitig auch die Möglichkeit zum unmittelbaren Naturerlebnis und zur Umweltbildung. Informativ und unterhaltsam zugleich sind dabei die Naturparkhäuser (➤ 45, 121, 130, 167).

BERGSTEIGERLEGENDEN

- Eine lebende Legende ist Reinhold Messner (www.reinhold-messner.de). Burg Juval ist sein Refugium, die Einrichtung von Bergmuseen (➤ 46, 55, 91) seine Passion und die MMF (Messner Mountain Foundation) sein Kind. Mit ihr will der Grenzgänger den Menschen des Himalaja, des Karakorum, im Hindukusch, in den Anden und im Kaukasus das Überleben sichern.
- Auch Hans Kammerlander (➤ 167, www.kammerlander.com), 1956 als sechstes Kind einer Ahornacher Bauernfamilie geboren, hat sich nicht mit den heimischen Riesen begnügt. 13-mal stand er auf Achttausendern. Mit etwas Glück können Sie ihn bei einer Tour oder einem Vortrag erleben.
- Luis Trenker (1892–1990) machte nicht die Zahl oder Höhe der bestiegenen Berge zum Idol. Es war der Mensch, Schriftsteller, Regisseur, Schauspieler, Architekt und Bergsteiger, der die Menschen faszinierte. Im Heimatmuseum von St. Ulrich (➤ 123) wird seiner gedacht.

Zwischen Heiligen und Hexen

Betend ziehen Menschen in traditioneller Tracht hinter dem Kreuz und großen Kirchenfahnen durch die Felder – eine der zahllosen Prozessionen, Bittgänge und Wallfahrten, denen längst nicht nur die Alten folgen. Zu den Höhepunkten zählen dabei die Fronleichnamsprozessionen. Neben den christlichen haben sich in Südtirol noch ältere Bräuche erhalten.

Manches wirkt wie Folklore – so der Fruchtbarkeitskult im Vinschgau: Die glühenden Scheiben, die ins Tal fliegen, sind eher ein faszinierendes Schauspiel und eine Mordsgaudi als ein inneres Anliegen. Und doch sprechen alle diese Rituale die Menschen im Gebirge – und ihre touristischen Gäste – stärker an, als es der »moderne« Mensch zugeben will. Die Fülle an Weg- und Gipfelkreuzen sowie an Kirchlein voller Fresken sind jedenfalls bis heute ein Ausdruck lebendiger Frömmigkeit. So haben sich auch steinerne Bildstöckl erhalten, beispielsweise in Welsberg (► 172), die wie mittelalterliche »Litfasssäulen« christliche Motive zeigen.

Archaische Bräuche

- Der **Egetmann-Umzug**, der in den ungeraden Jahren in Tramin (► 101) stattfindet, ist einer der ältesten und rätselhaftesten Fasnachtsbräuche, der früher auch in Nals, Salurn und Altrei gepflegt wurde. Zunächst kommen Bauern mit einem scheppernden Pflug und einem Karren mit Saatgut, dann die Hauptfigur, der Egetmannhansl im schwarzen Rock.
- Weit reicht auch der Brauch des **Scheibenschlagens im Vinschgau** zurück, mit dem der Winter ausgetrieben und der Frühling geweckt wird. Auf einer Anhöhe werden Zirbelholzscheiben zum Glühen gebracht und mit Haselnussgerten in die Nacht hinausgeschleudert.
- In Prad ziehen zu Fasching die **»Proder Maschger«** mit Musik und Tanz durch den Ort, beim »Winterausschellen« im Münstertal Anfang März junge Leute mit Kuhglocken durchs Dorf, um die Wintergeister zu vertreiben.

Von links nach rechts: Gottesverehrung findet in Prozessionen (Kastelruth), Wegkreuzen (Rosengarten) und Bildstöckln (Olang) tausendfachen Ausdruck

Rechts: Herz-Jesu-Feuer

- Beim »**Klasn**«, dem Nikolausumzug in Stilfs (➤ 44) sorgen die »Esel«, Dämonen und Teufel sowie die Begleitung des »Sonta Klos« für viel Tumult. Zu Fasching wird mit dem Pflugziehen Fruchtbarkeit beschworen. Am »Unsinnigen Donnerstag« veranstalten junge Burschen beim **»Zusslrennen«** mit schweren Schellen einen Höllenlärm.
- In Kastelruth fasziniert neben der Fronleichnamsprozession die **»Bauernhochzeit«**, bei der die alten Hochzeitsbräuche nachgespielt werden, inklusive deftiger Hochzeitsküche, Musik und Tanz.
- Heiß her geht es beim **Hexentanz am Würzjoch**, wenn in einer Juli-Vollmondnacht die Hexen bei St. Martin in Thurn (➤ 129) tanzen.

DIE HERZ-JESU-FEUER

Am Sonntag nach dem Herz-Jesu-Freitag (Juni), dem Tiroler Landesfeiertag, brennen auf vielen Bergkuppen mächtige Feuer. Sie erinnern daran, dass die Tiroler Landesstände 1796 beim Angriff Napoleons Tirol unter den Schutz des Herzens Jesu stellten.

Von Apfelblüten & Weintrauben

Eine rosarot schimmernde Wolke liegt zur Zeit der Apfelblüte über dem unteren Vinschgau und bringt den Bienen Akkordarbeit. Dafür sind sie während der Weinblüte nicht gefragt. Dann sorgt der Wind für eine reiche Ernte im Herbst.

Bei rund 1800 Sonnenstunden im Jahr und durchschnittlich 17 Grad in der Vegetationszeit, zudem von den Alpen gegen raue Nordwinde abgeschirmt, fühlt sich der Wein richtig wohl. In Südtirol findet er auf unterschiedlichen Böden seit rund 2000 Jahren alles, was er braucht. Hart ist die Arbeit der Winzer, aber die Erträge stimmen. Südtirols Weine belegen internationale Spitzenplätze. Das Bild der Landschaft, die zu endlosen Spaziergängen einlädt, wird stark von den Weingärten bestimmt – in 52 der 116 Gemeinden Südtirols wird Wein angebaut. Nicht überall kann verkostet werden. Dennoch reicht ein Leben kaum, um allen guten Weinen auf den Grund zu gehen.

Weißwein auf dem Vormarsch

Dabei sind es gerade mal gut 5000 ha – mit leicht steigender Tendenz –, auf denen Wein angebaut wird. Die zunehmende Präferenz für Weißweine führt zu mehr Spalieranbau, der zudem die Pflege erleichtert. Die traditionellen Holzgestelle für die Vernatsch-Reben, die wie Laubengänge zuwuchern, findet man seltener.

Dem Wein auf der Spur

So wie der Wein die Landschaft und die Orte formt – selbst Bozen ist Stadt und Wingert zugleich –, so gibt er auch dem Jahr seinen Rhythmus vor. Zu den wiederkehrenden Ereignissen im Jahr gehören z. B. die Weinkul-

WASSER FÜR DIE GÄRTEN

Bei jährlichen Niederschlägen von nur 500 mm zwischen Kastelbell und Mals und kaum feuchteren Bedingungen im übrigen Vinschgau jubelt das Touristenherz. Der Bauer aber sorgt sich. Und deshalb hat er schon im frühen Mittelalter Wasser aus den umgebenden Gebirgsketten gefangen und durch Kanäle gleichmäßig an den Hängen und auf der Talsohle verteilt. Die Bewässerungskanäle heißen Waale und funktionieren zum Teil heute noch. Und die Waalwege zählen zu den schönsten Wanderstrecken des Landes.

Von oben nach unten: Weinlese bei Kurtatsch; Weinverkostung im Weingut Kössler; Barriquekeller im Ansitz Freienfeld; Weinlese am Kloster Neustift

DIE ANBAUGEBIETE
Als typische Südtiroler Sorten gelten der Lagrein, der Vernatsch und der Gewürztraminer. Die größten Weinproduzenten sind Kaltern (760 ha) und Eppan (950 ha) mit Präferenz für Vernatsch-Reben. Bozen steuert den St. Magdalener (300 ha) und den Lagrein (250 ha) zu. Von den Steillagen im Eisacktal kommen Weißweine, aus Tramin der Gewürztraminer. In der Meraner Region gedeihen Vernatsch-Reben, im Vinschgau die Traditionssorte Fraueler.

turwochen in St. Pauls (Juli/August) und der Weinparcours in Girlan (Eppan). Echte Großereignisse sind die Vinschgauer Weinkost und die Südtiroler Blauburgundertage (Neumarkt) im Mai, das Internationale Meraner Weinfestival im November und die Bozner Weinkost im April. Die besten Adressen und interessantesten Termine erfahren Sie bei den örtlichen Fremdenverkehrsvereinen. Geschichte und Alltag des Weinbaus sind im Weinmuseum in Kaltern (➤ 104) anschaulich dargestellt.

Im Apfelgarten Italiens

So wie die Bedeutung des Weinbaus, dem sich nur 5 % der landwirtschaftlichen Betriebe widmen, überschätzt wird, wird die des Obstanbaus unterschätzt. Obst heißt vor allem Äpfel – und die

Knackige Vitamine reifen im sonnenverwöhnten Apfelland
Unten: Moderne Maschinen erleichtern den Obstanbau

werden auf 18 000 ha gezogen! Damit beschäftigt sich ein Viertel aller Südtiroler Bauernbetriebe, die die Vorteile der Mechanisierung konsequent nutzen und die Marke »Obst aus Südtirol« kompromisslos pflegen. Elf Apfelsorten tragen die geschützte Herkunftsbezeichnung »Südtiroler Apfel«. Besonders viele Äpfel finden Sie um Lana, wo auch das Obstbaumuseum (➤ 77) eingerichtet worden ist. Die Jahresernte beträgt 850 000 t Tafeläpfel, fast die Hälfte sind Golden Delicious, gefolgt von Royal Gala, Red Delicious, Braeburn und Granny Smith.

Ein wenig im Schatten des Kernobstes reifen die anderen Früchte, die frisch, als Marmeladen, getrocknet oder auch als Destillate und Essige auf den Markt kommen. Im Martelltal liegen Erdbeerfelder, im Vinschgau wachsen Marillen (Aprikosen) und um Meran bringen Birnen, Zwetschgen, Pfirsiche, Zitronen, Kirschen und Feigen reiche Ernten.

Trutzige Burgen wie Schloss Tirol, komfortable Idyllen wie Schloss Schenna: Vieles wirkt, als hätte ein Landschaftsarchitekt seinen Traum von einem mittelalterlichen Disneyland verwirklicht. Dabei wurde in Südtirol europäische Geschichte geschrieben, auch von Frauen. Margarethe Maultasch verschenkte Tirol und Anna Plochl ihr Herz.

VERSCHENKTES LAND, VERSCHENKTES HERZ

Als Leonardo da Vinci als erster Künstler eine alte Frau als Karikatur zeichnete, dachte er genauso wenig an die tapfere Margarethe von Tirol aus dem mörderischen 14. Jh. wie der Niederländer Quentin Massys, der die Zeichnung 1513 als Vorlage für sein *Brustbild einer hässlichen Frau* nahm. Erst rund 250 Jahre später verband Gilles-Antoine Demarteau die Bilder in einem Kupferstich (1799) durch die Unterschrift mit der unglücklichen Adeligen, wohl im Zuge einer Fehde zwischen Franzosen und Habsburgern. Nicht zum ersten Mal war Margarethe damit zum Gegenstand machtpolitischer Manipulationen geworden.

Mit Zwölf vermählt
Margarethe wurde 1318 als Tochter des dreimal verheirateten Grafen Heinrich von Tirol – zugleich Herzog von Kärnten und König von Böhmen mit der Residenz Schloss Tirol (➤ 69) – geboren und noch als Kind zu dessen Alleinerbin ernannt. Weil sich die Höfe Europas gerade an den Aufbau der ersten Nationalstaaten machten, waren insbesondere die Luxemburger, Wittelsbacher und Habsburger Fürsten scharf auf das an den uralten

Über den Tod hinaus war Margarethe Maultasch – hier in einer Karikatur des 18. Jhs. – Ziel politischer Machtspiele

Nord-Süd-Fernhandelswegen gelegene, erzreiche »Land im Gepirg«. Zwölfjährig wurde Margarethe mit dem neunjährigen Luxemburger Herzogssohn Johann Heinrich vermählt, den sie Jahre später nach einer Jagd vor den Toren von Schloss Tirol stehen ließ. Ihre Begründung: Von ihm seien keine Kinder zu erwarten.

Die Witwe resigniert

Die folgende Ehe mit Ludwig, dem Sohn Kaiser Ludwigs IV., des Bayern, erfreute den Tiroler Adel und die Wittelsbacher, nicht aber den Papst, der mit dem Kaiser im Dauerclinch lag. Da die vorherige Ehe nicht gelöst war, belegte er Margarethe, Ludwig und den Kaiser mit dem Bann und Tirol mit dem Interdikt, wonach im Land keine Messen mehr gelesen werden durften. Zur Strafe, meinte das Volk, schickte Gott die Pest, Wanderheuschrecken, Überschwemmungen und Feuerbrünste. Als Gegenkaiser setzten deutsche Fürsten Karl, den Bruder des Luxemburger Verlierers, ein, in Südtirol wurde gekämpft und Bozen und Meran versanken in Schutt und Asche. Margarethe verteidigte dagegen erfolgreich Schloss Tirol. Erst 1359 wurde die Ehe anerkannt und damit die Erbfolge des Sohnes Meinrad III., der schon zwei Jahre später als 16-Jähriger nach dem frühen Tod des Vaters die Regierung übernahm. Allerdings nur für zwei Jahre, dann lag 1363

DIE HÄSSLICHE MAULTASCH

Zeitzeugen beschrieben Margarethe als »besonders schön«. So zeigen sie auch ein Siegel und Bilder bis ins 16. Jahrhundert. Erst später wurde ein solches Porträt mit einer hängenden Unterlippe übermalt, denn den Namen »Maultasch« führen bayerische Quellen auf einen hässlichen, großen Mund zurück. Wahrscheinlich aber ist, dass der Name von der *mala tasca* (Mausefalle) genannten Zollstation unterhalb von Burg Neuhaus bei Terlan abgeleitet ist. Sie war die Lieblingsburg Margarethes und heißt im Volksmund »Burg Maultasch«.

Von links nach rechts: Der Erzherzog und seine Gemahlin Anna im Schlossgarten der Burg Strechau; steiler Aufstieg – die Posthaltertochter Anna Plochl residierte auf Schloss Schenna

auch der kränkelnde Sohn auf dem Totenbett. Resigniert dankte Margarethe ab, überschrieb Tirol den Habsburgern und zog später nach Wien, wo nach ihr das Margarethenviertel benannt worden sein soll.

Anna Plochl, Gräfin von Meran

Es vergingen Jahrhunderte, in denen Wien Südtirol prägte, der Wiener Adel das Land zur Sommerfrische und Meran als Kurort nutzte. Einen Hauch von Skandal, der ganz Europa bewegte und die Beteiligten überaus populär machte, brachte dann Anna Plochl Mitte des 19. Jhs. ins Land. Die bürgerliche Frau, 1804 als Tochter des Postmeisters in Aussee geboren, begegnete erstmals mit 15 Jahren dem Erzherzog Johann von Österreich. Als die beiden 1829 heirateten, hatten sie einen sechsjährigen Kampf um die Einwilligung zur Ehe durch den kaiserlichen Bruder Johanns hinter sich. Vom Glück der beiden zeugt die heitere Atmosphäre auf Schloss Schenna (➤ 76), das Johann 1845 kaufte. Das war ein Jahr, nachdem die zwischenzeitlich zur Freifrau von Brandhofen ernannte Anna den Titel »Gräfin von Meran« erhalten hatte. Da war sie längst Mutter eines Sohnes und Erben. Auch im Tode vereint, ruhen beide nahe dem Schloss in einem Mausoleum.

Lange behauptete sich Margarethe auf Schloss Tirol – auch in blutigen Kämpfen

Küche
zwischen Knödel und Pasta

Südtirols Küche widerlegt schmackhaft das Sprichwort, wonach viele Köche den Brei verderben. Profitieren Sie als Gast vom Miteinander von Tiroler Bauernküche rund um den Knödel, italienischen Pasta-Gerichten, ladinischen Rezepten einer »armen Küche«, Wiener Koch- und Backkunst und dem, was kreative Köche dazu erfinden.

»Hier kocht der Chef/die Chefin persönlich« – für viele Gasthäuser und kleinere Hotels ist dies Selbstverständlichkeit und Markenzeichen zugleich. Viele haben auch noch einen eigenen Kräuter- und Gemüsegarten, eigenen Wein und oft sogar eigenen Speck. So erhält man jenseits der Pizza, die ihren Siegeszug längst vollendet hat und aus dem Holzofen unvergleichlich knusprig auf den Teller gelangt, erstaunlich leckeres Essen aus wirklich guten Zutaten zu vernünftigen Preisen. Wobei die Gastronomen keineswegs um das billigste Angebot konkurrieren. Qualität hat ihren Preis und lässt sich durch den Genuss der heimischen Weine steigern.

In alten Gemäuern genießen

Das Ambiente tut ein Übriges: Speisen in einem Schloss, Ansitz, Gewölbekeller, Schildhof oder unter jahrhundertealten Laubenbögen haben Flair und wirken ausgesprochen authentisch – nicht zuletzt, weil viele Gastbe-

triebe schon in der x-ten Generation betrieben werden. Küchenchefs und Sommeliers, die zur europäischen Elite gehören, verwirklichen ihre Vorstellungen von exquisiter Küche in eigenen Lokalen wie auch in großen Hotels. Empfehlungen in der Spitzenkategorie gelten ausgewählten Häusern in und um Meran, aber auch in Bozen und im Hochabteital. Dazu kochen sich im Eisacktal zunehmend kleine kulinarische Kultstätten nach vorne.

KOCHEN LERNEN

Immer mehr Restaurants bieten die Möglichkeit, dem Chefkoch in die Töpfe zu schauen und Einblicke in die Südtiroler Küche zu gewinnen. Wo das möglich ist und ob es um Haute Cuisine oder das Backen von zünftigen Broten auf einem Hof geht, erfahren Sie bei den örtlichen Fremdenverkehrsvereinen. Nachfragen lohnt sich!

Törggelen

Den klassischen Dreikampf (durch die Weindörfer wandern, Wein trinken, deftig essen), kurz »Törggelen« genannt – was von der *Torggl*, der Weinpresse, kommt – müssen Sie bestehen. Ursprünglich auf die Zeit von St. Martin bis St. Katharina begrenzt, hat sich die populäre Tradition vielerorts auf den ganzen Spätherbst von Oktober bis zum Jahresende ausgedehnt. Dabei wird der neue Wein entweder in der Stube verkostet oder vor dem Haus, je nach Wetterlage. Noch einen Tick uriger wird das Ganze entlang des Eisacktaler »Keschtnwegs« (Kesten = Esskastanien), der nördlich von Brixen startet und über Feldthurns das Rittner Hochplateau und den Bozner Talkessel erreicht. Hier hat die Edelkastanie neben dem Speck einen festen Platz auf der Speisekarte. Deftige Hausmannskost begleitet Sie ansonsten das ganze Jahr über bei einer zünftigen »Brettlmarende« mit Bauernspeck (Industriespeck sollte dabei tabu sein), Bergkäse, Schüttelbrot oder Kartoffeln in einer Berghütte oder Buschenschenke.

Von links nach rechts: Südtiroler Gastlichkeit geht auch durch den Magen; Tiroler Gröstl aus Kartoffeln und Fleisch; Törggelen vor traumhafter Kulisse

Kulturdreiklang
mit Defiziten

Eine Statistik über die Sprache der 490 000 Südtiroler könnte man so lesen: Auf dem Dorf wird deutsch gesprochen, in Bozen – wo ein Fünftel aller Südtiroler lebt – italienisch und in den Dolomiten hört man ab und zu Ladinisch. Die Wirklichkeit ist komplizierter.

Für die Gäste des Landes ist kaum etwas von Spannungen zu merken. Sie sehen die Angehörigen aller Sprachgruppen problemlos im sonntäglichen Kirchgang vereint. Wem fällt schon auf, dass die festgelegte Dreisprachigkeit der Beschilderung in den ladinischen Tälern oft nicht beachtet wird? Und wer kennt die Bozner Universität, die sich dreisprachig zukunftsweisend gibt, so gut, dass ihm die Defizite auffallen? Während die beiden großen Bevölkerungsgruppen – deutschsprachig sind insgesamt 69 %, italienischsprachig rund 26 % der Gesamtbevölkerung – fair berücksichtigt werden, bleiben die knapp 5 % ladinischsprachigen Südtiroler in ihren sprachlich-kulturellen Ansprüchen ziemlich außen vor. Das ist symptomatisch für die Situation des ältesten in Südtirol lebenden Volks.

Raum für eigene Sprache

Die Rivalitäten zwischen der deutsch- und der italienischsprachigen Gruppe sorgen mitunter für fast nur mehr rituellen Ärger, die Ladiner aber mühen sich, bei den Themen Sprache und Schule zu Rechten zu kommen,

PERE NOST

Eine gemeinsame ladinische Schriftsprache gibt es nicht; zu unterschiedlich sind die von Tal zu Tal gesprochenen Varianten dieser neulateinischen Sprache mit rätischen Einsprengseln. Das Ladinische ist kein Dialekt des Italienischen oder eine Mischung aus Italienisch und Französisch, wie man beim ersten Blick meinen könnte, sondern eine eigenständige Sprache, die sich aus dem Vulgärlatein entwickelt hat.

Pere nost, che t'ies en ciel,
I sibe santificà ti inuem,
I vënie ti rëni,
sibe fata ti ulentà,
coche en ciel enscì en tiera.
(Beginn des Vaterunsers, wie es im Grödner Tal gesprochen wird)

wie sie für andere Minderheiten in Europa selbstverständlich sind. Abwechselnd bis in die Familiennamen zwangsweise germanisiert und italienisiert, werden sie von außen selten als eigene Kultur mit eigener Sprache, Musik, Literatur und Traditionen wahrgenommen. Populäre Südtiroler wie Catarina Lanz, die sich 1797 mutig an einem Gefecht mit den Franzosen beteiligte, und Josef Freinademetz (➤ 129) waren Ladiner. Aber wer weiß das schon! So bleiben für viele die traditionellen Orts- und Talnamen wie Gherdëina für Grödner Tal die auffälligsten Unterschiede.

Visionen

Zur Machtlosigkeit der Ladiner hat übrigens entscheidend das faschistische Italien beigetragen, das die fünf ladinischen Täler um das Sella-Massiv – im österreichischen Tirol noch vereint – auf drei italienische Provinzen verteilt hat. Bis heute hoffen viele darauf, dass das Val de Fasha (Fassatal), Fodom (Buchenstein) und Anpezo (Ampezzo) irgendwann wieder zusammen mit Gherdëina (Grödner Tal) und Badia (Gadertal) in der Provinz Bozen vereint wird. Übergreifende Kulturvereine und die Wochenzeitung *Usc di Ladins* pflegen diese Vision in ihrer Arbeit seit Langem.

Von oben nach unten: Dreisprachige Schilder als Beitrag zur Pflege des ladinischen Erbes; das Gasthaus *Ütia de Börz* am Übergang vom Würzjoch ins ladinische Gadertal; in den Brixener Lauben hat auch das Italienische Einzug gehalten

Glanz aus dem Innern der Berge

Egal, wie intensiv der Rosengarten und andere Gipfel oder Gletscherfelder in der Abendsonne aufglühen, ihr Leuchten ist nichts gegen das Glitzern der Mineralien aus dem Schoß der Berge. Gefunden werden sie in Höhlen und auch auf den Abraumhalden alter Bergwerke. Staunen ist immer erlaubt, Mitnehmen seltener.

Sagenhaft war der Schatz, den der Zwergenkönig Laurin in seiner kristallenen Burg tief im Erdinneren südlich von Bozen hortete. Enorm war der Erlös, den die Fugger und andere mittelalterliche Investoren aus der Arbeit von Zehntausenden von Bergknappen in den hoch gelegenen Stollen des Schneebergs (► 148) und vieler weiterer Bergwerke in Südtirol erwirtschafteten. Und einzigartig sind die Steine – die Achatmandeln und Drusen voller Amethyste oder die fast durchsichtigen Bergkristalle –, die »Strahler« (so nennt man die Sammler) wie der legendäre Paul Fischnaller aus den Felswänden und Höhlen holen. Dabei unterscheiden Fachleute grundsätzlich zwischen den Mineralwelten der kristallreichen Alpen

Oben: Erinnerung an glänzende Zeiten wird wachgehalten im Schaubergwerk Maiern; rechts: die Vajolet-Türme im Rosengarten (Dolomiten)

und den aus dem frühen Vulkanismus im Dolomitenbereich vor über 200 Mio. Jahren geborenen Mineralien.

Es gehört schon etwas Glück und Können dazu, solche Steine zu finden. Zu sehen sind sie dafür in vielen kleinen Sammlungen in den Heimatmuseen (➤ 124, 127), spektakulärer in den Bergbaumuseen (➤ 148, 169) und absolut faszinierend im Mineralienmuseum Teis (Villnöss, www.mineralienmuseum-teis.it) oder im Mineralienmuseum St. Johann im Ahrntal (www.mineralienmuseum.com). Dabei schlagen schnell zwei Herzen in der Brust: die Bewunderung für so viel funkelnde Schönheit, die möglichst viele am besten in ihrer natürlichen Umgebung erfahren sollen, und der schnöde Trieb, genau so ein Stück besitzen zu wollen.

Der allgemeinen Sammelleidenschaft ist längst ein gesetzlicher Riegel vorgeschoben, der nicht nur Gäste des Landes mitunter enttäuscht, sondern auch altgediente Mineraliensucher hat schlucken lassen. Tabu sind dabei besonders die Naturparks, in denen neben den Mineralien auch keinerlei Fossilien und Pflanzen gesammelt werden dürfen. Aber auch wer auf die etwas aufwendige Prozedur der Beantragung einer Sammelerlaubnis verzichtet, muss nicht ohne selbst gefundene Mineralien nach Hause fahren. Die Museen bieten immer wieder Mineraliensuche unter Anleitung an. So lassen sich die berühmten Fundstätten der Teiser Kugeln in einer dreistündigen Wanderung erleben und es können mit Paul Fischnaller von Mai bis September gezielt Drusen gesucht werden, die im Museum im Ortszentrum von Teis im Villnösser Tal (➤ 151) auch »geknackt« und anschließend mitgenommen werden dürfen.

GLAUBE UND WISSEN

Edle Steine sind nicht nur faszinierend, sondern verfügen nach einer verbreiteten Überzeugung auch über heilende Kräfte. Was z. B. Hildegard von Bingen von den Steinen erwartete, ist immer wieder auch Thema von Museumsveranstaltungen. Die nach wissenschaftlichen Kriterien umfassendste Sammlung findet sich in Bozen im **Naturmuseum**.

Altes Kunsthandwerk

Der Boden, auf dem sich das Kunsthandwerk in Südtirol entwickelt hat, bestand aus Armut, langen Wintern und der einsamen Lage der Berghöfe, auf denen die Gegenstände für den Hausgebrauch gefertigt wurden.

Neuere Künste wurden später von außen nach Südtirol geholt, beispielsweise das Klöppeln von Wien ins Ahrntal (➤ 168), weil dort mit dem Tod des Kupferbergbaus den Familien die Existenzgrundlage wegbrach. Doch auch wenn der Tourismus inzwischen neue Kunden bringt, heißt das nicht, dass die alten Handwerkskünste überleben. Zu wenige Junge lernen die Künste der Alten. So finden Sie Südtiroler Filzprodukte zwar in Onlineshops, aber nur schwer entsprechende Werkstätten im Land.

Aus Holz gemacht

Eine Ausnahme bilden die Grödner Holzschnitzer (➤ 123). Das seit 350 Jahren gepflegte Handwerk hat ganze Künstlerdynastien hervorgebracht und ist heute noch lebendig. Auch in anderen Tälern wird mit Holz gearbeitet, so im Vinschgau, wo z. B. hölzerne Masken für den Fasching entstehen. Für die besondere Verbundenheit mit dem Material gibt es für den Sarntalern Drechsler Fritz Unterkalmsteiner, den ein ausgeprägtes Gespür für Formen bekannt gemacht hat, einen einleuchtenden Grund: Wenn er eine Schüssel von einer 300 Jahre alten Zirbelkiefer in Händen halte, sei das für ihn ein Stück seiner Heimat und der Menschen, die sie geprägt haben. In seiner Werkstatt in Sarnthein (Steet 37a, Tel. 0471 62 33 13) entstehen vielfältige Nutz- und Ziergegenstände.

Von links nach rechts: Stickereien machen die jeweilige Tracht unverwechselbar; zu kleinen Zeitreisen werden die Vorführungen alter Fertigkeiten; Grödner Holzschnitzer

Vieles für die Tracht

Noch gehören Trachten zum Straßenbild. Deshalb gibt es Federkielsticker, die für die Dekoration von Lederhose und Leibgurt verantwortlich sind. Heute werden zudem Hand- und Geldtaschen, Gürtel und Fotoalben mit den geteilten Kielen von Pfauenfedern bestickt, wie Sie bei der Familie Thaler in Sarnthein (Rohrerstr. 41, Tel. 0471 62 32 58) oder in der Werkstatt von Georg Patzleiner in Prags (Schmieden 67, Tel. 0474 74 87 75, www.federkielstickerei.it) sehen können.

Jangger und Patschen

Die unbehandelte Wolle von Tiroler Bergschafen wird in der Handweberei Unterweger in Sarnthein (Steet 26a, Tel. 0471 62 26 60, www.handweberei.it) verarbeitet, etwa zu einem Sarner Jangger – eine Investition fürs Leben, die auch vererbt wird. (Übrigens: Die beste Pflege für so einen Janker ist regelmäßiges Lüften.) Besucher können das Zupfen, Handspinnen und Weben miterleben und ausprobieren. Im Shop gibt es auch Schafmilchseife und bunte Märchenwolle zum Basteln oder Filzprodukte wie die berühmten *Patschen* (Pantoffeln). In einer vorweihnachtlichen Filzwerkstatt wird Wissen gerne weitergegeben. Auch auf dem Markt von Kuppelwies geht es im Herbst bei den Ultner Lammwochen – neben den kulinarischen Genüssen – um Wolle und um die daraus hergestellten Filzprodukte.

FILZWANDERWEG

In Tisens findet jährlich ein internationales Filzertreffen statt. Zudem haben 24 Künstlerinnen aus sieben Ländern einen Wanderweg mit Tiergestalten und Fabelwesen aus Filz geschaffen. Die Kunstwerke sind so wetterbeständig wie die Schafe, von denen die Wolle stammt.

Immer in Bewegung

Es gibt Dutzende Arten, sich in Südtirol auf Schnee und Eis zu bewegen, über Wege, Loipen und Pisten zu turnen, die Berge und Flüsse hinauf- und herunterzukommen und sich auf sonnenverwöhnten Hängen, in Talsohlen und Seen sportlich zu tummeln. Und immer stimmen dabei Bühne und Kulisse.

Schusters Rappen sind gefragt, wenn es beliebig viele der mehr als 17 000 km markierten Wanderwege mit Hunderten von Almen und Schutzhütten entlanggeht. Es gibt Waalwege (➤ 14), Weinbergwege, Höhen- und Almwege – darunter der berühmte Meraner Höhenweg (➤ 69), der in sieben Tagen zu durchwandern ist –, ferner Klettersteige und Klettergärten und das sich epidemieartig ausbreitende Netz von Nordic-Walking-Strecken.

Auf zwei Rädern

Schneller geht es mit dem Fahrrad die Flüsse Eisack, Etsch und Rienz auf markierten Radwanderwegen entlang. Das ist besonders schön an einem der über 300 Sonnentage, die Südtirol bietet. Dabei trifft man sich mit den Motorradfahrern in den auf Zweiradfahrer spezialisierten Hotels. Gleichermaßen beliebt sind bei den Zweiradartisten die Passstraßen, beispielsweise über das Timmels- und das Stilfser Joch, über den Jaufenpass oder durch die Dolomiten. Hier fließt der Schweiß – wer es aber hinaufschafft, kann anschließend die Räder rollen lassen. Wobei Sie bei der Schussfahrt die Bremsen nicht überhitzen und spätestens jetzt die Helmpflicht für Radfahrer beherzigen sollten. Die gilt doppelt für Mountainbike-Fahrer, deren Reviere abseits der Straßen vielfach über Schotter- und Forstwege führen. Für sie hat der Alpenverein einen Verhaltenscodex aufgestellt, der u. a. an Fahrverbote und das Vorrecht der Fußgänger erinnert.

Oben, von links nach rechts: Ein Kaleidoskop der Möglichkeiten – mit dem Rucksack zu den Drei Zinnen, mit dem Rad durch die historischen Altstädte, mit den Schneeschuhen über unberührte Schneefelder oder dem Golfschläger über künstliche Almen

Unten: Extremsport ist nicht jedermanns Sache

Sommers wie winters

Eine ruhige Hand empfiehlt sich auf dem Grün der Golfclubs in Corvara, am Karersee und am Petersberg, ferner in Lana, in St. Leonhard und in Reischach (Pustertal). Genauso hilfreich ist sie bei den vereinzelten Minigolfanlagen und beim Eisstockschießen. Als Multifunktionsarenen genutzt werden viele Tennisanlagen, die im Winter als Eislaufflächen dienen und die zugefrorenen Teiche und Badeseen ergänzen. Daneben gibt es in den Sportzonen der Kommunen professionell gemanagte Eiskunstlaufplätze mit der Möglichkeit, Schlittschuhe auszuleihen. Zu den mehr als 100 offiziellen Rodelbahnen gehören die Dorfpiste ebenso wie auch 5 km lange, nachts beleuchtete Eiskanäle. Und mit dem »Dolomiti Superski« (www.dolomiti superski.com) – ein Skipass für zwölf Skigebiete mit ungefähr 1220 km Pisten bei Schneegarantie auf 90 % der Pisten und Sonnenschein an acht von zehn Tagen – ist das Wintersportparadies perfekt.

Thermik ist der Treibstoff, der Drachenflieger und Paraglider in den Dolomiten und Alpen in der Luft hält

Wasser ganz nach Geschmack

Von diesem Nebeneinander absoluter Spitzenanlagen und idyllischer Naturkulissen geprägt ist auch die Badeszene. Die natürlichen Ressourcen nutzt ein Dutzend Bäder an Gewässern vom Kalterer See – auf dem wie auf dem Reschensee auch gesegelt und gesurft wird – bis hin zum Völser Weiher. Thermen und Erlebnisbäder wie in Meran, Brixen, Naturns oder Mals sorgen dafür, dass das Thema Wellness nicht zu kurz kommt. Drei Dutzend Frei- und Hallenbäder runden den Badespaß ab.

Richtig nass werden können Sie auch beim Canyoning, für das die engen Schluchten mit reißenden Bächen genutzt werden. Canyoning im Eisacktal kann dann bedeuten: 25 m abseilen in die Schlucht, Sprünge in 3–4 m tiefe Tümpel, eine Rutsche von 8 m oder Wasserfälle 20 m hinunter. Sind diese im Winter zugefroren, sind sie beliebte Kletterziele, an denen Sie wie in Hochseilklettergärten auf kundige Hilfe von Bergführern zurückgreifen sollten. Akrobatisches Schlauchbootreiten – Rafting genannt – findet vor allem an Etsch, Eisack und Rienz immer mehr Anhänger.

Durch die Lüfte

Wer die Berge erobert, muss nicht unbedingt den gleichen Weg zurück. Die hohen Kuppen und steilen Felswände machen Südtirol zu einem der beliebtesten Paragliding- und Drachenfliegergebiete Europas – für Könner wie für Anfänger. Einstimmen lassen können Sie sich auf derartige Luftabenteuer auch untergeschnallt bei einem Tandemflug, zu dem Sie ein erfahrener Pilot mitnimmt. (Individuelle Auskünfte zu allen Sportmöglichkeiten erhalten Sie bei den örtlichen Tourismusvereinen.)

Idylle am Montiggler See – auch Aktivurlauber brauchen Pausen

Erster Überblick

Ankunft

Ganzjährig offen sind die Transitstrecken aus dem Norden nach Südtirol über den Brenner- und den Reschenpass. Weitere Pässe führen aus der Schweiz und dem österreichischen Osttirol in die Autonome Provinz Bozen, wie Südtirol offiziell heißt. Dazu gibt es Bahnverbindungen über den Brenner und von Osttirol sowie einen Flughafen in Bozen.

Mit dem Auto

- Für die Strecke über den Brenner – mit 1374 m der niedrigste Pass der Alpen – haben Sie die Wahl zwischen der ab Innsbruck mautpflichtigen **Brennerautobahn** (A 13/22) und der kurvenreichen **Brennerlandstraße**, die in weiten Teilen mit dem historischen Weg durch das Eisacktal identisch ist. Beide sind in einem Top-Zustand, müssen allerdings auch ein enormes Verkehrsaufkommen verkraften. Motorradfahrer bevorzugen die Staatsstraße. Kassiert wird die **Autobahnmaut** an den Ausfahrtstellen. Sie können bar zahlen oder mit den gängigen Kreditkarten.
- Ins Eisacktal führt die **E66** von Osttirol (Lienz) durch das Pustertal.
- Zum **Reschenpass** (1504 m), über den man ins Etschtal gelangt, kommen Sie über Landeck am Inn. Die Strecke ist fast autobahnartig ausgebaut – Achtung, Geschwindigkeitskontrollen!
- **Weitere Passstraßen:** Das Etschtal erreichen Sie zudem aus der Schweiz über den Ofenpass und das Münstertal. Äußerst attraktiv, aber teilweise nur im Sommer befahrbar sind die Passstraßen über das Timmelsjoch, den Staller Sattel, den Jaufenpass und das Stilfserjoch. Vom Stilfserjoch gelangen Sie – nur im Sommer – entweder nach Bormio (Lombardei) oder über den Umbrailpass ins Engadin/Graubünden.
- Über die Straßenverhältnisse informiert die **Südtiroler Verkehrsmeldezentrale** (Tel. 0471 20 01 98).
- In den Wintermonaten sollten Sie zusätzlich zur Winterbereifung **Schneeketten** mitnehmen, wenn Sie die Talstraßen verlassen wollen.
- **Pannenhilfe** leistet der italienische Automobilclub ACI, Tel. 80 31 16.

Mit der Bahn

- Ab München gehen im Zwei-Stunden-Takt **IC- und EC-Züge** über den Brenner, die in Franzensfeste, Brixen und Bozen halten (www.bahn.de). Bahnreisenden steht das gemeinsame Reisezentrum von ÖBB und DB am Bahnhof Bozen zur Verfügung.
- **Spartarife und Nachtzüge** machen die Fahrt billiger.
- **Fahrräder** können nur in den Regionalzügen mitgenommen werden, wobei meist in Innsbruck und am Brenner umgestiegen werden muss.
- Ganzjährig verkehrt zudem bis Bozen ein **Autoreisezug** (Servicetelefon 01805 24 12 24, tägl. 8–22 Uhr, www.dbautozug.de).
- Karten, die Sie in Italien kaufen, müssen vor Antritt der Fahrt in orangefarbenen Automaten in den Bahnhöfen **entwertet** werden.
- **Fahrpläne** können Sie ferner einsehen unter www.ferroviedellostato.it (Italienische Staatsbahnen), www.oebb.at (Österreichische Bundesbahn) und www.sbb.ch (Schweizer Bundesbahn).

Mit dem Bus

Mehrere Südtiroler Busunternehmen bieten täglich Busreisen an, u. a. von München (Hauptbahnhof), Innsbruck, St. Gallen, Winterthur und Zürich aus. Informationen dazu erteilen Reisebüros.

Mit dem Flugzeug

- Der **Regionalflughafen Bozen** hat seit seiner Inbetriebnahme mit unterschiedlichen Schwierigkeiten zu kämpfen. Im Winter 2012/13 kam es zu einer mehrmonatigen Unterbrechung des Flugbetriebes. Informationen über Flüge ab/nach Bozen erhalten Sie direkt vom Flughafen unter Tel. 0471 25 52 55 (von 6–19 Uhr bis max. 60 Min. vor Abflug) oder unter www.abd-airport.it. Es gibt keinen Direktbus vom Stadtzentrum zum Flughafen, weshalb Sie auf Taxis angewiesen sind (Radio Taxi Bozen, Tel. 0471 98 11 11).
- Je nach Reiseziel bieten sich **umliegende Flughäfen** wie Innsbruck, Verona, Treviso und Venedig als Zielflughäfen an. Aufgrund der relativ kurzen Entfernungen ist selbst der Billigflug nach München mit anschließendem Kleinbus- oder Bahntransfer eine Alternative.

Touristeninformation

Informationen über Südtirol erhalten Sie schnell und zuverlässig über **Südtirol Marketing** (Pfarrplatz 11, 39100 Bozen, Tel. 0471 99 99 99, www.suedtirol.info – mit offiziellem Hotelverzeichnis und den Links zu den regionalen und örtlichen Tourismusvereinen) oder beim **Staatlichen Italienischen Fremdenverkehrsamt ENIT** (www.enit.de) mit folgenden Büros:

- **Frankfurt, Direktion für Deutschland, Österreich und Schweiz** (Kaiserstr. 65, 60329 Frankfurt a. M., Tel. 069 23 74 34, Mo–Fr 10–17 Uhr)
- **Berlin** (Friedrichstr. 187, 10117 Berlin, Tel. 030 2 47 83 98, Mo–Fr 10–17 Uhr)
- **München** (Lenbachplatz 2, 80333 München, Tel. 089 53 13 17, Mo–Fr 10–17 Uhr)
- **Wien** (Kärntnerring 4, 1010 Wien, Tel. 01 5 05 16 39, www.enit.at/)
- **Zürich** (Uraniastr. 32, 8001 Zürich, Tel. 043 4 66 40 40, www.enit.ch/)

Unterwegs in Südtirol

Auto

In Italien gelten schärfere Verkehrsvorschriften. Verstöße werden drastisch bestraft und **Bußgelder** meist sofort kassiert. Wer die Zahlung verweigert, muss damit rechnen, dass Führerschein, Pass oder sogar der Wagen als Sicherheitspfand beschlagnahmt werden. Informieren Sie sich also vorher (www.enit-italia.de) und beherzigen Sie in jedem Fall folgende Punkte:

- Tagsüber muss außerhalb der Ortschaften mit **Abblendlicht** gefahren werden. Für Mopeds und Motorräder (Helmpflicht!) gilt dies überall.
- Auf **Bergstraßen** muss Linienbussen die Vorfahrt gewährt werden, egal ob man bergauf oder bergab fährt.
- **Tempolimits**: Auf der Brennerautobahn im Abschnitt Brenner–Bozen gilt Tempo 110 km/h; ansonsten darf auf italienischen Autobahnen – sofern nicht anders angegeben – 130 km/h gefahren werden. Auch für die Schnellstraßenverbindung zwischen Bozen und Meran gilt 110 km/h.
- Die **Promillegrenze** liegt bei 0,5 ‰.
- Handytelefonate ohne Freisprecheinrichtung sind verboten.
- Kostenloses **Parken** ist an Stellen erlaubt, die mit weißen Bordsteinstreifen markiert sind. Blau gekennzeichnete Zonen sind gebührenpflichtig, in schwarz-gelben ist das Parken verboten.
- **Tankstellen** sind nur an Autobahnen durchgehend geöffnet, ansonsten normalerweise von 7–22 Uhr (inkl. Mittagspause von 12–13.30 Uhr).

Bus, Bahn und Seilbahn

Nicht nur für Rücksacktouristen ist das Südtiroler **Transport Verbundsystem (TVS)**, das Busse, Seilbahnen (Mendelbahn, auf den Ritten und nach Jenesien) und die Staatsbahn umfasst, ideal, um durch die Täler und auf die Berge zu kommen. Die Fahrpläne sind aufeinander abgestimmt, überall gilt die gleiche Fahrkarte (www.sii.bz.it).

- **Fahrkarten** erhalten Sie als Einzelfahrkarten oder Wertkarten in den Überlandbussen, an Fahrkartenschaltern und in vielen Tabakläden in Bozen und Meran. Mit der **Mobilcard** für ganz Südtirol bzw. für einzelne Regionen fahren Sie besonders günstig.
- **Hunde** dürfen nur mit Maulkorb mit, egal wie groß oder klein. Große **Gepäckstücke** kosten ab dem zweiten extra; Skier, Snowboards und Schlitten werden kostenlos befördert. Fahrräder kommen in den Gepäckraum, soweit der Platz reicht. Für **Kinderwagen** gilt: Gratismitnahme in Bussen mit Hinweisschildern – sofern Platz vorhanden.

Die **Bahnstrecken** von Meran in den Vinschgau (Meran-Mals) und im Pustertal (Franzensfeste-Innichen) werden vom Land Südtirol in Eigenregie betrieben. Mit der Neueröffnung der zwischenzeitlich stillgelegten Vinschgaubahn begann 2005 die Renaissance des Schienenverkehrs in Südtirol. Klimatisierte, stufenfreie Niederflurwagen (»FLIRT«-Züge) ersetzten alte Wagons, die Bahnhöfe wurden nach und nach saniert und ausgebaut. Für das Vinschgau gibt es in der Hauptfremdenverkehrszeit einen eigenen Radtransport parallel zur Bahn, weil nicht alle Fahrräder in den Wagons Platz finden. Zwischen Bozen und Meran und Bozen und dem Brenner ist für den Schienenverkehr das Staatsunternehmen **Trenitalia** zuständig. Weitere Infos zum Bahnverkehr in Südtirol (Südtirol-Takt) erteilt der Betreiber **Südtirol Bahn**: www.vinschgauerbahn.it.

Seilbahnen, Sessellifte und Co.

Die Zahl der diversen Aufstiegsanlagen ist so unübersichtlich wie ihre wechselnden Betriebszeiten. Startzeiten von 8.30 Uhr und Endzeiten von 18 Uhr sind Anhaltswerte, zu denen auch die mittägliche Pause zwischen 13 und 14 Uhr gehört. Informieren Sie sich über die genauen Betriebszeiten bei den Tourismusvereinen.

Fahrrad

- Südtirol ist Fahrradland: Wer möchte, kann das gesamte Land auf Radwegen kennenlernen. Das Radwegnetz führt durchgehend vom Reschenpass im Nordwesten über Meran nach Bozen und von dort entweder weiter nach Süden Richtung Trient, nach Norden bis zum Brenner oder durch das Pustertal bis Winnebach, dem Grenzdorf zu Osttirol. Viele kleinere Radwegstrecken führen in Seitentäler (z. B. Passeier, Ahrntal) oder durch Wein- und Obstbaugebiete (z. B. Überetsch und Unterland). Mountainbike-Freaks kommen in den Bergen Südtirols ebenfalls auf ihre Kosten, vor allem im Vinschgau und im Pustertal.
- Viele Hotels und Gasthöfe bieten **Leihräder** an – samt Helm und Kindersitzen. Dazu kommen kommerzielle Fahrradverleihe. Die Vinschgauer Bahn hat ein eigenes Angebot und in Bozen tritt sogar die Stadtverwaltung als Verleihstelle auf.

Mietwagen

Über das vielfältige Angebot sollten Sie sich am besten schon vor Reiseantritt informieren. Dann haben Sie auch die Chance, mögliche Rabatte zu vergleichen. Achten Sie dabei aber in jedem Fall auch darauf, ob Freikilometer und eine Vollkaskoversicherung im Angebot enthalten sind, um das wirklich günstigste Angebot zu finden.

Rundflüge

Dolomitenrundflüge per Hubschrauber für bis zu sechs Personen organisiert die Firma **Elikos** der Brüder Gabriel und Marco Kostner (Tel. 335 7 88 01-49/50) mit Sitz in Pontives/Gröden.

Übernachten

Hotels, Wohnungen, Zimmer

- In Südtirol haben Sie die Wahl unter 250 000 Gästebetten, die Sie sich mit mehr als 4 Mio. Touristen im Jahr teilen. Eine erste Orientierung dabei ist die Einteilung der Gastbetriebe in **fünf Kategorien**, die durch fünf Sterne gekennzeichnet sind.
- Zusätzlich zum offiziellen Hotelverzeichnis erhalten Sie über Südtirol Marketing die ganze Palette von **Spezialkatalogen** – beispielsweise für Urlaub auf dem Bauernhof oder für die auf Reiter und Golfer spezialisierten Betriebe. In Südtirols Tourismusbranche, dem stärksten Wirtschaftsbereich des Landes, ist (fast) nichts mehr dem Zufall überlassen.
- Auch unter den Luxushotels werden Sie viele **familiengeführte Betriebe** finden. Hier ist fast alles Chefsache. Das schlägt sich in einem generell freundlichen, oft hervorragenden Service nieder.
- Bei guter Wahl Ihres Feriendomizils sind Sie immer auch ganz nah dran am Ziel Ihrer Urlaubsaktivitäten, denn viele der Gasthöfe und Hotels haben sich an den alten Handelswegen, rund um die Burgen, in unmittelbarer Nähe der Seen und mitten in der Bauernlandschaft niedergelassen. Oft sind sie in alten Bauernhöfen untergebracht, die an Orten stehen, an denen Neubauten nie genehmigt würden.
- Zu den Südtiroler Besonderheiten zählen die traumhaften Hotelbetriebe in den **Adelssitzen** entlang der Weinstraße und rund um Prissian. Aber auch sonst finden Sie im ganzen Land Burgen und Schlösser, in denen Sie wohnen können.
- Mit weniger Ambiente, dafür modernstem Komfort begeistern die im Trend liegenden **Beauty- und Spa-Hotels**, die auf hohem Niveau Urlaub mit Wellness- und Kosmetikbehandlungen verbinden. Gepflegte Saunabereiche und Pools gibt es auch in vielen kleineren Unterkünften. Eine besondere Erfahrung versprechen die Meraner Kurhotels und ähnliche Relikte der Belle Époque, z. B. in Gossensaß oder Toblach.

Günstig übernachten

- Die Gastgeber auf den rund **2000 Bauernhöfen** haben dazu ein Kontrastprogramm in puncto Urlaubsgefühl und Preise. Die Höfe, die »Urlaub auf dem Bauernhof« anbieten, sind über das ganze Land und bis hoch in die Berge verstreut.
- Günstige Angebote haben ebenfalls viele **Familienhotels**.
- **Campingplätze** gibt es in Südtirol reichlich, nicht alle sind günstig.
- Nicht nur, aber vor allem der Jugend dienen das **Kolpingwerk** (► 79) und das **Jugendherbergswerk** (www.jugendherberge.it), die in zentral gelegenen Häusern moderne Zimmer anbieten. In Meran (Carduc-

cistr. 77, 39012 Meran, Tel. 0473 20 14 75) und Bozen (Rittnerstr. 23, 39100 Bozen, Tel. 0471 30 08 65) gibt es auch behindertengerechte Angebote. Weitere Jugendherbergen liegen in Brixen, Toblach, Salurn und bei Auer.

Preise

pro Nacht für ein Doppelzimmer mit WC/Bad und Frühstück:

€ unter 50 € **€€** 50–125 € **€€€** über 125 €

Da Südtirol je nach Höhenlage und Region zwei Hochsaisons – eine im Sommer und eine im Winter – hat, variieren auch die Monate hoher Nachfrage je nach Ziel. Wenn Sie während der Nebensaison reisen können, dürfen Sie mit deutlich niedrigeren Preisen rechnen. Dazu gibt es immer wieder Aktionswochen und Rabatte.

Essen und Trinken

Ihren besonderen Ruf verdankt die Südtiroler Küche (➤ 20) dem Zusammentreffen der italienischen Kochtradition mit der Tiroler, die wiederum durch Wiener Einflüsse verfeinert ist. Ausgesprochen lecker ist das Südtiroler Essen auch wegen der Frische der dafür verwendeten landeseigenen Produkte und der Vorliebe der Köche für frische Kräuter. Und das alles trifft mancherorts auch noch auf den kreativen Pioniergeist junger Spitzenköche.

Breites Angebot

Gut essen können sie überall im Land – ob im einfachen Landgasthof, dem Pendant zur italienischen Trattoria, im feinen Restaurant oder in der Wirtschaft auf einer Alm. Mit anderen Worten: Egal, wo Sie unterwegs sind, kulinarisch werden Sie auf alle Fälle verwöhnt. Südtirols Küche hat auf engstem Raum Sterne und Hauben zu bieten, also Küchenmeister, die schon unterschiedliche Auszeichnungen eingeheimst haben. In den Bergen heißt es hingegen »weniger ist mehr«. Allerdings betrifft das nur die Auswahl der Speisen, nicht die Größe der Portionen. Am Abend geht man in Südtirol häufig »auf eine Pizza«, wobei sich die Pizza mittlerweile auch als Mittagessen durchgesetzt hat.

Essenszeiten

Die Hauptmahlzeiten werden in der Regel zwischen 12 und 14 sowie 18 und 21 Uhr serviert. Gerade in den Touristenzentren gibt es aber auch schon früher und bis in die späte Nacht warme Küche. Viele Restaurants und Hotels bieten nachmittags leckere Kuchen.

Spezialitäten

- Klassiker der Südtiroler Küche sind die **Suppen** – kosten Sie nach Möglichkeit eine Gersten- oder Buchweizensuppe, eine saure Kuttelsuppe oder Weinsuppe und in jedem Fall eine Brennsuppe, die aus geröstetem Mehl und Schmalz bereitet wird.
- Für **Pfannengerichte** wie das »Bauerngröstl« bzw. »Tiroler Gröstl« werden die einfacheren Fleischstücke von Schweinen und Rindern mit Kartoffeln verwendet.

- Ein ehemals typisches Arme-Leute-Essen nach dem Sprichwort »Knödeln, Nudeln, Nocken, Plenten sein die vier Tiroler Elementen« sind **Knödel und Nocken**, deren Teig aus altbackenem Weißbrot, Mehl, Milch, Eiern und Butter besteht. Den besonderen Kick bekommen diese typischen Beigaben durch **Gemüse** wie Bärlauch, Spinat oder Mangold, je nach Jahreszeit auch **Pilze**.
- Die **Leber-** und die berühmten **Speckknödel** isst man dagegen typischerweise als Hauptspeise. Das gilt auch für die meist spinatgefüllten **Schlutzkrapfen** im Mantel aus Roggen- und Weizenmehl.
- Unverzichtbar ist der **Speck** auch bei der **Brettljause**. Auf dem Brettl findet sich meistens auch noch eine Scheibe **Almkäse**, und dazu gibt es **Paarln** (»Vinschgerln«) oder **Schüttelbrot**, das man am besten auf die Tischplatte legt und dann mit der Faust in kleine Stücke schlägt.
- Zur **»Marende«** (wie die Jause eine kleine Zwischenmahlzeit) gehören neben dem Speck und dem Brot **Pellkartoffeln** und **Wein**.
- Der richtige Ort für diese Traditionsessen ist die **»Buschenschenke«**, ein bäuerlicher Gastbetrieb mit Bänken und Tischen unter freiem Himmel, der eigenen Wein ausschenkt.

Preise
für ein Essen ohne Getränke:
€ unter 10 € **€€** 10–20 € **€€€** über 20 €

Einkaufen

Mode, kunsthandwerkliche Produkte und die Erzeugnisse der Landwirtschaft sind beliebte Mitbringsel aus Südtirol.

Mode

Italienische Designermode findet man vor allem in den Städten, in Bozen, Meran und Brixen, traditionelle **Loden- und Trachtenbekleidung** auch in kleineren Orten. Für gute Qualität und über die Grenzen bekannt sind vor allem zwei Marken: **Moessmer** (die Tuchfabrik in Bruneck wurde 1864 gegründet) und **Oberrauch-Zitt** (Lodenwelt in Vintl mit angeschlossenem Museum). Wer etwas über Schafwolle und deren Verarbeitung lernen möchte, dem sei ein Besuch in der Lodenwelt empfohlen.

Kunsthandwerk

- Weltruf haben die **Holzschnitzer** im Grödner Tal. Entscheidend für Ihren Einkauf sollte sein, was Ihnen gefällt. Entscheidend für den Preis und Wert eines Objekts ist, ob es sich um ein handgeschnitztes Kunstwerk handelt, das über ein entsprechendes Zertifikat verfügt, oder um ein maschinell gefertigtes Stück. Einen Überblick über das Grödner Kunsthandwerk erhalten Sie im Kongresshaus von St. Ulrich (► 124).
- Bei kunsthandwerklichen Produkten ist der Übergang von der Kunst zum Kitsch oft fließend. Beides finden Sie auf mehreren Stockwerken in den **Südtiroler Werkstätten** in Bozen (► 111). Hier werden Erzeugnisse aus der Drechslerwerkstatt, Holzspielzeug, geklöppelte Spitzen und handgewebte Tisch- und Bettwäsche, Trachtenpuppen und Sarntaler Federkielstickereien angeboten. Bergkristalle sind ebenfalls typische Mitbringsel.

Nahrungsmittel

Insbesondere Obst und Obstsäfte können Sie überall zum direkten Verzehr absolut frisch erwerben, wobei der **Bozner Obstmarkt** nicht nur zur Traubenzeit die größte Fülle bietet. In getrockneter Form (vor allem als Apfelringe), als Marmeladen oder in Form von Essigen und Destillaten können Sie zudem zahlreiche Früchte mit nach Hause nehmen, darunter Marillen aus dem Vinschgau und Erdbeeren aus dem Martelltal. Vinschgauer Brot und das Schüttelbrot (aus Roggennmehl) vertragen ebenfalls einen längeren Transport.

Wein

- 20 verschiedene Rebsorten werden auf einer Fläche von rund 5200 ha angebaut und stehen für Vielfalt und genussvolle Abwechslung. Darunter finden sich so eigenwillige Trauben wie der Vernatsch, in Württemberg Trollinger genannt, und der Gewürztraminer.
- Die meisten Südtiroler Weine sind Qualitätsweine mit kontrollierter Ursprungsbezeichnung, kenntlich an der Bezeichnung **DOC** (Denominazione di Origine Controllata). Das gibt auch denen, die weniger vom Wein verstehen, beim Einkauf Sicherheit.
- Der Wein wird vor allem über Genossenschaften vermarktet, die meisten Kellereien und Winzer verkaufen aber gerne auch direkt und lassen Sie ihre Tropfen verkosten. Winzeradressen findet man unter www.suedtirolerwein.com. In den Städten gibt es gute Vinotheken, in denen Sie sich über die besten Weine des Landes beraten lassen können.

Ausgehen

Kultur

Was die Mischung aus Theater, Kabarett und Konzerten anbelangt, ist **Brixen** (➤ 156) vielleicht die heimliche Kulturhauptstadt Südtirols. Eigene Theaterproduktionen und die verschiedensten Konzerte gehen auch in **Bozen** (➤ 112) über die Bühne. **Meran** (➤ 84) unterhält mit Theater, den Musikalischen Sommerabenden und den internationalen Musikwochen. Dazu finden Sie zahlreiche Sommerkonzerte in Burgen und Schlössern sowie Musicalaufführungen in Sterzing. Nicht nur für Pferdeliebhaber gehört der **Meraner Rennplatz** ebenfalls zur Kultur.

Kinos

In Bozen gibt es den Filmclub mit dem **Capitol** (Dr.-Streiter-Gasse 6, Tel. 0471 97 42 95), das **Eden** (L.-da-Vinci-Str. 8, Tel. 0471 97 85 14) und das **Concordia** (Cristo-Re-Platz, Tel. 0471 28 91 47), in Brixen das **Astra** (Romstr. 11, Tel. 0472 83 20 87) und das **Stern** (Altenmarktgasse 8 d, Tel. 0472 83 64 08), in St. Ulrich das **Dolomiti Gröden** (Reziastr. 46, Tel. 0471 79 63 68) und in Bruneck das **Odeon** (Waldheimweg 1, Tel. 0474 55 42 99). In Sterzing werden Filme im **Stadttheater** (J.-W.-v.-Goethe-Platz 1, Tel. 0472 76 04 00) gezeigt.

Sport

Was sportliche Aktivitäten angeht, ist Südtirol rund um das Jahr ein Paradies: Bergsteigen, Wandern, Radfahren, Wassersport, Rodeln, Skifahren und Snowboarden, Golfen, Eislaufen und durch die Luft fliegen – hier ist fast alles möglich (➤ 28).

Vinschgau

Kleine Erlebnisse

Unterwegs am Stundenweg
Wandern Sie von Kloster zu Kloster, von St. Johann in Müstair nach **Marienberg** (➤ 47), und entdecken Sie den Obervinschgau neu.

Gemsen, Steinadler, Rotwild
Nichts für Langschläfer. Die geführten Wanderungen im **Nationalpark Stilfser Joch** (➤ 44) beginnen meistens vor Tagesanbruch.

Mit der Seilbahn nach St. Martin am Kofl
Von **Latsch** (➤ 54) aus erreichen Sie auf bequeme Weise einige der höchstgelegenen Bauernhöfe im Vinschgau.

Erste Orientierung

Sonnig, regenarm und fruchtbar zieht sich der Vinschgau vom Reschenpass hinunter. Das breite Tal – seit Jahrtausenden Durchzugsgebiet für Händler, Pilger und Krieger – begleitet die junge Etsch gen Süden. Die Römer nutzten die Talsohle für ihre Heerstraße, die Via Claudia Augusta, vor allem mit Blick nach Norden.

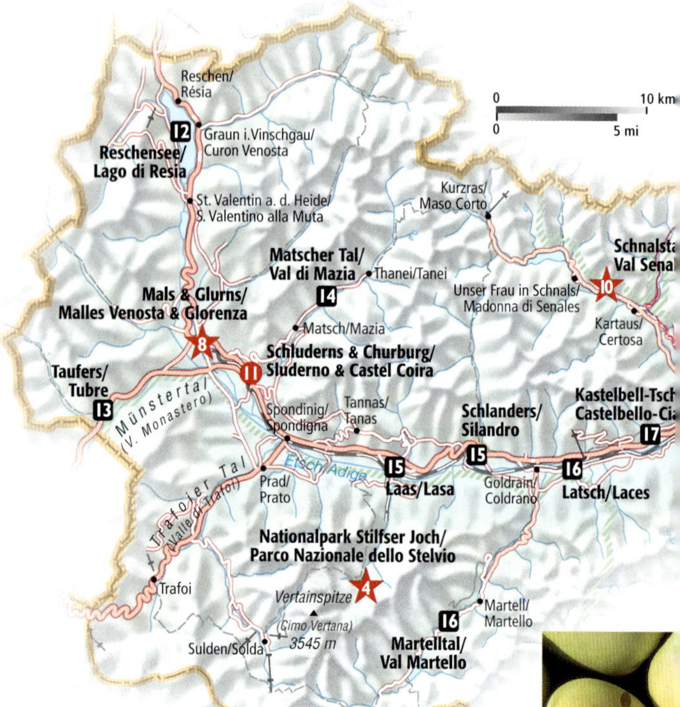

Die Geschichte hat der Region Spuren aufgedrückt. Zahllose Burgen, prachtvolle wie die Churburg und Ruinen wie die Stammburgen der Vögte von Matsch, säumen das Haupt- und die stilleren Nebentäler. Letztere enden mitunter vor grandiosen Talschlüssen, am Ortler beispielsweise mit mehr als einem Dutzend Dreitausender, oder sind selbst uralte Querverbindungen wie das Münstertal hinüber in die Schweiz oder das Schnalstal, auf dessen Passhöhe die Gletschermumie »Ötzi« gefunden wurde, in Richtung Österreich.

Kreuze säumen die Wege durchs Gebirge

Im Vinschgau blühten Klöster wie Stift Marienberg und Städte wie das mit einem kompletten Mauerring erhaltene mittelalterliche Glurns auf und versanken wieder in der Bedeutungslosigkeit. Früheste Fresken der Romanik bedecken die Wände und Decken der mehr als 1000 Jahre alten Bauten. Himmelhoch an den Hängen liegende Berghöfe und die endlose Linie der Waale (➤ 14) künden von der Härte des Bauernlebens. Und zugleich wirkt das Tal zur Zeit der Apfelblüte und der Ernte wie das Paradies auf Erden – säuberlich geteilt in den trockeneren »Sonnenberg« und den schattig bewaldeten »Nördersberg«.

Reif für den Export: Äpfel aus dem Vinschgau

TOP 10

Nicht verpassen!

Nach Lust und Laune!

In zwei Tagen

Auf dieser Tour durch den Vinschgau wird Sie vor allem die Natur mit den mächtigen Dreitausendern im Nationalpark Stilfser Joch und dem ewigen Eis beeindrucken. Aber auch die von Menschenhand geschaffenen Orte und Bauwerke wie die Churburg und das Kloster Marienberg sind echte Highlights.

Erster Tag

Vormittags

Starten Sie mit einem Rundgang durch 11 **Schluderns** (➤ 51) und stimmen Sie sich an der Michaelskapelle mit den Grabdenkmälern der Burggrafen auf den Besuch der 11 **Churburg** (links; ➤ 51) ein. Dort lassen Sie später die farbenfrohen humorigen Fresken und die ehernen Harnische auf sich wirken. Im Vintschger Talschaftsmuseum unterhalb der Burg informieren Sie sich über die Waale und die bronzezeitlichen Ausgrabungen. Dann fahren Sie die wenigen Kilometer hinüber nach 8 **Glurns** (➤ 47), wo Sie sich im Gasthof Grüner Baum (rechts, ➤ 56) am Stadtplatz stärken können.

Nachmittags

Den Nachmittag beginnen Sie mit der Erkundung von Glurns, was nicht zu viel Zeit in Anspruch nimmt, ist das mittelalterliche Kleinod doch die kleinste der acht Städte Südtirols. Danach streben Sie zum hoch am Hang liegenden Kloster Marienberg, besuchen die Stiftskirche und das se-

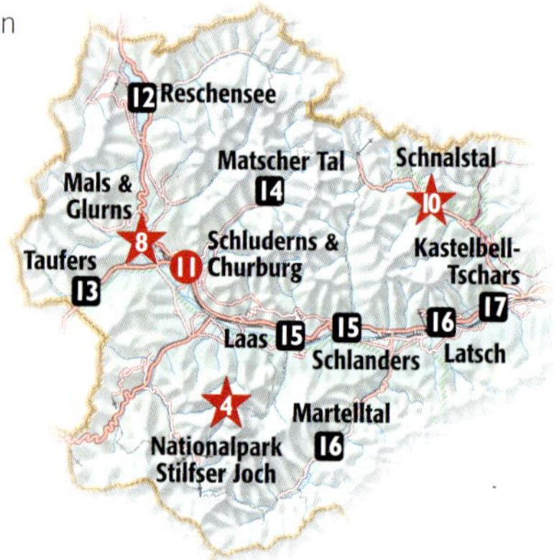

henswerte Klostermuseum. Genießen Sie anschließend die Fahrt die Etsch abwärts, bis Sie bei Prad das Trafoier Tal erreichen und Richtung Stilfser Joch abbiegen. Nach etwa 27 km kommen Sie in Trafoi an.

Abends
Lassen Sie den Tag in aller Ruhe mit einem Spaziergang zum Wallfahrtsort Heilige Drei Brunnen (➤ 45) ausklingen.

Zweiter Tag

Vormittags
Nach dem Frühstück beschäftigen Sie sich im Naturparkhaus Naturatrafoi (➤ 45) mit dem Leben in unwirtlichen Regionen, den Pflanzen und Tieren des Hochgebirges. Dann geht es die Serpentinen hinauf zum 4 **Stilfser Joch** (➤ 44). Oben angekommen, halten Sie sich nicht lange auf, kurven zurück bis Gomagoi und biegen ab ins Suldental, wo Sie am Ortsrand von Sulden auf das Restaurant Yak & Yeti (➤ 58) stoßen. Sollten die Namensgeber im Zottelfell daneben weiden, schauen Sie sich die Tiere vor dem Essen in aller Ruhe an.

Nachmittags
Gut gestärkt lässt sich für eine Weile die unterirdische Eiswelt des Messner-Museums erobern. Danach können Sie sich am Steuer Ihres Wagens bei der Fahrt zurück ins Etschtal und den Fluss hinunter entspannen. Kurz hinter Kastelbell biegen Sie nach links ins 10 **Schnalstal** (➤ 49) ab. Der Besuch von »Ötzis« Fundstätte am Similaun-Gletscher steht zwar nicht auf dem Programm, aber im ArcheoParc erfahren Sie alles, was bis heute über den Mann aus dem Eis und die Welt, in der er gelebt hat, herausgefunden worden ist.

Abends
Fahren Sie gemütlich zurück nach 17 **Tschars** (➤ 55), auch wenn es dadurch etwas später wird. Dort können Sie sich im Panoramahotel Himmelreich (➤ 59) unterhalb von Burg Juval verwöhnen lassen.

4 Nationalpark Stilfser Joch (Parco Nazionale dello Stelvio)

Atemberaubend ist der Weg von den satten Wiesen des Etschtals hoch zum baumlosen Stilfser Joch (2757 m) und zum Talabschluss hinter Sulden. Nicht weniger als 14 Dreitausender reihen sich rund um den »König Ortler«, den mit 3905 m höchsten Berg der Ostalpen.

Der 1935 entstandene Nationalpark ist heute eines der größten europäischen Schutzgebiete und umfasst im Herzen der Zentralalpen das gesamte Gebirgsmassiv Ortler-Cevedale mit den Nebentälern. Wie eingestreut wirken die Berghöfe, Weiler und Dörfer in den Wäldern, Wiesen und Äckern unterhalb der Eisgipfel. Die drei modernen Besucherzentren in Trafoi, Prad und Martell (➤ rechts) bilden eine wertvolle Hilfe, um zu verstehen, was Ihnen auf den Wegen durch den Nationalpark begegnet.

Durch das Trafoier Tal

Noch im Etschtal liegt auf steilem Hügel die Ruine von Burg **Lichtenberg**. Auch wenn die Fresken 1912 von den Wänden der Tiroler Trutzfeste (13. Jh.) genommen und ins Innsbrucker Ferdinandeum gebracht wurden, hat die mächtige Anlage viel Reiz. Auf dem Weg nach Gomagoi (1266 m), wo es links ins Suldental geht, liegt **Stilfs**, ver-

Traumpiste für Kurvenfans auf zwei und vier Rädern

Im Trafoier Tal: Pfingstprozession zu den Heiligen Drei Brunnen

mutlich eine Bergknappengründung, rechterhand hoch über dem Tal mit Höfen bis fast auf 1800 m Höhe. Hier hat sich ein besonderer Nikolausbrauch, das »Klasn«, bis heute erhalten (➤ 13). Bei **Trafoi**, dem Heimatort von Skilegende Gustav Thöni, lohnt sich der Abstecher zum **Wallfahrtsort Heilige Drei Brunnen** im Talschluss. Hier wurde ein heidnisches Quellheiligtum gleich mit zwei Kirchlein christianisiert. Hinter Trafoi wird es ernst mit den Serpentinen. Die höchste Passstraße, mit ihren 87 Kehren ein Meisterstück, ist nur von Ende Juni bis Ende Oktober befahrbar. Sie gilt besonders bei Motorradfahrern und konditionsstarken Fahrradcracks als extreme Herausforderung. Das Joch mit dem sommerfesten Skigebiet selbst ist mit Hotels völlig verbaut.

BESUCHERZENTREN

- Das **Naturatrafoi** erklärt die Geologie des Ortlermassivs und das Überleben von Flora und Fauna unter den Extrembedingungen des Hochgebirges. Angeboten werden auch geführte Wanderungen (Trafoi 57, Stilfs, Tel. 0473 61 20 31, Mitte Mai–Okt. Di–Fr 9–12 u. 14.30–18 Uhr, Sa u. So nur nachmittags, Weihnachten–März Di–So 14–18 Uhr, www.naturatrafoi.com, Eintritt 3 €).
- Das Nationalparkhaus **Aquaprad** bietet u. a. Einblicke in die Welt des Wassers: im Freilandteich, in einem Streichelbecken und in zwölf weiteren Aquarien. Angeboten werden Erlebnisprogramme für Familien und Ausstellungen (Kreuzweg 4 c, Prad, Tel. 0473 61 82 12, Di–Fr 9–12 u. 14.30–18, Sa u. So 14.30–18 Uhr, www.aquaprad.com, Eintritt 6 €).
- Im **Culturamartell** wird die bäuerliche Kultur des Martelltals gezeigt. Ferner im Programm: **Kindertage** und geführte Wanderungen (Trattla 246, Martell, Tel. 0473 74 50 27, Ostern und Pfingsten 14–17.30, Mitte Mai–Mitte Okt. Mo–Fr 10.30–17.30, Ende Juli–Mitte Sept. zusätzlich Sa u. So 15–18 Uhr, www.culturamartell.com, Eintritt 3 €)

Yaks auf der Hochalm

Auch **Sulden** hat die Romantik eingetauscht gegen die Funktionalität eines umtriebigen Skizirkus – allerdings vor der Traumkulisse des Ortlers und der Königsspitze. Dazu gehören heute auch die **tibetischen Yaks**, die Reinhold Messner hier angesiedelt hat und die ab Ende Juni ihre Sommerfrische auf der Madritsch-Alm verbringen, und das **Messner Mountain Museum Ortles** am Dorfanfang. Das Museum behandelt unterirdisch auf einer Fläche von 300 m² das Thema »Eis und Ortler«.

KLEINE PAUSE

Im Hotel ***Schöne Aussicht*** (► 57) an der Kehrentafel 42 der Stilfser-Joch-Straße in Trafoi nehmen Sie einen Latte Macchiato und lassen sich von der Trophäensammlung der aus Trafoi stammenden Skilegende Gustav Thöni beeindrucken.

---

196 C2

Ferienregion Ortler im Nationalpark Stilfser Joch
Hauptstr. 72, 39029 Sulden ☎ 0473 73 70 60; www.ortler.it

Messner Mountain Museum Ortles
leicht abseits von Sulden beim Restaurant Yak & Yeti ☎ 0473 61 32 66
Mitte Juni–Mitte Okt., Mitte Dez.–Anfang Mai Mi–Mo 14–18 Uhr 6 €, MMM Tour Ticket 23 € (1 Jahr ab Ausstellung für alle fünf Museen gültig)

BAEDEKER TIPP

- Vom Trafoier Talschluss mit der Wallfahrtskirche erwandern Sie leicht die drei **Riesenquellen** am Fuße des Madatsch. Das Schmelzwasser donnert vom Frühling bis in den Herbst ohrenbetäubend zu Tal.
- Ein markierter Wanderweg führt vom Stilfser Joch über die Dreisprachenspitze zur **Furkelhütte**. Am Weg werden Sie auf Schautafeln über den Verlauf der Ortler-Front im Ersten Weltkrieg, die Geologie des Ortlergebiets sowie über Flora und Fauna des Hochgebirges informiert.
- Machen Sie am **Weißen Knott bei Kehre 27 eine Pause**. Sie sind jetzt 1877 m hoch und schauen hinüber zum gewaltigen Fels des Ortlers, der aus dem tiefen Einschnitt des Trafoier Tals steil um 2400 m auf 3905 m aufsteigt.

Unterwegs zur Furkelhütte

8 Mals & Glurns (Malles Venosta & Glorenza)

Die Uhr scheint stehen geblieben in der kleinsten Stadt Italiens. Durch einen geschlossenen Mauerring bildet Glurns eine Enklave in der Großgemeinde Mals. Im Hauptort finden sich neben historischen Gebäuden moderne Freizeitanlagen.

Zeit für einen Schwatz in den Lauben von Glurns

Glurns, eine einst blühende Stadt an der Salzstraße zur Lombardei, wurde 1499, nachdem es kurz zuvor niedergebrannt worden war, mit Türmen und Gräben als Festungsstadt neu aufgebaut. In den folgenden Jahrhunderten versank der Ort nach und nach in einen Dornröschenschlaf, bis der Tourismus ihn wieder wach küsste. So ist Glurns mit seinen 800 Einwohnern heute noch das getreue Spiegelbild einer mittelalterlichen Stadt. Die Idylle der seit 1977 behutsam restaurierten Stadt trügt nicht, auch dann nicht, wenn Sie durch die Gassen und über den schönen Stadtplatz hinter dem Tauferer Tor streifen. Seit 1294 findet hier alljährlich am 24. August der Bartholomäusmarkt statt. Das Ortsbild von **Mals** wird von fünf alles überragenden Kirchtürmen bestimmt. Besonders reizvoll ist der Obere Marktplatz mit seinen malerischen Gasthöfen und der Ansatz Lichtenegg (1593).

Klosterwelt und Freskenkunst

Der Talkessel wird überstrahlt von dem um 1250 entstandenen weißen, 100-fenstrigen **Benediktinerstift Marienberg** oberhalb des Haufendorfes Burgeis und der trutzigen Fürstenburg von 1272. Unter der barocken Stiftskirche,

der einzigen dreischiffigen Pfeilerbasilika des Vinschgaus, zeigen die 1155 entstandenen Fresken der Krypta mit dem ernst thronenden Christus und zauberhaften Engeln starken byzantinischen Einschlag. Legendär ist die Rivalität des Stifts zu den Matscher Vögten, während der es zu Plünderungen des Klosters und zur Ermordung eines Abtes kam. Älter als das Stift ist die um 800 erbaute Kirche **St. Benedikt** am Rande von Mals, eines der wichtigsten Denkmäler karolingischer Kunst. Ihre Fresken mit dem einzigen Porträt der Welt eines fränkischen Grundherrn wurden erst 1913 wieder entdeckt und ab 1951 restauriert.

Stift Marienberg – Refugium für Pilger und Manager

KLEINE PAUSE

Schauen Sie den Webern in der **Weberei Salutt** (Bahnhofstr. 7, Mals) eine Weile über die Schulter.

---

196 B3

Tourismusverein Mals/Schluderns/Glurns
St.-Benedikt-Str. 1, 39024 Mals 0473 73 70 70;
www.ferienregion-obervinschgau.it

Benediktinerstift Marienberg
Schlinig 1, Mals 0473 83 13 06; www.marienberg.it
Klostermuseum: Mitte März–Anfang Nov. Mo–Sa 10–17, Mitte Dez.–März Mo–Sa 13–16 Uhr; Krypta: nur im Rahmen der Vesper Mo–Sa 17.30–17.40 Uhr
Klostermuseum: 5 €

St. Benedikt in Mals
April–Anfang Nov. Mo–Sa 10–11.30, Mitte Juli–Ende Aug. auch Di–Do 15–16 Uhr. Führungen: April–Ende Okt. Mo um 16.30, Ende Juni–Anfang Sept. auch Di–Do um 14 Uhr 1,80 €, mit Führung 3 €

BAEDEKER TIPP

- Weit reicht der **Blick vom Fröhlichsturm** (13. Jh.), dem Bergfried der Vogtsburg und Wahrzeichen von Mals (20. Juni–7. Sept. Di u. Mi 11 Uhr, Tel. 0473 73 70 70).
- Weiter noch blicken Sie vom **Tartscher Bühel**, einem dem Ganglegg (► 52) vergleichbaren bronzezeitlichen Siedlungsort, mit dem von einer Asylmauer umgebenen Kirchlein St. Veit oberhalb von Mals (Führungen Mitte Juni–Mitte Okt. Di 15 Uhr, Treffpunkt: Pfarrkirche Tartsch, Anmeldung im Tourismusbüro).
- Am weitesten schauen Sie vom **Watles** (2555 m; über einen Vierersessellift zu erreichen), dem Wintersport- und Sommerwanderparadies über Kloster Marienberg. Hier bietet sich ein Panoramablick über den gesamten Obervinschgauer Talkessel und auf die Gletscherwelten der Ötztaler und Stubaier Alpen sowie auf Ortler und Sesvenna.

10 Schnalstal (Val Senales)

Als Ganzjahresskigebiet und wegen seiner malerischen Berghöfe hat das Schnalstal schon lange touristische Bedeutung. Seit dem Fund von »Ötzi« 1991 im Eis des Similaun-Gletschers hat das Tal eine weitere Attraktion zu bieten.

In Kartaus wurde ein Kloster zum Dorf

Beklemmend eng gestaltet sich die Einfahrt ins Tal unterhalb von Burg Juval (► 55). Wenig später können Sie einen Abstecher machen steil hinauf nach Katharinaberg (1245 m, mit schönen Höfen). Fahren Sie 3 km talaufwärts, dann erreichen Sie den Ort **Kartaus** (1327 m), der innerhalb der Mauern eines Kartäuserklosters (1326 bis 1782) entstanden ist. Der Kreuzgang wird im Sommer Galerie für heimische Künstler. Auf der anderen Talseite zweigt das naturbelassene **Pfossental** ab und erschließt den Naturpark Texelgruppe. Bis zum Vorderkaser können Sie fahren, dann geht es nur noch zu Fuß weiter entlang des **Almerlebniswegs**. 18 Themen werden auf Schautafeln erläutert, z. B. die Käseherstellung, die Sie in der Schaukäserei beim Vorderkaser gleich miterleben können, bis Sie nach 5 km den Eishof erreichen. Zurück im Schnalstal, erreichen Sie das Dorf **Unser Frau**, das seit mehr als 700 Jahren Wallfahrtsort ist am Weg über das Niederjoch (»Ötzi«-Fundstelle) ins Ötztal und von dort über den Fernpass nach Augsburg. Von Vernagt am Stausee (1700 m) führt das Tisental direkt hinauf zur »Ötzi«-Fundstelle. Am Talschluss ist Kurzras (2011 m) der Ausgangspunkt der **Schnalstaler Gletscherbahnen** für das moderne Ganzjahresskizentrum.

Wie »Ötzi« lebte

Um »Ötzi« kümmert sich der **ArcheoParc Schnals**. Das Museum mit großem Freigelände zeigt die Welt des »Ötzi« und bietet Raum für praktische Übungen wie Brotbacken, Bogenschießen, Entzünden von Feuer, Herstellen von Pfeilspitzen und Messern mit Feuerstein, Töpfern, Weben oder Filzen. Regelrecht archaisch wirkt der lange Zug von über 1000 Schafen Ende Juni durch die Schneefelder und den Gletscherfirn über das Hochjoch (2861 m), das Niederjoch (3010 m) und über Gurglers Eisjoch (3152 m) hinauf zu den Almen des Ötztals.

Stau auf dem Weg zur Sommerweide

KLEINE PAUSE

Nutzen Sie die Stille des Friedhofs der **Wallfahrtskirche im Ort Unser Frau** zu einem Augenblick der Meditation. Die kunstvollen Metall-Grabkreuze der einheimischen Künstler Friedrich Gurschler und Martin Rainer schaffen dabei eine ganz besondere Atmosphäre.

197 D4

Tourismusverein Schnalstal
Karthaus 42, 39020 Schnalstal 0473 67 91 48; www.schnalstal.it

ArcheoParc Schnals
Unser Frau 163 0473 67 60 20 Mitte März–Anfang Nov. Di–So 10–18, Mitte Juli u. Aug. auch Mo 8 €

Schnalstaler Gletscherbahnen
0473 66 21 71 Seilbahnbetrieb tägl. 9–16.30 Uhr; Liftanlagen 9–15.45 Uhr am Gletscher, 9–16 Uhr im Talx

BAEDEKER TIPP

- Auf »Ötzis« Spuren gehen Sie in Begleitung eines Bergführers auf Skiern von Kurzras zur **Fundstelle des Mannes aus dem Eis**. Der Aufstieg dauert ca. 3 Stunden ab dem Hochjochferner (Anmeldung beim Tourismusbüro www.schnalstal.it).
- Wenn Sie kein Könner auf Skiern sind, aber dennoch ins Eis wollen, bringt Sie ein Raupenfahrzeug zu einer **Eishöhle**, in der Lichtspiele Groß und Klein gleichermaßen faszinieren (Mitte Juni–Mitte Sept. tägl., Anmeldung Berghotel Grawand, Tel. 0473 66 21 18).

11 Schluderns & Churburg (Sluderno & Castel Coira)

Im Schatten einer der schönsten Burgen Südtirols liegt das ruhige Bauerndorf Schluderns. Das Vintschger Talschaftsmuseum belegt, dass sich in dieser Region das am besten erforschte Zentrum bronzezeitlicher Kultur im Alpenraum befindet.

Die Grabdenkmäler der Burggrafenfamilie Trapp finden Sie an der Kapelle **St. Michael**. Außerdem sind hier schöne Figuren aus der Hand der einheimischen Schnitzerfamilie Greiner (18. Jh.) zu sehen, deren Arbeiten auch viele andere Gotteshäuser des Vinschgaus schmücken. Die Kirche **St. Katharina** (mit einem schönen romanischen Kirchturm) beherbergt den ehemaligen Hochaltar der Marienberger Stiftskirche (➤ 47), dessen vier Reliquienskelette besonders auffällig sind. Mit dem Haflinger-Denkmal auf dem Rathausplatz wird an den Schludernser Stammvater (1874) der freundlichen, trittsicheren Bergpferde erinnert, die Sie heute im ganzen Alpenraum antreffen. Dem ersten Bezwinger des Ortlermassivs – dem »Pseyrer Josele«, wie die Dörfler ihren Josef Pichler (1765–1854, Jäger der Churburg) nennen – ist ebenfalls eine Statue gewidmet.

In der Burg

Als Trutzburg erbaut, zur Wohnburg gewandelt

Ein Narr brütet kleine Narren aus Eiern aus, originelle Fabelwesen und reifende Früchte an üppigen Ranken bedecken die Gewölbe: Die **Churburg** über Schluderns beeindruckt mit dem dreigeschossigen **Arkadenhof** und den **Stützpfeilern** aus Göflaner Marmor (➤ 54). Ein Bischof von Chur hatte die Burg um 1250 den Vögten von Matsch nach siegreicher Fehde vors Tal gesetzt. Der Triumph

währte allerdings nur kurz: Schon knapp 50 Jahre später saßen dann die Vögte auf der Burg – und das für 200 Jahre. Dann starben sie aus (1504) und wurden von den späteren Grafen Trapp beerbt. Die bauten die trutzige Burg zu einem Renaissancetraum um, den sie bis heute als Sommersitz nutzen. Das Mittelalter hautnah erleben Sie in der auch für Kinder interessanten **Rüstkammer** mit einer einzigartigen Sammlung von 50 Rüstungen, alle maßgefertigt in vorwiegend Innsbrucker und Mailänder Werkstätten für die Churburger Herren. Ein Goliath muss Vogt Ulrich IX. von Matsch gewesen sein, dessen Plattenpanzer stolze 230 cm misst und 45 kg wiegt. Historische Feuerwaffen werden Sie vergeblich suchen. Mit denen wurden 1809 Tiroler Bauern für den Freiheitskampf gegen Napoleons modernste Militärmaschinerie aufgerüstet. Achten Sie beim Rundgang durch die Burg auf die kleine **Hausorgel** (1559) und die lebensgroße **Holzfigur** eines Churburger Ritters, umhüllt vom Pilgermantel, den er auf dem Weg nach Palästina (1560) trug.

Maßanfertigungen statt Konfektionsware gibt es in der Rüstkammer zu sehen

KLEINE PAUSE

Im **Burggasthof** neben dem Museum finden Sie nach so viel Geschichte ins Jetzt zurück.

---

196 B3

Tourismusverein Schluderns
Rathausplatz, 39020 Schluderns 0473 61 52 58

Churburg
0473 61 52 41; www.churburg.com
20. März–Okt. Di–So 10–12 u. 14–16.30 Uhr 10 €

Vintschger Talschaftsmuseum
Meraner Str. 1, Schluderns 0473 61 55 90
20. März–Okt. Di–So 10–12 u.15–18 Uhr 4,50 €

BAEDEKER TIPP

- Zu den Dauerausstellungen im Vintschger Talschaftsmuseum (Bronzezeit und Waal-Bewässerungssystem) gibt es **Führungen**: 45 Minuten geht es hinauf zur Ausgrabung auf dem Ganglegg. Der Lehrpfad »Quair Waal« liegt in Museumsnähe.
- Im alten Pferdestall gibt es **kindgerechtes Ritterspielzeug** zu kaufen.
- Viel mittelalterliches Spektakel bieten die **Südtiroler Ritterspiele** von Schluderns, die jedes Jahr an einem Wochenende in der zweiten Augusthälfte stattfinden.

Nach Lust und Laune!

12 Reschensee (Lago di Resia)

Die Seeloipe und das Eissegeln rund um den Kirchturm des in den 1950er-Jahren im Stausee versunkenen Orts Graun sind exquisit. Die Eissportplätze von Reschen und St. Valentin wie auch die beiden Rodelbahnen sind bis Mitternacht in Betrieb. Und auch Wasserratten kommen bis spätabends auf ihre Kosten: Das Hallenbad in Graun hat bis 22 Uhr geöffnet. So sind am Reschensee selbst Wintertage lang. Im Sommer wird auf dem See gesegelt und gesurft. Zehn Minuten brauchen Sie zu Fuß von Reschen zur Quelle der Etsch an der europäischen Wasserscheide. Der Ausflug ins Langtauferertal lohnt sich wegen der wunderschönen Alm hinter Melag.

196 B5

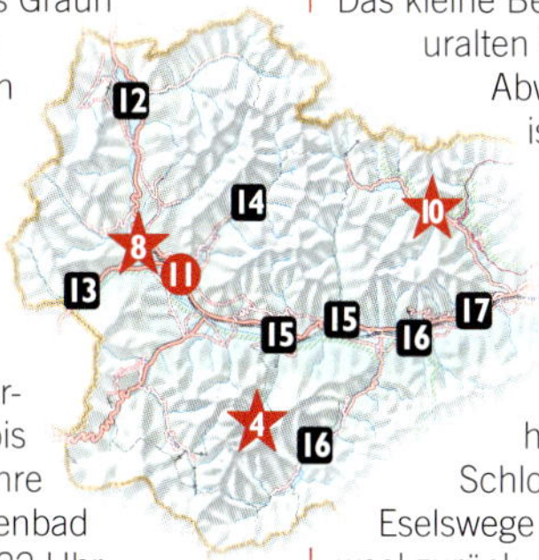

Ferienregion Reschenpass
Hauptstr. 61, 39027 Graun
0473 73 70 90; www.reschenpass.it

13 Taufers (Tubre)

Das kleine Bergdorf finden Sie am uralten Weg ins Engadin. Abwechslungsreich ist der Weg zu den Ruinen der beiden Bischofsburgen. 25 Minuten gehen Sie zum Schloss Reichenberg, wo zeitweise Raubritter hausten. Höher liegt Schloss Rotund, von wo Eselswege und der Turnaunawaal zurück nach Taufers führen. Dort birgt das unscheinbare Hospizkirchlein St. Johann vom Anfang des 13. Jhs. einen Schatz romanischer Fresken im Kirchenraum und im Schlafsaal der Pilger darüber. Aus der gleichen Zeit stammt der Bilderzyklus der

Nur der Kirchturm ist übrig: Wo einst das Dorf war, ist heute der Reschensee

zum Weltkulturerbe zählenden Klosterkirche St. Johann Baptist im schweizerischen Müstair, 2 km talaufwärts.

196 A3

Tourismusverein Taufers/ Münstertal
St.-Johann-Str. 31, 39020 Taufers
0473 73 70 80; www.taufers.org

14 Matscher Tal (Val di Mazia)

Stille erwartet Sie im Matscher Tal, lange als »Heimat der Wölfe« und einst als Sitz übel beleumundeter Vögte (➤ 52) bekannt. Über 20 km steigt es von Schluderns (921 m) zum Weißkugelmassiv (3738 m) an. Ackerterrassen über bis zu 15 m hohen Mauern und endlose Waale zeugen vom harten Bauernleben. Über **Matsch** (1565 m), älteste Pfarrei des Vinschgaus und malerisch am Hang über zwei Burgruinen gelegen, geht es hinauf zum Ausser Glieshof und den Thaneihöfen (1824 m). Diese gelten als höchste Kornhöfe Tirols. Vielleicht treffen Sie beim Aufstieg zu den sieben glasklaren Saldurseen auf den zwergenhaften Nörkelkönig. Es heißt, dass er einem Mädchen, das gut zu ihm war, heilenden Mondtee für die kranke Mutter schenkte. Heimische Heil-, Gewürz- und Teekräuter bekommen Sie heute in Matsch beim Bauern Egon Riedl (Tel. 0473 84 26 74).

196 C4

Tourismusverein Mals/ Schluderns/Glurns
St.-Benedikt-Str. 1, 39024 Mals
0473 73 70 70

15 Schlanders & Laas (Silandro & Lasa)

Städtisch ist das Flair des inmitten von Obstgärten gelegenen Vinschger Hauptorts. Bummeln Sie durch die Fußgängerzone oder erfreuen Sie sich am Arkadenhof des Renaissanceschlosses Schlandersburg. Der Wiener Theatermaler Joseph Adam Mölk hat die Pfarrkirche (mit dem 97 m hohen, nadelspitzen Turm) und die Spitalkirche (mit der *Krönung Mariens*, geschnitzt vom schwäbischen Meister Jörg Lederer) ausgemalt. Zu Schlanders gehört die Dorfidylle von **Kortsch**, ein paar Gehminuten westlich am Sonnenberg. In der Pfarrkirche faszinieren drei gotische Hochaltäre sowie ein Marienaltar, ebenfalls geschnitzt vom Meister Lederer. Auf der anderen Talseite liegt **Göflan** unterhalb des schattig bewaldeten Nörderbergs mit den am höchsten gelegenen Marmorbrüchen Europas (2500 m, leicht vom Haslhof zu erwandern). Laas (4 km flussaufwärts) mit mehreren Marmorschleifereien und Steinmetzbetrieben gilt als »Marmordorf«.

196 C3 / 197 D3

Tourismusverein Schlanders/Laas
Göflanstr. 27, 39028 Schlanders
0473 73 70 50; www.schlanders-laas.it

16 Latsch & Martelltal (Laces & Val Martello)

Prachtbauten prägen die Marktgemeinde: drei Schlösser, fünf Burgen und 15 Kirchen. Ein Höhepunkt ist die prachtvolle Spitalkirche zum Heiligen Geist (mit dreiflügeligem Lederer-Altar) im Straßendorf Latsch, ein anderer **Schloss Goldrain** inmitten von Weinbergen, heute ein Kultur- und

ABSEITS DER TOURISTENWEGE

Mit den Kastanienhainen oberhalb von **Kortsch** (197 D3) beginnt der Süden. Hinter den mächtigen Bäumen stoßen Sie bald auf St. Ägidius mit einem Außenfresko des hl. Christopherus (13. Jh.). Weiter den Hang hinauf wurden die Reste prähistorischer Wallburgen entdeckt. Noch weiter oben erreichen Sie die Ruine des romanischen Jörgenkirchls.

Messner-Burg Juval: ein bisschen Tibet und viel Tirol

Bildungszentrum. Spektakulär ist die Seilbahnfahrt (ganzjährig) vom Latscher Ortsrand hinauf zur Wallfahrtskapelle St. Martin im Kofel (1740 m, mit Traumblick). Gegenüber bewachen über dem Ortsteil Morter die Ruinen von Unter- und Obermontani den Eingang zum Martelltal, in dem die Erdbeeren bis auf 1800 m Höhe reifen.

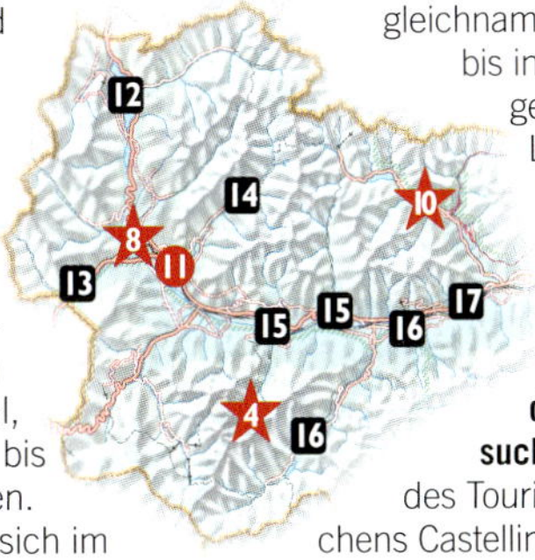

In **Martell** können Sie sich im Besucherzentrum Culturamartell (➤ 45) des Nationalparks Stilfser Joch über bäuerliche Kultur informieren. Zu Burg Obermontani gehört die St. Stephanskapelle. Die faszinierende Bilderbibel mit der Ursula-Legende an den Wänden (um 1430) wurde 1487 durch weitere Fresken ergänzt, darunter ein *Jüngstes Gericht*.

197 D3

Tourismusverein Latsch/Martell
Hauptstr. 38a, 39021 Latsch
0473 62 31 09; www.latsch.it

St. Stephanskapelle Obermontani
0473 74 23 44 ganzjährig, Voranmeldung bei Familie Peer
Spende

17 Kastelbell-Tschars (Castelbello-Ciardes)

Zwei Orte – heute eine Doppelgemeinde –, zwei Burgen: Über Kastelbell liegt wie ein Adlerhorst die gleichnamige Burg, an der bis in die Kanonenzeit gebaut wurde. Laut wird es heute nur noch bei Konzerten – oder wenn sich Kinder zur **Märchenstunde oder Schatzsuche** auf Einladung des Tourismus-Maskottchens Castellino einfinden. Tschars wird überragt von Schloss Juval, heute das Zuhause des Bergsteigers Reinhold Messner, zu der ein Museum und eine Buschenschenke gehören (➤ 11, 182).

197 E3

Tourismusverein Kastelbell/Tschars
Staatsstr. 5, 39020 Kastelbell Tschars
0473 62 41 93; www.kastelbell-tschars.com

Schloss Kastelbell
Schlossweg 1 0473 62 41 93
Ostern–Okt. Mi–Fr 14–19, Sa u. So 11–19 Uhr, Führungen Mitte Juni–Sept. Mi–So 14, 15, 16, So auch 10.30 Uhr 5 € inkl. Führung

Schloss Juval
Do–Di 10–16 Uhr, Führungen ab Palmsonntag bis 30. Juni u. Sept.–Anfang Nov. 8 €

Wohin zum ... Übernachten?

Preise
für ein Doppelzimmer pro Nacht:
€ unter 50 € **€€** 50–125 € **€€€** über 125 €

UM DEN RESCHENSEE

Hotel Etschquelle €€–€€€

An diesem Haus im ruhigen Dorfzentrum – zur Quelle sind es 20 Gehminuten – stimmt alles. Ein guter Ort zum Ausruhen nach einem aktiven Tag: in der Bar oder in der hauseigenen Pizzeria. Auf dem Frühstücksbuffet gibt es fünf Brotsorten, abends wählen Sie u. a. aus 14 verschiedenen Salaten. Zum Haus gehören ein Hallenbad mit finnischer Sauna, Solarium und türkischem Dampfbad.
196 B5 Neudorf 43, 39027 Reschen
0473 63 31 25; www.hotel-etschquelle.com

Hotel Plagött €€

Das Haus liegt im Dreiländereck, ein wenig abseits vom Dorf St. Valentin, mit Traumblick auf Haider- und Reschensee. Im Sommer ein Ort der Ruhe im Wandergebiet, im Winter hat man hier »Heimvorteil«: Das Haus steht direkt an der Abfahrtspiste. Zum Hotel gehören ein Restaurant, ein Café und eine Après-Ski-Kellerbar.
196 B5 Plagött 6, 39027 St. Valentin
0473 63 46 63; www.hotel-plagoett.it

Seehotel €€–€€€

Hier wohnen Sie gut, essen lecker (auch vegetarisch) und schauen weit: von der Hotelterrasse über den See bis hin zum Ortlermassiv. Achten Sie bei den Zimmern auf die Himmelsrichtung: Südwesten heißt Aussicht auf den See, nach Nordosten auf Dorf und Bergwelt.
196 B5 Hauptstr. 19, 39027 Reschen
0473 63 31 18; www.seehotel.it

MALS/GLURNS

Anigglhof €–€€

Der persönliche Kontakt in herzlicher Atmosphäre wird groß geschrieben im Gasthof der Familie Patscheider in Schlinig, oberhalb von Burgeis, fünf Autominuten entfernt vom Skigebiet Watles. Bei den Mahlzeiten genießen Sie einen Panoramablick vom Fölakopf bis zur Tschengelser Hochwand. Die Zimmer sind einfach, aber gemütlich ausgestattet. Nicht alle verfügen über einen Balkon.
196 B3 Schlinig 20, 39024 Mals
0473 83 12 10; www.anigglhof.it

Biohotel Panorama €€–€€€

Wohnen in Räumen mit nachhaltiger Holzständerbauweise und Lehmwänden, mit Massivholzböden und -möbeln, mit Wandheizung und Netzfreischalter. Außerdem schlafen und sitzen Sie auf reiner Naturfaser. Und natürlich werden Sie in diesem mit dem Südtiroler Umweltsiegel ausgezeichneten Betrieb mit Gemüse, Getreide, Salaten und Kräutern aus eigenem Anbau verwöhnt. Den Blick aufs Ortlermassiv gibt es obendrein.
196 B3 Staatsstr. 5, 39024 Mals
0473 83 11 86; www.hotel-panorama-mals.it

Gasthof Grüner Baum €€

Perfekte Gastfreundschaft erfahren Sie im zinnengekrönten Gasthof Grüner Baum direkt am Glurnser Stadtplatz. Das um 1500 gebaute Haus wurde von jungen Vinschgauer Architekten zum modernen Stadthotel umgebaut, ohne an

Charme einzubüßen. Gekocht wird ganz hervorragend und mit regionaler Note.
196 B3 Stadtplatz 7, 39020 Glurns
0473 83 12 ; www.gasthofgruenerbaum.it

NATIONALPARK STILFSER JOCH

Hotel Cornelia €€
Sonnenterrasse oder Skifahren? Sie müssen sich entscheiden in diesem Familienbetrieb nahe der Talstation der Seilbahn Sulden. Im Sommer wandern die Wirtsleute mit den Gästen. Und im Winter werden Schneeschuhwanderungen veranstaltet – auch im Fackelschein. Stammgäste schwören auf die Marillenknödel.
196 B2 Hauptstr. 48, 39029 Sulden
0473 61 30 32; www.hotelcornelia.com

Schöne Aussicht €€
Zu Gast bei Gustav Thöni, dem aus Trafoi stammenden Ski-Weltmeister und Olympiasieger. Für Familien wird das Haus zum Fixpunkt eines auf den Nationalpark ausgerichteten Animationsprogramms: Im Sommer gehört dazu Ameisenstraßen beobachten, Beeren pflücken, Tierfährten aufspüren. Und im Winter beginnt der Schneespaß direkt vor der Haustür.
196 A2 Trafoi 17, 39029 Trafoi
0473 61 17 16; www.bellavista-suedtirol.com

SCHLANDERS

Reiterhof Steinberger €€
Auf dem Biobauernhof der Familie Vill gibt es vier nachhaltig restaurierte Ferienwohnungen für zwei bis sechs Personen. Für qualifizierte Reitbetreuung ist gesorgt: Dressur bis Klasse M und Springen für Anfänger. Zum Erlebnis werden die Mehrtagesritte unter Leitung eines Geländerittführers wie auch die Kutschfahrten. Wer möchte, wird in die Biolandwirtschaft eingeführt. Für Gastpferde gibt es Boxen.
197 D3 Mühlgasse 13, 39028 Schlanders
0473 62 12 67; www.steinberger.it

LATSCH

Hotel Vermoi €€–€€€
Das Vermoi ist eine Hotelanlage mit reibungslos funktionierendem Service und Angeboten in jeder Preisklasse, mit Luxuszimmern wie auch komfortablen Apartments (2–6 Pers.). Wer möchte, kann auch einen Wohnwagenstellplatz am nahen Fluss bekommen. Außerdem findet man hier ein Hallenbad, eine Sauna, ein Freibad, eine Kegelbahn und eine Bar vor. Auf der Speisekarte stehen Lasagne und Pasta al Pesto ebenso wie Weinsuppe, Speckknödel und Kasnocken.
197 D3 Reichstr. 4, 39021 Latsch
0473 62 32 17; www.hotelvermoi.com

Residence Montani €€
Hier ist Familienurlaub inmitten von Obstwiesen mit großer Liege- und Spielwiese möglich. Dazu gibt es ein Hallenbad, eine Saunalandschaft und Kinderbetreuung, ferner Lama-Touren, gemeinsames Einkehren auf der hauseigenen Berghütte oder die Panorama-Reschentour auf den hauseigenen Fahrrädern. Frühstücksbuffet oder Halbpension (Frühstück im Haus, Abendessen im 2 km entfernten Partnerbetrieb) werden separat gebucht.
197 D3 Plafatweg 12, 39021 Latsch
0473 62 36 90; www.residence-montani.com

SCHNALSTAL

Schwarzer Adler €€
Zünftig und aktiv geht es bei Familie Gamper zu, wenn der Hotelchef nach dem wöchentlichen Hüttenzauber zur Fackelwanderung bittet. Zudem zeigt er Gästen gerne die schönsten Winkel des Schnalstals (mit Brettljause). Gekocht wird Tiroler und italienische Küche. Im Ort lockt der ArcheoParc Schnals (▶ 50) mit reichem Programm.
197 E4 Unser Frau 26, 39020 Schnalstal 0473 66 96 52, 0473 66 97 37; www.schwarzer-adler.it

Wohin zum ... Essen und Trinken?

Preise
für ein Essen ohne Getränke:
€ unter 10 € **€€** 10–20 € **€€€** über 20 €

MALS/GLURNS/TAUFERS

Hotel Greif €–€€
Hier wird, spezialisiert auf vitalstoffreiche Vollwertgerichte, für Genießer gekocht. Dabei kommen die meisten Produkte von heimischen Ökobetrieben und Biohöfen. Und die Gemüse, Salate und Kräuter wachsen im eigenen Garten. In der hauseigenen Vinothek lagern über 500 Südtiroler und italienische Weine und edle Destillate. Im Bistro werden mittags leichte Gerichte mit einem Salatbüfett angeboten.
196 B3 Gen.-Verdroß-Str. 40A, 39024 Mals 0473 83 14 29; www.hotel-greif.com Mitte Dez.–Mitte Nov. Mo–Sa 12.30–14 u. 18–21 Uhr

Hotel Lamm €–€€
In dem traditionellen Gasthof treffen Sie auf engagierte Köche, die kraftvolle Tiroler mit leichten italienischen Rezepten kombinieren und auch für die internationale Küche Produkte aus dem eigenen Garten verwenden. Lassen Sie sich verführen von den Bärlauch-Gnocchi oder einer Vinschgauer Rote-Bete-Suppe mit Krennocken. Dazu haben Sie einen Traumblick über das Münstertal.
196 A3 St.-Johann-Str. 37, 39020 Taufers i. M. 0473 83 21 68; www.hotel-lamm.com Mitte Dez.–Okt. Do–Di 12–13.30 u. 18.45–20.30 Uhr

NATIONALPARK STILFSER JOCH

Jausenstation Dürren Ast €
Die wunderschöne Lage auf 1050 m über der Ortschaft Prad verschafft dem Gast doppelten Genuss: tolle Blicke und richtig leckeres, gutbürgerliches Essen. Täglich gibt es frische Gebirgsforellen und selbst gebackenes Brot. Die Kalorien, die Sie sich in der Jausenstation zuführen werden, lassen sich bereits auf dem Weg dorthin vom westlichen Dorfrand über die St. Johanngasse, vorbei am gleichnamigen Kirchlein, verbrennen.
196 B3 Vellnair 6/A, 39026 Prad am Stilfser Joch 0473 61 66 38 April–Okt. Sa–Do 10–19 Uhr, Aug. länger und kein Ruhetag

Yak & Yeti €–€€
Im Restaurant Yak & Yeti, einem alten Bauernhof aus dem 15. Jh., wird Momo serviert: gewürztes Yakfleisch im Teigsäckchen. Dabei können Sie durchs Fenster die langhornigen Lieferanten weiden sehen. Reinhold Messner hat sie vor 15 Jahren nach Sulden gebracht. Nicht nur der hohe Protein- und niedrige Fettgehalt sprechen für das Yakfleisch, das auch als Yakschinken für die Brettljause auf den Tisch kommt.
196 B2 Sulden 55, 39029 Sulden 0473 61 32 66 Ende Nov.–Anfang Mai/ Pfingsten–Mitte Okt. Mi–Mo 11–23 Uhr

SCHLANDERS/LAAS

Gasthaus Sonneck €–€€
In herrlicher Lage hoch über dem Marmordorf Laas wird an Vinschgauer Gerichten aufgetragen, was die Saison hergibt. Freuen Sie sich also auf wechselnde Speisekarten mit Wildgerichten, Vinschg'r Berg-

lamm, Saure Supp', Schlachtplatte mit Kraut, Kürbiscremsuppe u. v. m.
196 C3 Allitz 11, 39023 Laas
0473 62 65 89; www.gasthaus-sonneck.it
Mitte März–Mitte Jan. Mi–Mo 12–14.30 u. 18–20 Uhr

Schwarzer Adler €–€€

In der anheimelnden Fußgängerzone von Schlanders ist das Haus mehr als nur eine Gelegenheit am Weg. Die sorgfältig austarierte Speisekarte mit einheimischen Köstlichkeiten und internationaler Küche hat ihre Höhepunkte bei den Fischspezialitäten. In jedem Fall sollten Sie die Gerichte der Kitz-, Spargel-, Pilz- und Nudelwochen wählen.
197 D3 Hauptstr. 38, 39028 Schlanders
0473 73 02 22 Feb.–Mai/Juli–Dez. Do–Di 8–23 Uhr

spinni? €–€€

Ziemlich neu und ziemlich aus dem Rahmen fallend wirkt der Mix aus Pizzeria, Brauhaus, Speiselokal und Disko unter dem Motto Erlebnisgastronomie. Vom sauren Rindfleisch über sauren Kalbskopf bis zum »Hosnfuater« (Salate) wird Kaltes und Warmes serviert. Zudem braut der hauseigene Braumeister nach dem Deutschen Reinheitsgebot von 1516 drei Biersorten: Helles, Dunkles und Weizenbier.
196 C3 Vinschgaustr. 78, 39023 Laas
0473 62 81 70 Mi–So 16–1 Uhr

LATSCH/MARTELL/KASTELBELL

Hotel zum See €–€€

Hier, auf 1870 m Höhe mit weitem Blick über den Zufritt-Stausee am Ende des Martelltals, kocht nicht der Chef, sondern der Junior, und der ist bereits mehrfach mit regionalen Preisen ausgezeichnet worden. Besonders empfehlenswert sind dabei seine Forellenspezialitäten, Wild- und Fleischgerichte. Auf Wunsch werden individuelle Schlemmermenüs gekocht. Rufen Sie also vorher an, wenn es etwas ganz Besonderes sein soll.
197 D2 Hintermartell 207, 39020 Martell
0473 74 46 68; www.hotelzumsee.com
tägl. 8–24 Uhr

Kuppelrain €€–€€€

Feinste Küche offerieren Jörg und Sonja Trafoier in ihrem Gourmetrestaurant mit Michelin-Stern. Das Haus gehört zur Gruppe der Jeunes Restaurateurs d`Europe. Die Arbeitsteilung ist klar: Der Chef kocht, seine Frau ist für das Ambiente und für die Weine aus dem mehr als beachtlichen Keller zuständig.
197 D3 Bahnhofstr. 16, 39020 Kastelbell
0473 62 41 03; www.kuppelrain.com
Mo 19–22, Di–Sa 12–15 u. 19–22 Uhr; Juli 1–2 Wochen geschl.

Latscher Alm €

Die traditionell bewirtschaftete Viehalm (1715 m) wird von Ludwig (Koch) und Cilli Platzer (Sennerin) geführt. Sie warten mit typischen Gerichten aus dem Vinschgau auf. Aber auch ein schlichtes Mahl aus Käse zu Bauernbrot und frischer Almbutter schmeckt himmlisch gut. Mit dem Sessellift Tarscher Alm kommen Sie auf die Bergstation auf 1940 m. Von dort geht es zu Fuß hinab zur Alm.
197 E3 39021 Tarsch 347 6 28 95 09
Mitte Mai–Okt. 11–17 Uhr, abends auf Bestellung

Panoramahotel Himmelreich €–€€

An diesem Haus kommt kaum jemand vorbei, ohne einzukehren, ist es doch für viele Ausgangs- und Endpunkt von Wanderungen über den Schnalswaalweg zu Schloss Juval. Die mediterranen Gerichte gelingen der Küche mitunter fast noch besser als die köstlichen Südtiroler Speisen. Unbedingt müssen Sie vom Kuchen aus Großmutters Rezeptbuch kosten.
197 E3 Klostergasse 15, 39020 Kastelbell-Tschars 0473 62 41 09; www.himmelreich.it Mitte März–Mitt Nov. Di–So 12–14 u. 18–21 Uhr

Wohin zum ... Einkaufen?

Sich in Südtirol frische Äpfel für zwischendurch zu besorgen, ist noch kein besonderer Tipp. Anders, wenn die Vitaminspender von Hand geerntet und schonend getrocknet aus einem Biobetrieb kommen, wie ihn die **Familie Gluderer** (Schanzenstr. 50, Tel. 0473 74 23 67) in Goldrain-Latsch betreibt. In Mischkulturen wachsen hier Kräuter und Beerenobst heran. Oder Sie besuchen den **Kandlwaalhof** (Unterwaalweg 10, Tel. 0473 62 66 27) in Laas, wo Sie neben Äpfeln auch Marillen, Erdbeeren und Palabirnen getrocknet bekommen, aber auch 20 Frucht- und Kräuteressige und Säfte.

Käsefreunde finden Köstlichkeiten – Hart-, Weich- und Kräuterkäse – direkt vom Hof im Langtauferertal auf dem **Rieglhof** (Langtaufers 44, Graun, Tel. 0473 63 32 66).

Im Fohlenhof am Ortsrand von Laas können Sie Hochprozentiges verkosten: aromatische Obstdestillate und weiche Liköre aus der ersten **Bäuerlichen Brennerei** (Familie Gartner, Tel. 0473 62 65 01) im Oberen Vinschgau.

Die erste Rolltreppe im Vinschgau gibt es seit dem Sommer 2004 im **Einkaufszentrum Herilu** (Hauptstr. 11, Mo–Sa 9–12.30 u. 14.30–19 Uhr) am westlichen Dorfeingang in Latsch. Hier ist Shopping unter einem Dach möglich.

Mit mehr als 600 landwirtschaftlichen Roh- und veredelten heimischen Produkten von mehr als fünf Dutzend Erzeugern bietet der **Vinschger Bauernladen** (► 183, Tel. 0473 66 77 23) am Parkplatz unterhalb von Schloss Juval einen vitaminreichen und geschmackvollen Überblick über den Gabentisch des Vinschgaus.

Wohin zum ... Ausgehen?

Im sonnenreichen Vinschgau sind die ab Mitte Juni geöffneten **Freibäder** Oasen der Erfrischung. Das **Erlebnisbad von Prad** (in der Sportzone) bietet eine große Liegewiese, ein 33 m und ein 12 m langes Becken sowie ein Kinderbecken. Für die Großen gibt es eine 42 m lange Riesenrutsche, für die Kleineren eine Kinderrutsche. In **Laas** finden Sie ein Freibad (mit Solaranlage), zu dem eine große Liegewiese, ein großes Becken, ein Kinderbecken und eine Bar gehören (Vinschgauer Str. 74, Mo, Di, Do u. So 10–19 Uhr, Mi, Fr u. Sa bis 22 Uhr). Das Freibad in **Schlanders** hat Vergleichbares zu bieten (Mo–So 10–20, Mi bis 22 Uhr). Weitere Freibäder finden Sie in **Schlurns** (Kastelbell-Tschars, Linterweg) und in **Mals** (Sport + Well, Glurnser Str. 7).

Eine kinderfreundliche Art, den Nationalpark Stilfser Joch zu durchstreifen, bietet das **Lama-Trekking**. Im Sommer geht es jeden Freitag um 13 Uhr am Hotel zum See (► 59) los. Dabei können Kinder im Alter von sechs bis zwölf Jahren die Tiere auf dem Panoramaweg durch den Nationalpark führen. Zum Abschluss des vierstündigen Ausflugs wird gegrillt. Erforderlich sind gutes Schuhwerk und wetterfeste Kleidung sowie erwachsene Begleitpersonen. (Tourismusverein Latsch-Martell, Hauptstr. 38 a, 39021 Latsch, Tel. 0473 62 31 09)

Fladenbrote haben im Vinschgau eine lange Tradition und heißen »Vinschgerl«. Im Rahmen des Programms **Backen auf dem Bauernhof** können Sie auf einem Hof in Ihrer Nachbarschaft selbst Brot backen (Südtiroler Bauernbund, K.-M.-Gamper-Str. 5, 39100 Bozen, Tel. 0471 99 93 25, www.roterhahn.it).

Meran und Umgebung

Kleine Erlebnisse

Das Etschtal zu Ihren Füßen

30 Kinostühle oben am Berg, Tageszeit und Wetter bestimmen das Programm im **Knottnkino** (➤ 78) bei – natürlich – freiem Eintritt.

Ausflug in die Po-Ebene

Wenn Sie auf dem Hauptplatz von Sinich, einem Vorort von **Meran** (➤ 66) stehen, fühlen Sie sich in eine Kleinstadt am Po versetzt.

Abenteuer im Bunker

Ein Bunker-Rohbau aus dem Zweiter Weltkrieg beherbergt das **Mooseum** in Moos im Passeiertal (➤ 75).

Erste Orientierung

Der besondere Reiz der Region um Meran liegt im Kontrast. Hier das elegante Flair der jung gebliebenen Kurstadt aus dem 19. Jh., direkt daneben die gepflegten Gartenlandschaften mit eingestreuten Dörfern und Schlössern auf sonnenverwöhnten Höhenzügen. Und dann gibt es da noch die Idylle des Passeier- und des Ultentals.

Es sind die Adels- und die Bauernwelten des Mittelalters, die die Kulturlandschaften und Dörfer rund um die alte Handels- und Residenzstadt Meran bis heute prägen. Die selbst für Südtiroler Verhältnisse ungewöhnliche Fülle von Edelsitzen, prächtigen Wein- und Obstgütern und reichen Dörfern macht die geruhsame Erkundung zu Fuß oder mit dem Rad zu einem reizvollen und dabei risikolosen Abenteuer. Die Zahl der kleinen, meist mit Fresken verzierten Kirchlein ist fast unüberschaubar. Oft stehen sie auf Hügeln, die schon in Vorzeiten von Menschen besiedelt waren und auch heute noch weite Blicke ins Land erlauben.

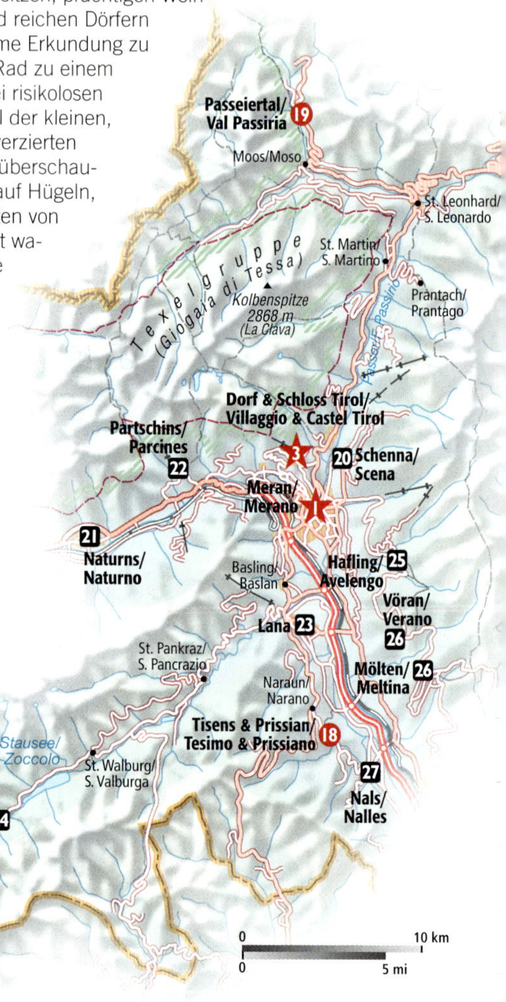

In diesem Paradies funkelt Meran wie ein Edelstein – spätestens wieder, seit es mit neuen Gärten wie bei Schloss Trauttmansdorff und einer hochmodernen Therme nicht nur den Anschluss an die Wellnessbewegung gefunden, sondern gleich Maßstäbe gesetzt hat.

TOP 10

Nicht verpassen!

Nach Lust und Laune!

Oben: Kirschblüte im stillen Ultental

Links: Die Haflinger sind hier zu Hause

In zwei Tagen

Die Schönheit des bereits von einem südlichen Hauch umwehten Meraner Landes können Sie in zwei Tagen erkunden. Allerdings machen die Stadtbummel, Spaziergänge, Burgenbesichtigungen, Theater- und Thermenbesuche schnell Lust auf einen längeren Aufenthalt.

Erster Tag

Vormittags

Steigen Sie in 1 **Meran** (➤ 66) als Erstes von der Galileistraße hinauf zum Tappeinerweg (oben), wo Sie die schöne Aussicht auf die Stadt und die exotischen Pflanzen für die kleine Mühe des Aufstiegs entschädigen. Dann geht es vom Steinernen Steg aus flussabwärts über die Gilf- und die Sommerpromenade, bis Sie an der Postbrücke zum Sandplatz wechseln und die Lauben erreichen – hier lässt sich nach Herzenslust nicht nur im Café konsumieren.

Nachmittags

Kurz vor Mittag machen Sie sich über das Apfeldorf 23 **Lana** (rechts; ➤ 77) auf zur Höhenstraße auf das Tisenser Mittelgebirge und fahren ab Völlan so langsam, wie es der Verkehr erlaubt, immer bereit, spontan an einem der vielen Ansitze anzuhalten. Wenn Sie sich richtig fit fühlen, steigen Sie

von ⑱ **Tisens** (➤ 72) auf den Hügel mit der Hippolyt-Kapelle und einem der schönsten Fernblicke Südtirols. Sonst bummeln Sie einfach in ⑱ **Prissian** (➤ 72) von Schloss zu Schloss.

Abends
Achten Sie auf die Zeit, wenn Sie sich abends in Meran in der Therme verwöhnen lassen und eine Luxusübernachtung in der Kurstadt genießen wollen.

Zweiter Tag

Vormittags
Schnell ist der Weg ins ★3 **Dorf Tirol** (➤ 69) gefunden. Vom Parkplatz geht es dann zu Fuß den kurzen Kilometer hinauf zum Schloss (links) zu einer anschaulichen Geschichtslektion. Vielleicht nehmen Sie ein wenig vom Staunen der mittelalterlichen Tiroler beim Anblick der symbolischen Portalfiguren mit. Zwischendurch stärken Sie sich im Museumscafé mit einer Kleinigkeit in der Gewissheit, im ⑲ **Passeiertal** (➤ 74), in das Sie gegen 12 Uhr aufbrechen sollten, ein köstliches Südtiroler Feinschmeckeressen zu Mittag zu bekommen. Da Dorf Tirol über dem Eingang zum Passeiertal liegt, dauert es nicht lange, bis Sie den zu St. Martin gehörenden Ort Saltaus erreichen. Dort stoßen Sie auf den turm- und zinnenbewehrten Saltauserhof (➤ 82), einen der schönsten Schildhöfe, der eine exzellente Küche hat.

Nachmittags
Dem Freiheitskämpfer und der Volkskunde gehört dann eine gute Stunde, sobald Sie das Museum Passeier am Geburtshaus des Andreas Hofer in St. Leonhard erreichen. Danach fahren Sie die kurze Strecke bis Moos zu einem Spaziergang zum Stieber Wasserfall. Sie erreichen das Naturschauspiel über die Straße nach Pfelders, wo Sie ein Hinweisschild finden. Der Weg ist kurz, aber steil und lässt sich in 30 bis 40 Minuten hin- und zurückgehen.

Abends
Nach so viel Naturerlebnis gehört der Abend sicherlich der Kultur im nahen Meran, beispielsweise einem Schauspiel im Theater oder einem Konzert im Kurhaus (➤ 84).

I Meran (Merano)

Ein botanischer Garten mit Palmen und Rivierablüten, in den Lauben und Bürgerhäuser hinein- und prächtige Schlösser drumherumgebaut sind, das ist Meran. Und das Flair der weiten Welt brachten der Stadt im 19. Jh. die mondänen Kuranlagen.

Meran wirkt nobel, lässig und stilvoll zugleich in seiner Mischung aus mittelalterlicher Altstadt mit Stadttoren, Arkaden und Kirchen und elegantem Charme der Belle Époque, die den Hochadel Europas fast magisch in die Kurstadt des 19. Jhs. zog. Die Menschen kommen in die mit 35 000 Einwohnern zweitgrößte Stadt Südtirols, weil die Geografie es gut meint mit dem alten Zollplatz. Durch hohe Bergketten im Norden und Osten ist der Talkessel gegen kalte Winde geschützt. Gleichzeitig bringt die Passer die Frische mit, die warme Sommer erträglich macht. Die durch die Stadt flanierenden Menschen sind meist elegant und sportlich gekleidet. Förmlicher geht es oft bei den über 700 Veranstaltungen wie Konzerten, Ausstellungen und Theateraufführungen zu – hier wird auf Etikette geachtet.

Shoppen in der Altstadt

Einer gräflichen Baugenehmigung für die **Laubengasse** (13. Jh.) verdanken die Meraner die 400 m lange Einkaufsstraße zwischen Korn- und Pfarrplatz. Beim Bummel lohnt es sich, den Blick von den Auslagen unter den Arkaden zu heben und die geschmückten Giebel und Erker zu betrachten. Stadtbestimmend ragt der 1617 errichtete Turm der gotischen **Pfarrkirche St. Nikolaus** auf. Das Gotteshaus weist schöne Steinmetzarbeiten im Inneren und an den Portalen auf wie auch Glasgemälde aus dem Umfeld von Hans Holbein dem Älteren. Zur Meraner Shoppingmeile gehören neben den Läden in der Laubengasse in erster Linie auch die im Innenstadtbereich in der Freiheitsstraße, im Rennweg und in den sich anschließenden Straßen und Gässchen rechts der Passer.

Nobel: die Wandelhalle an der Winterpromenade

Auf der Promenade

Über den Steinernen Steg geht es hinüber zur **Gilfpromenade**, an deren Ende unterhalb der Zenoburg eine Terrasse den Blick freigibt auf die tosenden Wasser der hier nur wenige Meter breiten Passerschlucht. Die Promenade ist verbunden mit dem **Tappeinerweg**. Über 4 km wechseln sich auf dieser Promenade Korkeichen, Ölbäume, Mittelmeerkiefern, Eukalyptus- und Zürgelbäume, Feigenkakteen, Bambusarten, Agaven, Palmen und viele andere Pflanzen ab. Beliebt ist auch die **Passerpromenade** im Stadtzentrum mit schönen Blumenrabatten und Palmen sowie einem Musikpavillon. Zur **Winterpromenade** rechts der Passer gehört eine Wandelhalle für schlechteres Wetter, zur **Sommerpromenade** gegenüber immergrüne Pflanzen und ein Denkmal der Kaiserin Sisi. Ihr ist auch ein Weg vom Zentrum zu den Gärten von Schloss Trauttmannsdorff gewidmet.

Schloss Trauttmannsdorff

Um das Schloss herum wurden in den letzten Jahren Pflanzen aus aller Welt und den Südtiroler Landschaften in **Wasser- und Terrassengärten** zu bestimmten Themen arrangiert, so wie im Sinnesgarten, im Japanischen Garten oder auf dem Kakteenhügel. Im Schloss werden im **Touriseum** 200 Jahre Tiroler Fremdenverkehr vergnüglich erzählt und mit teilweise skurrilen Objekten und lebensgroßen Figuren illustriert.

Von oben nach unten: Kunst am Bau der Pfarrkirche St. Nikolaus zur Ehre Gottes; Blick in die Fußgängerzone der Laubengasse

Alte Kur, neue Therme

Als Aufenthaltsort für die Kurgäste und Standort der Kurabteilung im feinsten Wiener Sezessionsstil erbaut, zeugt das **Kurhaus** auf der Passerpromenade von der glorreichen Vergangenheit Merans als Kurort. Im Jugendstil errichtet sind auch das Stadttheater und die elegante Postbrücke. Die **Therme Meran**, mitgestaltet vom Mailänder Architekten Matteo Thun, möchte an die glanzvollen Zeiten anschließen. Herzstück sind 25 Pools mit immer wieder neuen Wassererlebnissen. Dazu kommen eine Saunalandschaft, ein Fitness-Center und ein Spa & Vital Center, wo Äpfel, Trauben, Molke, Wolle und Kräuter für Gesundheit und Wohlfühlen genutzt werden.

KLEINE PAUSE
Im Bistrò 7 (Lauben 232) können Sie von 8.30–1 Uhr Ihren Hunger stillen.

Von oben nach unten: Im Touriseum erfährt man, wie die Urgroßeltern mit Baedeker reisten; Sisi-Denkmal im Park von Schloss Trauttmannsdorff

198 A2

Kurverwaltung Meran
201 D2 Freiheitsstr. 45, 39012 Meran 0473 27 20 00; www.meran.eu

Schloss Trauttmansdorff
St.-Valentin-Str. 51 a, Meran-Obermais Gärten: 0473 23 57 30; Touriseum: 0473 27 01 72; www.trauttmansdorff.it Mitte März– Mitte Nov. tägl. 9–18, Mitte Mai–Mitte Sept. tägl. 9–21 Uhr 11 €

Therme Meran
Thermenplatz 9, Meran 0473 25 20 00; www.thermemeran.it
tägl. 9–22 Uhr Tageskarte an Wochentagen 18,50 € (Therme), 25 € (Therme und Sauna), Sa u. So 21 bzw. 27 €

BAEDEKER TIPP

- Mit einer europaweit einzigartigen Sammlung beleuchtet das **Frauenmuseum Evelyn Ortner** 200 Jahre Frauengeschichte (Volksbank-Gebäude, Meinhardstraße 2, Tel. 0473 23 12 16, Feb.–Okt. Mo–Fr 10–12 u. 14–17, Sa 10–12.30, Nov. u. Dez. Fr–So 10–18 Uhr, Eintritt 4,50 €).
- In der Galileistraße, der Tennisstraße und am Meraner Bahnhof werden **kostenlos Fahrräder** samt Fahrradhelmen und Kindersitzen verliehen (Stadtverwaltung, Tel. 0473 25 01 91, Mitte April–Okt. 9–19 Uhr, Kaution 5 €). Als Pfand dient der Personalausweis.

3 Dorf & Schloss Tirol (Villaggio & Castel Tirolo)

Die Lage des Luftkurorts auf der Sonnenterrasse über Meran inmitten von Obstgärten und Weinterrassen, mediterranen Pflanzen und grünen Almen ist exquisit. Zudem fasziniert das Schloss über dem Dorf und die Seilbahn befördert Gäste zum Wandergebiet der Oberen Muthöfe.

Schloss Tirol liegt am nördlichen Ortsrand

Längst hat sich das einstige Bauerndorf zum Touristenmagnet entwickelt: Hier ist man mittendrin, beispielsweise im Herzen des Naturparks Texelgruppe oder in der Streckenführung des Meraner Höhenwegs, der über 80 km um den Naturpark führt und in sechs bis sieben Tagesetappen zu erwandern ist. Mit dem Touristenansturm haben die Geschäftsleute Schritt gehalten. Das Dorf verfügt über attraktive Einkaufsmöglichkeiten – vom italienischen Design bis zum Loden-Look.

VOGELFLUG

Das Pflegezentrum für Vogelfauna bei Schloss Tirol beschäftigt sich mit der Pflege verletzter Greifvögel. Besucher erfahren viel über ihre Rolle im Naturkreislauf und können das enorme Flugvermögen bei Vorführungen bestaunen. Die gesunden Tiere werden später ausgewildert (Tel. 0473 22 15 00, April–Nov. Di–So 10.30–17, Nov.–März So 13–16.30 Uhr; Flugvorführungen April–Okt. Di–So 11.15 u. 15.15 Uhr, April–Nov. So 15 Uhr, Eintritt 9 €).

Schloss Tirol

Außerordentlich beeindruckend wirkt die wehrhafte Anlage um den mächtigen Vierecksturm, die dem

Von links nach rechts: Portalkunst zwischen Glauben und Aberglauben; Ort des Gebets ist die Schlosskapelle

Land den Namen gab. Heute beherbergt das Schloss das **Südtiroler Landesmuseum für Kultur- und Landesgeschichte**. Die archäologischen Sammlungen geben ein faszinierendes Bild von der Besiedlung der Alpenregion seit dem 7. Jh. v. Chr. Ab 1100 spricht dann die Burg selbst mit jedem Raum für wichtige Geschichtskapitel. Die beiden romanischen Marmorportale (12. Jh.) beunruhigen noch heute mit ihren ausdrucksstarken Skulpturen. In der Kapelle sind Fresken (13. Jh.) erhalten wie auch eine mächtige Kreuzigungsgruppe (14. Jh.). Beliebt sind die Musik-Soireen im Juli und August, bei denen Interpreten von internationalem Rang im Rittersaal spielen. Dazu gibt es eine feine kulinarische Begleitung. Den Weg zurück zum Dorf findet man im Fackelschein.

KLEINE PAUSE

Schnell und gut werden Sie im gemütlichen **Sparber** (Ruprechtsweg 18 a, Di–So 11.30–23 Uhr) direkt am Busparkplatz von Dorf Tirol bedient. Auf den Tisch kommen leckere Holzofenpizzas, heimische und italienische Küche und nachmittags Kuchen und Eis.

ALGUNDER MENHIRE

Vermutlich 3000 Jahre alt sind die vier im Algunder Ortsteil Mitterplars gefundenen Kultsteine. Die Original-Menhire werden im Meraner Stadtmuseum aufbewahrt. Repliken stehen vor dem Verkehrsamt der Gemeinde, auf deren Gebiet auch zahlreiche Schalensteine aus vorchristlicher Zeit zu sehen sind, so am Schlundenstein-, Saxner- und Birbameggweg sowie am Gampen.

---

198 A2

Tourismusverein Dorf Tirol
Hauptstr. 31, 39019 Dorf Tirol 0473 92 33 14; www.dorf-tirol.it

Südtiroler Landesmuseum Schloss Tirol
0473 22 02 21; ww.schlosstirol.it Mitte März–Nov. Di–So 10–17, Aug. bis 18 Uhr; Führungen 10.15, 14 Uhr 7 €

BAEDEKER TIPP

Zum **Burglehenpark** am Ortseingang von Dorf Tirol – mit 360°-Panorama-Ausblick und Naturteich – gehört ein gut ausgestatteter Kinderspielplatz.

18 Tisens & Prissian
(Tesimo & Prissiano)

Unter den vielen Paradiesen Südtirols nimmt das Tisenser Mittelgebirge eine herausragende Position ein. Unbehelligt vom Durchgangsverkehr mischen sich mittelalterliche Burgen, verwunschene Ansitze und trutzige Ruinen mit fröhlich bunten Obstgärten und weitläufigen Kastanienhainen. Das alles strahlt Harmonie und Gelassenheit aus.

Wo einst der Fernhandelsweg nach Süden bei Lana (320 m) das sumpfige Etschtal verließ und auf den Tisenser Höhenzug auswich, liegt am Wegrand der Ort **Völlan** (700 m). Hier kann man sich im Zentrum in einem hübschen **Bauernmuseum** auf die bäuerliche Gegenwart einstimmen. Wie zur Begrüßung sind außen Sandsteingefäße, Ferkelkörbe und Arbeitsgeräte für Acker und Feld zusammengetragen. Die Stuben sind gefüllt mit Kommoden, Schränken und häuslichem Arbeitsgerät vom Butterkübel über Wurst- und Nudelpressen bis zum Kastanienrüttler. Zum ländlichen Kosmos gehört auch das Völlaner **Bauernbadl** mit radonhaltigem Thermalwasser, etwa 2 km vom Ort entfernt. Dort helfen Wannenbäder auch Tagestouristen bei Gliederschmerzen, Hautkrankheiten oder einem Muskelkater vom Wandern.

IM NONSTAL

Zu einer Fahrt in die Vergangenheit wird der Abstecher von der Straße Völlan–Tisens hinüber ins Nonstal. Die Fahrt die Serpentinenstrecke hinauf über den Gampenpass bleibt ohne spektakuläre Ausblicke. Und wenn man im Tal mit den vier Dörfern Proveis, Laurein, St. Felix und Unsere Liebe Frau im Walde den Wagen verlässt, hört man nichts außer ungewohnter Stille. Gemütliche Gasthäuser, behäbige Bauernhöfe und einige Dutzend Gästebetten führen in eine nahezu verlorene Welt, die touristisch vom Ultental aus mitbetreut wird (► 77).

Tisens

Der Weg in dieses hübsche Bauerndorf, das über Jahrhunderte als Erzpfarre auch kirchliches Zentrum für Nals, Andrian und Vilpian war, bringt sommerfrische Ausflugsstimmung. Es sei denn, es wird Herbst. Dann hockt man sich nieder zu den Kastanientagen mit Volksmusik und Spezialitäten rund um die »Tisner Edelkastanie«, am besten mit einem Logenblick auf die Texelgruppe und die Kurstadt Meran oder nach Süden auf den Rosengarten. Im Ort finden sich in der Pfarrkirche für Südtirol einzigartige Augsburger Glasgemälde der Renaissance (um 1520). Einen der schönsten Panoramablicke bietet das Kirchlein **St. Hippolyt** auf einem schon in Vorzeiten besiedelten Hügel über Tisens. Eine gute Stunde dauert der Aufstieg, dann liegt das Etschtal zu Füßen – mit Sicht auf rund 20 Dörfer und 40 Adelssitze (die Wanderung beginnt am Parkplatz in Naraun).

Burgendorf Prissian

Zu den schlichten Wahrheiten in Südtirol gehört, dass es sich gut leben lässt, wo die Grafen saßen. So verwundert es nicht, wenn zahlreiche Geschlechter mit ihren Residenzen und Sommersitzen die Gegend zu einer der

BAEDEKER TIPP

- Damit sich niemand allein in der wunderschönen Landschaft zurechtfinden muss, werden **Heilkräuterwanderungen** und **Mondscheinwanderungen** (Tourismusverein Tisens/Prissian, Tel. 0473 92 08 22 oder 0473 92 08 88) veranstaltet. Auch zu anderen Themen wie dem Filzen werden Informationen sachkundig und unterhaltsam vermittelt.
- In unregelmäßiger Folge kann man auf Schloss Katzenzungen an einer **Führung mit Versoaln-Verkostung** (Prissian 11, Tel. 0473 92 70 18; weitere Verkostungsmöglichkeiten auf Anfrage) teilnehmen. Versoaln ist der Name des wohl ältesten Rebstocks Europas, der in guten Jahren bis zu 700 Flaschen liefert.

burgenreichsten Südtirols machten, ohne dass sie aus strategischen oder machtpolitischen Gründen dazu veranlasst wurden. Diese **Schlösser** entstanden zumeist im 12. und 13. Jahrhundert. Viele sind in privatem Besitz. Wer neidlos gönnen kann, lässt sich vom Zauber der Anlagen wie Schloss Fahlburg, Schloss Wehrburg oder Schloss Katzenzungen in Prissian einfangen, die heute zum Teil auch als Hotels genutzt werden. In der Renaissanceanlage von Schloss Katzenzungen wächst der rund 500 Jahre alte und zugleich größte Weinstock Europas. Romantisch wirken Ruinen wie die Pfeffersburg, die Zwingenburg und Schloss Holz, traumhaft die vielen Ansitze wie Unterpöck, Greifenegg, Lidl, Heufler, Fieger oder Saltenbichl.

Postkartenpanorama von der Wehrburg aufs Etschtal

KLEINE PAUSE

Wer das Tisenser Mittelgebirge geruhsam erkundet, lässt sich auch bei der kleinen Pause Zeit, beispielsweise auf der Sonnenterrasse (880 m) des **Grissianer Hofs** (► 82), der seinen Gästen gute heimische Küche und einen grandiosen Dolomitenblick zu bieten hat.

---

198 B1

Tourismusverein Tisens/Prissian
Bäcknhaus 54, 39010 Tisens-Prissian
Prissian: 0473 92 08 22, Tisens: 0473 92 08 88;
www.tisensprissian.com

Bauernmuseum Völlan
Badlweg 2, Völlan/Lana 0473 56 80 78
Ende März–Okt. Di u. Fr 14–17, So 15–17 Uhr
freiwillige Spende

Gasthof Völlaner Badl
Platzers 1, 39010 Tisens/Naraun 0473 56 80 59
Ostern–Nov. Sa–Do 9–19 Uhr

19 Passeiertal (Val Passiria)

Die Staatsstraße 44 ist die Lebensader des 50 km langen Tals. Hübsche Bauerndörfer und die burgartigen Schildhöfe liegen an ihr. Von Meran bis St. Leonhard leuchtet im Frühjahr die rosaweiße Apfelblüte im Tal, das sich bei Saltaus verengt und bis zum Jaufenpass bzw. Timmelsjoch alle Vegetationszonen durchläuft.

Im Herzen des Tals liegt **St. Martin** mit bemalten Zunfthäusern im Ortskern und mehreren Fraktionen. Vom Ortsteil Saltaus geht eine moderne Seilbahn zum Hochplateau und Wanderparadies des **Hirzer** (2000 m). Bei Kalm zweigt die Kalmtalschlucht mit einem rauschenden Wasserfall ab.

Andreas Hofer

Das Passeiertal ist das Tal Andreas Hofers – »Psaier« und »Ander« sagen die Einheimischen kurz und bündig. Am prächtigen Sandhof, dem Geburtshaus des Tiroler Freiheitskämpfers (1767–1810) in St. Leonhard, bemüht sich das **Museum Passeier** in den alten Wirtschaftsgebäuden, sein Bild frei von Mythen zu zeichnen. So findet man die Originalkleidung an einer Puppe aus neutralem Metall ohne Gesichtszüge, aber auch den Rosenkranz des tiefreligiösen Mannes und zahlreiche Gegenstände aus seinem Besitz. Hofers Frau, Anna Ladurner, wird ebenfalls gewürdigt. Eine Abteilung ist der Volkskunde gewidmet. Im Hörraum erfährt man viel zur Musik, zu den Sagen und zur Literatur des Tals. Dazu gibt es einen Freilichtbereich mit hierhin versetzten Gebäuden, einem Passeirer Haufenhof, einer Herz-Jesu-Kapelle (1899) und dem Heilig-Grab-Kirchlein

SCHILDHÖFE

Die auf sichere Hügel gebauten und teils mit Wehrtürmen, Sonnenuhren und Fresken verzierten burgartigen Anwesen im Vorderpasseier sind einzigartig. Die elf Schildhofbauern von Saltaus, Haupold, Granstein, Ebion, Psairer, Buchenegg, Baumkirch, Gereuth, Steinhaus, Happerg und Gomion erhielten als Gegenleistung für ihren Waffendienst vom Grafen von Tirol im Jahr 1317 Jagd- und Fischereirechte und die Befreiung von Steuern. Zu Friedenszeiten lieferten sie Wildbret und hielten bei Feiern auf Schloss Tirol und der Zenoburg die Schildwache. Geblieben sind die Fischereirechte in der Passer und das Paraderecht mit Schild und Hellebarde.

Abgeschieden wie kaum ein anderes: das Pfelderer Tal im Hinterpasseier

(1691). Mitbetreut wird zudem der Franzosenfriedhof in Erinnerung an ein Gefecht an der Leonharder Pfarrkirche, bei dem 22 Passeirer und 230 Franzosen umkamen.

KLEINE PAUSE

Zum frischen Brot vom Bäcker holen Sie sich bei der **Psairer Bio Bergkäserei** (Handwerkerzone Lahne 7/1, St. Martin, Mo–Fr 8–12 u. 15–18, Sa 8–12 Uhr) typischen Bauernkäse für eine zünftige Brotzeit. Wenn Sie Zeit haben, schauen Sie dem Käser bei der Arbeit zu.

---

198 B3

Tourismusverein Passeiertal
Passeirerstr. 40, 39015 St. Leonhard St. Leonhard: 0473 65 61 88; St. Martin: 0473 64 12 10; Hinterpasseier 0473 64 35 58; www.passeiertal.it

Museum Passeier – Andreas Hofer
Sandhof, Passeirerstr. 72, St. Leonhard 0473 65 90 86; www.museum.passeier.it Mitte März–Nov. Di–So 10–18 Uhr 8 €

BAEDEKER TIPP

- Mit Leihschlägern bekommen Sie einen Eindruck von der Kunst, den kleinen weißen Ball zielsicher Richtung Grün zu bewegen. Der schöne 18-Loch-Platz des **Golfclubs Passeier-Meran** (Kellerlahne 3, St. Leonhard, Tel. 0473 64 14 88) ist von Februar bis Dezember bespielbar, und das ohne Ruhetag.
- In der verwunschenen Tal- und Bergwelt des Hinterpasseier – ab Moos – mit alten Gehöften, Mühlen und Sägewerken wird der gewaltige **Stieber Wasserfall** bei Platt zum unvergesslichen Erlebnis.
- Im **Mooseum** in Moos – untergebracht in einem Bunkerrohbau von 1940 – erfährt man in ungewöhnlicher Kulisse Wissenswertes über Fauna und Flora des Hinterpasseier (Dorf 29 a, Tel. 0473 64 85 29, www.bunker-mooseum.it, Mitte April–Okt. Di–So 10–18 Uhr, Eintritt ab 4,50 €). In den Monaten Juni, Juli und August findet dienstags um 10 Uhr eine **Steinwildfütterung** mit Führung statt.

Nach Lust und Laune!

Mit ohrenbetäubendem Lärm stürzen die Wasser bei Partschins zu Tal

20 Schenna (Scena)

Die meisten Höfe sind heute Gastbetriebe im Wanderparadies am Eingang zum Passeiertal. Hauptattraktion ist Schloss Schenna (1350) mit Sommerkonzerten und Gemäldesammlungen, einer vollen Waffenkammer (12.–19. Jh.) und Tiroler Trachten. Mit der Sammlung zu Andreas Hofer setzte Erzherzog Johann (➤ 19), der Schloss Schenna 1845 erwarb, dem Freund ein Denkmal. Der Fürst ist samt Familie in einem schönen neogotischen Mausoleum beigesetzt.

198 B2

Tourismusverein Schenna
Erzherzog-Johann-Platz 1 d, 39017 Schenna ☎ 0473 94 56 69; www.schenna.com

Schloss Schenna & Mausoleum
Schlossweg 14 ☎ 0473 94 56 30; www.schloss-schenna.com Schloss Ostern–Nov. Mo–Sa 10.30, 11.30, 14, 15 Uhr (nur mit Führung); Mausoleum Ostern–Nov. Mo–Fr 10–11.30 u. 15–16.30 Uhr Schloss inkl. Führung 8 €, Kombikarte Schloss & Mausoleum 8,50 €

21 Naturns (Naturno)

Seitdem der Durchgangsverkehr das Zentrum des viel besuchten Ortes in einem Tunnel unterquert, ist aus der Hauptstraße eine Bummel- und Einkaufsmeile geworden. Ansonsten lockt der **Nature Fitness Park** mit Nordic-Walking-, Jogging- und Fahrradwegen sowie einem Alpine-Well-Fit-Parcours. Sportlich zeigt sich auch der hl. Prokulus, einst Bischof von Verona, bei seiner Flucht per Schaukel über die Stadtmauer. Die Szene wird auf einem der vielen Fresken aus der Gründungszeit der uralten Kapelle (7. Jh.) gezeigt.

197 F3

Tourismusverein Naturns
Rathausstr. 1, 39025 Naturns
☎ 0473 66 60 77; www.naturns it

St. Prokulus
St.-Prokulus-Str. ☎ 0473 66 73 12
Ostern–Nov. Di–So 9.30–12 u. 14.30 bis 17.30 Uhr, Führungen 10, 15 Uhr 4,20 €

22 Partschins (Parcines)

Zur guten Luft kommt der Wasserfall – vom Dorfkern in eineinhalb Stunden zu Fuß oder per Gästebus zu erreichen –, dessen Schwall sich weit über die Felswand ergießt, um 97 m tief zu stürzen. Am Kirchplatz liegt das moderne **Schreibmaschinenmuseum**. Erfunden wurde die Schreibmaschine 1864 vom berühmtesten Sohn des Dorfes, Peter Mitterhofer. Neben Originalen werden Exponate aus der Erfolgsgeschichte seiner großartigen Idee gezeigt. Väter und ihre Söhne werden sich wahrscheinlich für die größte digital gesteuerte

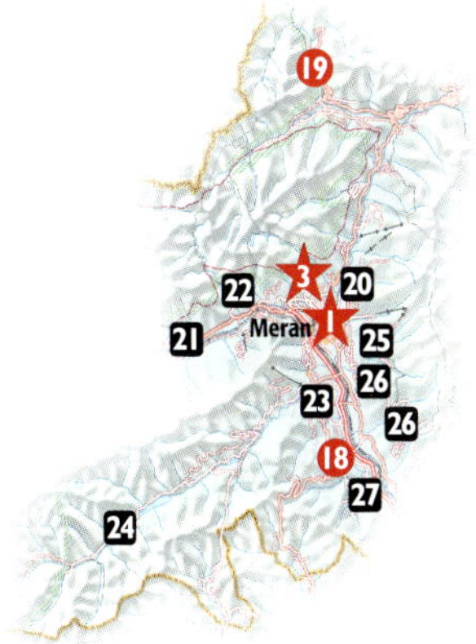

Modelleisenbahnanlage südlich des Brenners, der **Eisenbahnwelt**, begeistern. Kinder dürfen übrigens in einem eigenen Bereich selbst schalten und walten.
197 F3

Tourismusverein Partschins
Spaureggstr. 10, 39020 Partschins
0473 96 71 57; www.partschins.com

Schreibmaschinenmuseum
Kirchplatz 10 0473 96 75 81; www.schreibmaschinenmuseum.com
April–Okt. Mo, Fr 15–18, Di–Do 10–12 u. 15–18, Sa 10–12 Uhr Nov.–März Di 10–12 Uhr
7 €

Eisenbahnwelt
Geroldplatz 3 0473 521460; www.eisenbahnwelt.eu Di–So 10–17 Uhr
9,50 €

23 Lana

Jeder achte in der EU gepflückte Apfel kommt aus Südtirol, und jeder zehnte Südtiroler Apfel wächst rund um Lana. Die Marktgemeinde als »Apfeldorf« zu bezeichnen, ist also fast eine Tiefstapelei. Über die Geschichte des Obstanbaus seit dem Mittelalter informiert das Südtiroler Obstbaumuseum mit Sitz im Ansitz Larchgut in Niederlana. In der spätgotischen **Pfarrkirche Maria Himmelfahrt** (1492) ist der mit über 14 m Höhe größte gotische Schnitzaltar des Alpenraums (1503–1511) aus der Werkstatt des schwäbischen Meisters Hans Schnatterpeck zu bewundern. Das Werk aus Kastanienholz, laut Bestellung »eine newe vol formyrte Tafl mit seinem Dukatengold verguldet«, enthält 35 lose Figuren, die äußerst detailliert dargestellt sind.
198 A1

Tourismusverein Lana
Andreas-Hofer-Str. 9/1, 39011 Lana
0473 56 17 70; www.lana.info

Südtiroler Obstbaumuseum
Brandis-Waalweg 4 0473 56 43 87; www.obstbaumuseum.it Mitte März–Okt. Di–Sa 10–12.30 u. 14–17 4 €

Pfarrkirche Niederlana
Schnatterpeckstraße Führungen Ostern–Okt. Mo–Fr 10.30, 11.30, 15, 16, 17 Uhr
ohne Führung Eintritt frei

24 Ultental (Val d'Ultimo)

Es geht steil hoch ins Ultental, das mit den stillen Dörfern St. Pankraz, St. Walburg, St. Nikolaus, St. Gertraud und den Hofgruppen am Hang sehr ursprünglich wirkt. Im 40 km langen Hochtal stoßen Sie auf schöne Almen und Bergseen oberhalb der Waldgrenze. Die St. Walburger Kirche (14. Jh.) mit dem Terrassenfriedhof finden Sie auf einem Hügel abseits des Dorfes am dunkelgrünen Zoggler Stausee. Das Ultner Talmuseum in St. Nikolaus zeigt die bäuerliche Kultur des Ultentals.
197 E2

Tourismusverein Ultental
St. Walburg 154, 39016 St. Walburg/Ulten
0473 79 53 87; www.ultental-deutschnonsberg.info

Ultner Talmuseum
St. Nikolaus 107, Ulten 0473 79 03 74
März, April u. Okt. So 10–12 u. 15–17, Mai–Sept. Di u. Fr 11–12 u. 15–17, So 10–12 u. 15–17 Uhr freiwillige Spende

25 Hafling (Avelengo)

Wer hierher kommt, hat vor allem eins im Sinn: Pferde. Und so dreht

ABSEITS DER TOURISTENWEGE
Legendär sind die mehr als 2000 Jahre alten **Urlärchen** im Ultental. Sie finden die 28 m hohen Senioren nahe des Dorfes St. Gertraud. Die Stämme haben einen Umfang von bis zu 8 m.

sich in den vielen Reitställen alles um die Vierbeiner mit den blonden Mähnen. Das Hochplateau (1250 m) mit Fichten- und Tannenwäldern ist ideal für Tagesritte und für mehrtägige Trekkingtouren zu den Almwiesen. Reitunterricht für Könner wie für Anfänger, Ponyreiten für Kinder und lange Kutsch- und Schlittenfahrten mit Speckjause und »Musi« lassen jeden zu seinem Recht kommen.

Rasant bergab geht es im Ski- und Wintersportgebiet Meran 2000, das größtenteils zum Gebiet von Hafling gehört: Die längste Schienenrodelbahn Italiens, der 1,1 km lange **Alpin Bob**, ist ein Spaß für große und kleine Rodelfans.

198 B2

Tourismusverein Hafling/Vöran
St.-Kathrein-Str. 2b, 39010 Hafling
0473 27 94 57; www.hafling.com

Alpin Bob
Mitte April–Juni, Sept. u. Okt. Mo–So 10–16.30, Juli u. Aug. bis 17.30, Nov.–Mitte April Sa u. So 11–16.30 Uhr 4,50 €

26 Vöran & Mölten (Verano & Meltina)

Bäuerliches Leben konzentriert sich im Norden des Tschögglbergs in Vöran und Mölten (1150 m), wo im April Millionen von Krokussen blühen. Hier lässt es sich inmitten eines weitverzweigten Wegenetzes, das zu ausgedehnten, nicht allzu schwierigen **Wanderungen** einlädt, gut wohnen. Auf dem nahen Rotstein-Kogel (über Wanderweg 11 zu erreichen) hat ein Künstler 30 Sessel zum »Knottnkino« arrangiert – ein Freilichttheater, bei dem die Landschaft zur Bühne wird. In Mölten arbeitet mit der Sektkellerei Arunda-Vivaldi erfolgreich die am höchsten gelegene Sektkellerei Europas.

198 B1

Tourismusverein Mölten
Dorfstr. 16, 39010 Mölten 0471 66 82 82; www.moelten.net

Sektkellerei Mölten
Dorf 53 0471 66 80 33; www.arundavivaldi.it nach tel. Voranmeldung frei

27 Nals (Nalles)

Das ruhige Wein- und Rosendorf ist Ausgangspunkt für schöne Ausflüge. Beliebtes Ziel ist Schloss Schwanburg (1286). Zum schönen Ensemble rund um einen Innenhof gehört der älteste Weinkeller Südtirols – Endpunkt der wöchentlichen Führung.

198 B1

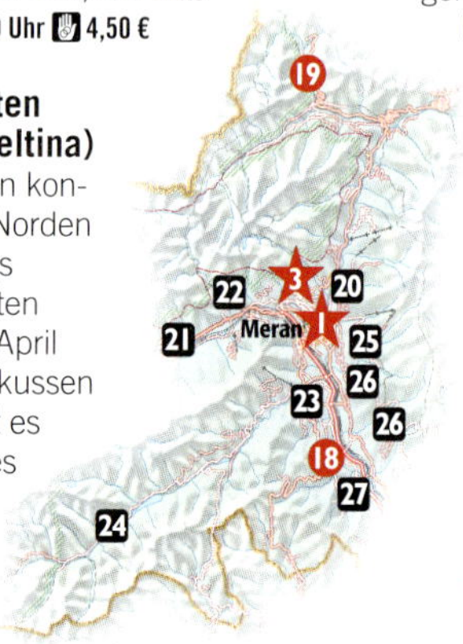

Tourismusverein Nals
Rathausplatz 1A, 39010 Nals
0471 67 86 19

Schloss Schwanburg
0471 67 86 22
Führung April–Okt. Di 10 Uhr (nach Voranmeldung)
frei

Wohin zum ...
Übernachten?

Preise
für ein Doppelzimmer pro Nacht:
€ unter 50 € **€€** 50–125 € **€€€** über 125 €

MERAN UND UMGEBUNG

Castel Rundegg €€€
Wer ein Refugium sucht, um sich der Pflege von Gesundheit und Schönheit hinzugeben, ist hier bestens bedient. Neben dem exzellenten Hotelservice können Sie sich Kosmetikfachkräften anvertrauen und sich unter ärztlicher Obhut mit verschieden Therapien fit machen lassen. Castel Rundegg liegt inmitten eines Parks und ist durch Ringmauern geschützt. Es bietet zudem eine verführerische Küche; figurbewusste Esser bekommen alternativ eine sehr delikate, superleichte Diät serviert.
198 A2 Schennastr. 2, 39012 Meran
0473 23 41 00; www.rundegg.com

Gasthof Tiefenbrunn €€
Dank der sonnigen Zimmer (mit Balkon) und einer beachtliche Küche erholt man sich in der kleinen, gemütlichen Familienpension auf der Sonnenterrasse über Meran schnell und bestens. Amüsieren kann man sich am Pool, an der Tischtennisplatte oder bei den regelmäßigen Veranstaltungen im Haus. Im Winter findet nah am Haus Eisstockschießen statt.
198 B2 Verdinserstr. 34/a,
39017 Schenna 0473 94 58 18;
www.tiefenbrunn.com

Hotel Pension Verdorfer €€
Das inmitten von Obst- und Weingärten gelegene Hotel bietet innen viel Komfort und draußen viel Freiraum. Von den schönen Doppelzimmern mit eigenem Balkon genießen Sie einen Panoramablick auf Meran. Im Sommer werden das reichhaltige Frühstücksbüfett mit selbst gebackenem Vollkornbrot und die hausgemachten Kuchen am Nachmittag auf der Sonnenterrasse serviert. Zum Garten gehört ein beheiztes Naturstein-Schwimmbad.
198 A2 Schennastr. 47,
39012 Meran 0473 23 24 92;
www.pension-verdorfer.com

Kolpinghaus Meran €€
Günstige Preise, nüchterne, aber perfekte Zimmer, eine gute Küche und die zentrumsnahe Lage zeichnen das Kolpinghaus Meran im Villenviertel Obermais aus. Die Zimmer (teilweise behindertengerecht) mit Dusche, WC, Telefon und TV blicken nach Süden. Zum Haus gehören ein Swimmingpool, ein Restaurant, eine Hausbar, eine Kellertaverne und eine Tiefgarage (auch für Kleinbusse, Fahrräder und Motorräder geeignet).
198 A2 Cavourstr. 101, 39012 Meran
0473 25 32 00; www.kolping.it/meran

Palace Hotel €€€
Das 1906 in den botanischen Garten von Schloss Maur gebaute Palace Hotel verbindet den noblen Charme des Jugendstils mit modernem Komfort, der höchsten Ansprüchen genügt. Verwöhnung pur versprechen die 125 Zimmer und 12 Suiten, das Gourmet-Restaurant La Table du Palace und die Pianobar. Dazu kommt ein optimaler Kur-, Thermal- und Spa-Bereich, der von einem Ärzteteam betreut

wird. Golfspieler können ihrer Leidenschaft auf den Plätzen im Passeiertal und bei Lana unter besten Bedingungen nachgehen.
198 A2 Cavourstr. 2, 39012 Meran
0473 27 10 00; www.palace.it

Stadthotel Bellevue €€€

Schon von außen entfaltet das denkmalgeschützte Stadthotel den ganzen Charme eines Grandhotels der Belle Époque. Das 1883 erbaute, mit 30 Einzel- und 46 Doppelzimmern überschaubare Haus bietet im Zentrum der Kurstadt modernen Komfort und eine internationale Küche. Wer Service, Eleganz und Diskretion erwartet, ist hier gut aufgehoben.
198 A2 Freiheitsstr. 194, 39012 Meran
0473 44 76 21; www.hotel-bellevue-meran.it

TISENS/PRISSIAN

Pension Felsenegg €–€€

Das familiär geführte Haus hält für Sie voll ausgestattete Ferienwohnungen und komfortable Zimmer mit schönen Ausblicken auf die Prissianer Bergwelt bereit. Wer nicht so weit laufen wie er sehen will, hat dazu vor der Haustüre auf Spazier- und Wanderwegen Gelegenheit. Und im Garten lassen sich Erlebnisse austauschen.
198 B1 39010 Prissian
0473 92 09 07; www.felsenegg.it

Schloss Wehrburg €€

Ein halbes Jahrhundert ist die ihrem Namen alle Ehre machende Wehrburg aus dem 13. Jh. jetzt schon Hotel. Unvergleichlich ist das Ambiente, weit reicht der Blick übers Land. So trutzig die Anlage wirkt, so komfortabel lässt sich hier wohnen. Nur mit dem Prinzen sollten Sie nicht rechnen, dafür aber mit zuvorkommendem Service und einer guten Küche. Und als Gast sehen Sie vieles, was Tagesgästen verborgen bleibt.
198 B1 Prissian 7, 39010 Tisens/Prissian
0473 92 09 34; www.wehrburg.com

DORF TIROL

Hotel Brunnhofer €€

Das Badeparadies mit einer 60 m langen Rutsche, Wasserfall und großer Liegewiese verleiht dem Komforthotel inmitten eigener Obstanlagen einen besonderen Akzent. Das Haus mit seiner abwechslungsreichen, leckeren Küche und Grillabenden auf der Panoramaterrasse ist Oase und idealer Ausgangspunkt für Wanderungen zugleich.
198 A2 Aichweg 33, 39019 Dorf Tirol 0473 23 78 08; www.brunnhofer.it

PARTSCHINS

An der Stachelburg €€

In dem familienfreundlichen Hotel mit Indoor-Pool und Sauna am Südhang genießen Sie den Panoramablick in Richtung Meran. Im Nu erreichen Sie Texelgruppe und mehr als 20 Waal- und Wanderwegen. Die Küche ist hervorragend und abwechslungsreich. Frühstück gibt es auf der Terrasse, nachmittags locken ofenfrische Mehlspeisen und Kaffeespezialitäten. Einmal die Woche leitet Baron von Kripp die Weinverkostung im benachbarten Schlossweingut der Stachelburg.
197 F3 Wasserfallweg 7, 39020 Partschins 0473 96 73 10; www.hotel-stachelburg.com

ULTENTAL

Kalchgruberhof €

Auf der Sonnenseite des Ultentals (1450 m), 4 km vom Ortskern von St. Walburg, sind Sie mitten in der unberührten Natur. Die beiden Ferienwohnungen (eine ist für Allergiker geeignet) im Bauernhaus sind rund 70 m² groß. Im Winter liegen die Langlaufloipe, der Eislaufplatz und ein schönes Skigebiet (mit Skikindergarten) sowie eine Rodelbahn vor der Tür. Mit Kinderbetreuung und Einkaufsservice.
197 F2 Dorf Nr. 489, 39016 St. Walburg/Ultental 0473 79 52 68; www.uab.it/

Wohin zum …
Essen und Trinken?

Preise
für ein Essen ohne Getränke:
€ unter 10 € **€€** 10–20 € **€€€** über 20 €

MERAN UND UMGEBUNG

Castel Fragsburg €€€
Das noble Restaurant taucht in den Feinschmecker-Rankings zu Recht unter den besten des Landes auf. Das Haus liegt traumhaft auf einem Felsvorsprung hoch über Meran auf 750 m und ist dabei nur zehn Autominuten vom Zentrum entfernt. Sie sollten sich in jedem Fall einen Tisch reservieren lassen. Im Sommer wird auf einer einmaligen Aussichtsterrasse aufgetragen, Meran zu Füßen und die Berge auf Augenhöhe.
198 A2 Fragsburger Str. 3, 39012 Meran 0473 24 40 71; www.fragsburg.com tägl. 12–14 u. 19.30–21 Uhr

Kallmünz €€–€€€
Untergebracht im ehemaligen Wirtschaftsgebäude von Schloss Kallmünz im Meraner Zentrum, nutzt das 2003 eröffnete Restaurant die Mischung von alter Substanz und modernem Komfort zu einem lauschigen Ambiente mit dem Innenhof als Gastgarten. Die Gerichte werden vorwiegend mediterran interpretiert. Pro Gang können Sie zwischen fünf bis sechs Gängen wählen. Lachs und andere Fische werden im Haus mariniert und geräuchert.
198 A2 Sandplatz 12, 39012 Meran 0473 21 29 17; www.kallmuenz.it Feb.–Mitte Juli, Aug.–Mitte Jan. Di–So 12–14 u. 19–22 Uhr

Schlosswirt €–€€
Gastfreundschaft wird in diesem familiär geführten Haus traditionell groß geschrieben. Die ambitionierte Küche versorgt auch größere Gruppen schnell mit frischen und schmackhaften Gerichten. Dazu kommt ein schönes Ambiente: in der gotischen Stube um den mächtigen Kachelofen und auf der Sonnenterrasse mit schönem Panorama. Und in der Bar können Sie den Abend mit edlen Weinen und Destillaten ausklingen lassen.
198 B2 Schlossweg 2, 39017 Schenna 0473 94 56 20; www.schlosswirt.it Mitte März–Mitte Nov., Dez. bis 1. Januarwoche Di–So 12–14 u. 18–22 Uhr

Sissi €€–€€€
Nach einem Besuch dieses Spitzenrestaurants werden Ihnen drei Dinge in Erinnerung bleiben: eine liebe- und fantasievolle Zubereitung der Speisen, die das Herz eines jeden Feinschmeckers höher schlagen lässt; eine Weinkarte, die allein das Wiederkommen lohnt; und eine helle, freundliche Atmosphäre. Direkt gegenüber der Landesfürstlichen Burg ist das Sissi eine sichere Adresse mit einer kleinen, aber feinen Karte, die italienische und Tiroler Kochtraditionen geschickt variiert.
198 A2 Galileistr. 44, 39012 Meran 0473 23 10 62 Di–So 12.15–14.30 u. 19.30–22.30 Uhr; Urlaubsmonat wechselt

Thurnerhof €–€€
Seit 1996 ist dieser erstmals im 15. Jh. erwähnte, zu den schönsten und unversehrt erhaltenen Bauernhöfen des Orts zählende Bau ein Wirtshaus mit schattigem Gastgarten. Hier wird bodenstän-

dig und traditionell gekocht, die Weinkarte kann sich sehen lassen und die Gemüse stammen aus dem Hausgarten. Unvergleichlich ist die Selchkuchl, in der früher Speck geräuchert wurde und die Bäuerinnen gekocht haben. Hier werden am offenen Feuer Kastanien zubereitet, während Sie Suser, Speck, Schüttelbrot und süffigen Wein kosten können.
198 B2 Verdinserstr. 26, 39017 Schenna 0473 94 57 02; www.thurnerhof-schenna.com März–Anfang Jan. Di–So 10–24 Uhr

TISENS/GRISSIAN

Grissianer Hof €–€€

Ideal als Zielpunkt oder Zwischenstation für Wanderungen ist das über dem Etschtal gelegene Hotelrestaurant mit Blick auf Terlan und Bozen, die Bergkulisse der Dolomiten und die Latemargruppe. In einem stimmungsvollen Ambiente wird aufgetischt, was die typische Südtiroler Küche zu bieten hat.
198 B1 Grissian 6/A, Tisens/Grissian 0473 92 08 23; www.grissianerhof.com Mitte März–Mitte Nov. Di–Mi 12–14 u. 18–21 Uhr

DORF TIROL UND UMGEBUNG

Pizzeria Gstör €–€€

Lecker essen, Leute kennenlernen und dabei nett sitzen, so könnte man das gastronomische Programm der Pizzeria *Gstör* zusammenfassen. Auf der Karte findet sich auch österreichische und internationale Küche. Zweimal in der Woche gibt es Livemusik, am Sonntag einen Frühschoppen und nicht nur in der Törggelen-Zeit Plätze im Garten.
198 A2 Alte Landstr. 40, 39022 Algund-Mühlbach 0473 44 85 55 tägl. 17–23.30 Uhr, Juni–Aug. auch 12–14 Uhr

Restaurant & Keller Ruster €–€€

Hier ist immer etwas los ist, weil sich die Gäste gerne in den Stuben, im Weinkeller oder im sommerlichen Biergarten austauschen – beispielsweise über das Essen. Verwöhnt werden sie mit Südtiroler Spezialitäten, originellen Gerichten und ausgewählten Weinen. Und im schattigen Biergarten wird frisch vom Fass gezapft; dazu gibt's die typische Südtiroler »Brettlmarende«, eine klassische Brez'n oder gegrillte Rippchen.
198 A2 St.-Kassian-Str. 1, 39022 Algund 0473 22 02 02; www.ruster.it Mitte März–Dez. tägl. 11–24 Uhr, So ab 10 Uhr

Trenkerstube €€€

In Südtirols einzigem Drei-Hauben-Gourmetrestaurant (im Hotel Castel) ist die Reservierung obligatorisch. Chefkoch Gerhard Wieser führt Sie mit Raffinement durch die Welt der klassischen, regionalen, mediterranen und italienischen Kost. Wählen Sie beispielsweise zwischen gebratener Jakobsmuschel auf Blumenkohl mit Sultaninen und Kapern, einem in Lagrein pochierten Nebraska-Rinderfilet mit Kartoffelrösti und Saubohnen oder Scampi in Pata-Negra-Schinken, angerichtet auf gebratenem Bassano-Spargel und Rosmarin.
198 A2 Keschtengasse 18, 39019 Dorf Tirol 0473 92 36 93; www.hotel-castel.it März–Mitte Nov. Di–Sa ab 19 Uhr

PASSEIERTAL

Saltauserhof €€

Wenn architektonische Schönheit und historisches Flair Ihnen etwas bedeuten, dann sind Sie in dem vielleicht schönsten Schildhof des Passeiertals richtig. Hier erleben Sie eine seit Jahrzehnten zu Recht gerühmte, frische und leichte Küche und ein wunderschönes Ambiente mit Kaminsaal, Kellerstüberl und den vielen kleinen Bauernstuben.
198 B3 Passeirerstr. 6, 39010 Saltaus 0473 64 54 03; www.saltauserhof.com März–Nov. tägl. 7.30–11, 11.30–14.30 u. 18–22 Uhr

Wohin zum ... Einkaufen?

MERAN

Feinste Pralinen, dazu leckerer Kuchen und Kekse entstehen in der **Konditorei König** (Freiheitsstr. 168, Tel. 0473 23 71 62). Ein Hit ist die »Meran-Torte«, die seit dem 150. Jubiläum der Kurverwaltung wieder nach einem alten Rezept hergestellt wird.

Kleine Bergpflaumen, Williamsbirnen und Zimt sind die Grundzutaten der verführerischen Birnen-Pflaumen-Konfitüre, die Sie im **Delikatessengeschäft Seibstock** (Lauben 277, Tel. 0473 23 71 07) bekommen. 1903 startete Johann Seibstock, Obst- und Gemüsegärtner von Schloss Trauttmannsdorff, mit einem Obststand in den Lauben. Noch heute erfolgreiche Gewürzmischungen kamen dazu. Heute bereichern Köstlichkeiten wie Quiche, Pasteten oder Südtiroler Knödel und Honig aus der Region das Angebot.

Guten alten Speck erhalten Sie in der **Metzgerei Siebenförcher** (Lauben 168, Tel. 0473 23 62 74). Und weil das überlieferte Verfahren streng befolgt wird, hat der im Rauch von Buchenholz und Wacholderbeeren kaltgeräucherte Gottfried-Siebenförcher-Speck erst nach 20–24 Wochen einen Gewichtsverlust von 40 % und damit seine Reife erreicht. Natürlich gibt es auch traditionelle Braten, feine Wurstwaren und exotische Fleischspezialitäten.

Die exklusive und hochwertige Mode bei **De Call** (L.-Zueggstr. 72/A, Tel. (04 73) 201 44) hat einen internationalen Abnehmerkreis. Hinter dem Erfolgsdesign steckt die bekannte Meraner Modemacherin Alexandra Stelzer.

DORF TIROL

Mehrere Preise und eine anspruchsvolle Klientel sprechen für den von Eusebius und Margareth Gamper geführten Familienbetrieb **Tiroler Goldschmied** (Schloßweg 3, Tel. 0473 92 34 32). In dem Atelier im Zentrum von Dorf Tirol entstehen exklusive Schmuckstücke von bester Qualität, auch nach Kundenwünschen.

Ladurner Sport- und Trachtenmode (Hauptstr. 49, Tel. 0473 92 33 77) ist eine wahre Fundgrube. Zur großen Auswahl an Landhausmode für Damen, Herren und Kinder – vom einfachen Landhauskleid bis hin zum ausgefallenen Zweiteiler – kommt eine freundliche Kundenbetreuung mit eigener Schneiderei. Pfiffige Mode gibt's auch in Übergrößen.

Die **Bäckerei Kofler** (Hauptstr. 32, Tel. 0473 92 32 16) lockt mit köstlichen Krapfen, Topfentaschen und Zöpfen.

PASSEIERTAL

Ob romatisch verspielt oder nüchtern und streng – in der **Dirndlstube Praxmarer** (Kirchweg 10, St. Leonard, Tel. 0473 65 62 01) finden Sie eine schöne Auswahl von Trachten und Landhausmode, immer auch mit saisonalen Akzenten. Die freundliche und kompetente Beratung garantiert dabei, dass Ihnen nichts aufgeschwatzt wird.

Strickgarn, Wollvlies zum Filzen, Socken, Fäustlinge, Strick- und Walkwesten, Sarner Jacken, Walker, Schafwolldecken und Betten aus reiner Schafwolle finden Sie im **Spinnradl** (Kohlstatt 64, St. Leonhard, Tel. 0473 65 61 92). Der seit 1948 existierende Familienbetrieb des Haller Franz verarbeitet in schweißtreibender Arbeit die frisch geschorene Südtiroler Schafwolle zu Wollvlies oder Strickwolle, die dann in liebevoller Strick- und Näharbeit zu Kleidung wird.

Wohin zum … Ausgehen?

SPORT/SPIEL

Kalkulierten Nervenkitzel können Sie im **Hochseilklettergarten auf der Familienalm Taser** (Familie Gamper, Bergstr. 33, Schenna, Tel. 0473 94 56 15, www.familienalm.com) erleben. Die Anlage, eine der ganz großen in Europa, ist für Menschen gedacht, die bereit sind, sich zu überwinden; so geht es beispielsweise über eine 45 m lange Hängebrücke. Auf 1500 m verläuft der Parcours an einem Hang zwischen Lärchen und Fichten. Die höchste Plattform schwebt 12 m über dem Grund und bietet nebenbei eine Traumaussicht auf die Ortlergruppe. Sie verlassen den Hochseilgarten über eine fast 60 m lange Seilrutsche.

Im Sommer lockt die 75-m-Rutsche im Freibad des **Erlebnisbads Naturns** (Feldweg 5, Tel. 0473 66 80 36, wechselnde Öffnungszeiten, www.erlebnisbad.it), im Winter die 51-m-Rutsche im Hallenbad. In der ausgedehnten Saunalandschaft lässt es sich gut schwitzen; und falls die Sonne im Freien nicht genügt, kann man sich auch ins Solarium begeben.

Wem 18 Löcher zu viel sind oder wer überhaupt sein erstes »Hole-in-one« schlagen will, hat dazu Gelegenheit auf der schön gelegenen und gepflegten Anlage des **Golfclub Lana** (Gutshof Brandis, Brandisweg 13, Tel. 0473 56 46 96). Der Gutshof als Clubhaus mit Restaurant und Sonnenterrasse (Etschtalblick) eignet sich für die »Platzrunde danach« oder als Pausenfüller für den nicht golfenden Partner.

Nicht nur für Pferdeliebhaber ein Ereignis ist der **Pferderennplatz Mais** (Rennstallweg 37, Tel. 0473 44 62 22), einer der schönsten Europas. Der Kalender weist 25 Renntage von Mai bis Oktober auf. Neben den Wettbewerben über spektakuläre Hindernisparcours finden jeweils auch diverse Pferderennen statt. Folkloristische Highlights sind das Bauerngaloppprennen am Ostermontag und das »Maia Oktoberfest«. Den Großen winken Renn-, Wett- und Trainingsatmosphäre vom Feinsten, den Kleinen ein großer **Spielplatz und Ponyreiten**.

THEATER/MUSIK

Um die 100 Aufführungen kommen im Meraner **Theater in der Altstadt** (Freiheitsstr. 27, Tel. 0473 21 16 23) jährlich auf die Bühne. Es gibt ein Theater mit 120 Plätzen und eine Studiobühne mit 60 Plätzen. Der Schwerpunkt liegt auf Eigenproduktionen. Immer aktuelle Informationen zu den **Musikalischen Sommerabenden** in Meran erhalten Sie bei der Kurverwaltung (Freiheitsstr. 45, Tel. 0473 27 20 00, Juli/Aug.). Die Konzerte im Freien auf der Kurpromenade decken einen breiten Publikumsgeschmack ab und werden ergänzt durch Theater, Folklore und Modeschauen.

DISKOTHEKEN/MUSIK

Der **Disco Après Club** (Hauptstr. 20, Gargazon, Tel. 335 607 29 19, Mi–So 21.30–3 Uhr) gehört zu den Top-Adressen in Südtirol und ist meist rappelvoll, insbesondere am Wochenende. Einen guten Blick auf das Geschehen auf der Tanzfläche hat man von der Galerie im 2. Stock.

Im **Braugarten Forst** (Vinschgauer Str. 9, Algund, Tel. 0473 44 77 27, Ende April–Sept. tägl. 10–23 Uhr) gibt es von Mai bis August donnerstags einen Dämmerschoppen mit Livemusik.

Bozen und Südtirols Süden

Kleine Erlebnisse

Faulenzen auf den Talferwiesen
Wenn die Füße brennen, legen Sie sich in **Bozen** am Ufer der Talfer (➤ 90) ins Gras und genießen die Sonne.

Eisige Kühle im Hochsommer
Eine Laune der Natur sind die Eislöcher bei **Eppan** (➤ 98) – ideal für eine Wanderung an heißen Tagen.

Radeln auf der Bahntrasse
Auf der Trasse der stillgelegten **Fleimstalbahn** (➤ 106) lässt es sich herrlich radeln. Die Strecke ist jedoch nichts für Flachlandtiroler!

Erste Orientierung

Sehr chic, sehr spannend und sehr europäisch gibt sich Bozen. In der Landeshauptstadt klappt die Harmonie zwischen Tiroler und italienischer Lebensart. Bäuerlich sind die Traditionen im ruhigen Sarntal, Wein und Sonne die Konstanten in den Dörfern der burgenreichen Weinstraße südlich von Bozen.

Dass Bozen anders ist als der Rest Südtirols, muss man sich erst einmal bewusst machen: Das blühende Handelszentrum mit Universität ist fast dreimal so groß wie die nächstgrößte Stadt. In den Lauben ist exklusive Mode und trendiges Design ausgestellt, es wird aber auch traditionelles Kunsthandwerk angeboten.

Zwei Drittel der Hauptstädter sind italienischsprachig. Das schlägt sich im Bild der sehr tirolerischen Altstadt mit ihren Gassen, Museen und Kirchen nicht unbedingt nieder und auch nicht in den Sommerfrischegebieten oberhalb der Stadt. Wer das italienische Bozen finden will, geht über die **Talferbrücke** ins »neue Bozen«. Das traditionelle Tirol hat sich im Sarntal erhalten. Gemeinsamer Nenner der Menschen im echten Süden ab Terlan sind der Weinbau und die Gastfreundschaft. Der Kalterer See vervollständigt dieses Paradies für Wanderer und Radfahrer mit einem kleinen, aber feinen Surf-, Segel- und Baderevier für Freunde des Wassersports.

Die Traubenernte kündet die Törggelen-Zeit an

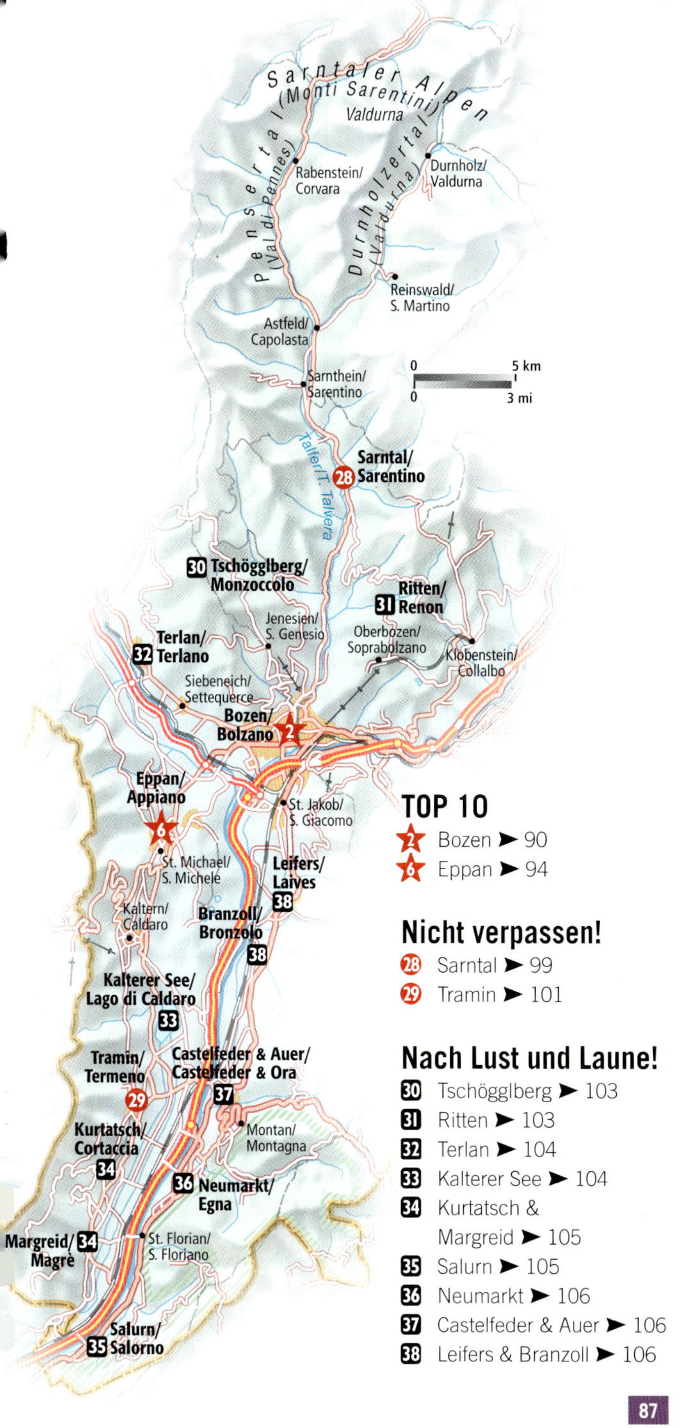

TOP 10

2 Bozen ➤ 90
6 Eppan ➤ 94

Nicht verpassen!

28 Sarntal ➤ 99
29 Tramin ➤ 101

Nach Lust und Laune!

30 Tschögglberg ➤ 103
31 Ritten ➤ 103
32 Terlan ➤ 104
33 Kalterer See ➤ 104
34 Kurtatsch & Margreid ➤ 105
35 Salurn ➤ 105
36 Neumarkt ➤ 106
37 Castelfeder & Auer ➤ 106
38 Leifers & Branzoll ➤ 106

In zwei Tagen

Durch die Lauben der Landeshauptstadt streifen, »Ötzi« im Museum besuchen und dann aus dem Bozner Talkessel ins abgeschiedene Sarntal – so sieht der erste Tag im Süden aus. Der zweite ist dann hauptsächlich dem Wein und den Burgen gewidmet.

Erster Tag

Vormittags

Starten Sie mit einem Espresso oder Cappuccino irgendwo am Waltherplatz in 2 **Bozen** (oben; ➤ 90) – schauen Sie den Menschen zu und spüren Sie, dass hier das Herz der Stadt schlägt. Beim Stadtrundgang, ausgehend vom Dom, bewegen Sie sich im Uhrzeigersinn und achten darauf, über die Talferbrücke ins »neue Bozen« zu kommen, um dann über die Wassermauerpromenade und die nächste Brücke zurückzufinden. Nachdem Sie bei »Ötzi« vorbeigeschaut haben, heißt Bozen für Sie nur noch Bummel. Nehmen Sie sich abschließend auf dem Obstmarkt einen bunten Cocktail aus Früchten mit und starten Sie Richtung 28 **Sarntal** (rechts; ➤ 99).

Nachmittags

Lassen Sie den Wagen rollen und riskieren Sie auf dem Weg ins Sarntal ruhig einen Blick hinab in die Schlucht, wo sich die Talfer ihren Weg bahnt. In Sarnthein bummeln Sie ein wenig durch den

Ort. Kurz ist der Weg zum Berghotel Auener Hof (➤ 100, 109), wo Sie in die vorbestellte Kutsche steigen – oder in den Sattel eines Haflingers – und es sich für zwei Stunden richtig gut gehen lassen. Dann nehmen Sie im Restaurant ein Stück Kuchen zu sich und fahren zum Durnholzer See, wo Sie sich ausgiebig die Beine vertreten und den See auf sich wirken lassen.

Abends

In Astfeld essen Sie im Weißen Rössl (➤ 110) deftig zu Abend und nächtigen dann auch dort.

Zweiter Tag

Vormittags

Fahren Sie nicht zu spät los, um über 32 **Terlan** (oben; ➤ 104) nach 6 **Eppan** (➤ 94) zu gelangen. Dass Sie sich auf der »Südtiroler Weinstraße« befinden, verraten schon die endlosen Rebgärten. In St. Michael schauen Sie sich den Dorfplatz mit den Lauben an, wenden sich dann nach Missian und starten zur Burgenwanderung, für die Sie etwa drei Stunden einplanen müssen. Im Sommer können Sie mittags im Burggasthof von Hocheppan vespern.

Nachmittags

Gegen 14 Uhr sollten Sie zurück in Missian sein. Auf der Weinstraße geht es dann gen Süden. Legen Sie in 29 **Tramin** (➤ 101) eine kleine Pause ein und schlendern Sie durch die Gassen. Genießen Sie die Vielfalt der schönen Ansitze im Überetscher Stil. Fahren Sie weiter bis nach 34 **Kurtatsch** (➤ 105), um auch einen Eindruck vom Unterland zu bekommen, und steuern Sie dann auf 36 **Neumarkt** (➤ 106) zu. Haben Sie noch etwas Zeit bis zum Abendessen, lohnt der Abstecher über die Brücke und in den Ort. Danach sollten Sie sich zügig aufmachen und parallel zur Autobahn auf den 33 **Kalterer See** (➤ 104) zustreben.

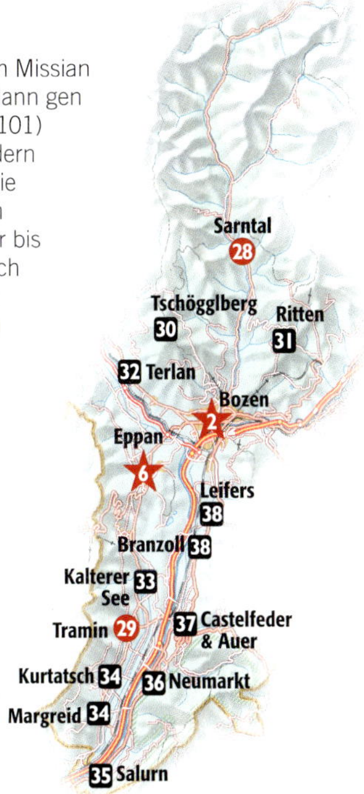

Abends

Hier essen Sie im Seehotel Ambach (➤ 108) exzellent zu Abend und fahren noch eine kleine Runde mit einem Tretboot auf dem stiller werdenden See.

2 Bozen (Bolzano)

Wo Eisack, Etsch und Talfer im Talkessel zusammenfließen, liegt die Landeshauptstadt Südtirols, umgeben von 40 Burgen. Die Laubengasse aus dem 11. Jh. wurde zur Keimzelle der Handels- und Einkaufsstadt, in der sich heute alle Vorzüge einer modernen multikulturellen Kommune erleben lassen.

Vom Klima verwöhnt und von einer konfliktreichen Geschichte zusammengefügt, leben heute rund 100 000 Menschen in der Metropole. Sie wirkt im Stadtzentrum mittelalterlich und ist ausgesprochen dynamisch und vielsprachig – ein Umstand, der auch der Freien Universität und ihren 3000 Studierenden zu verdanken ist. Die Studenten haben das Straßenbild verjüngt und die Zahl der Lokale und das Kulturangebot wachsen lassen. Und sie haben dem Fahrrad zum Durchbruch verholfen, auch zum Nutzen der Touristen: Zahlreiche Fahrradwege erschließen Stadt und nähere Umgebung, zudem bietet das Verkehrsamt Leihräder und geführte Touren an. Vor allem für die Erkundung der zu Mussolinis Zeiten großzügig ausgebauten Neustadt jenseits der Talfer empfiehlt sich ein Fahrrad.

Detail des Denkmals am Waltherplatz

Stadtrundgang

Auf dem Waltherplatz im Zentrum der Altstadt, auf dem man an jeder Ecke Eis und Snacks bekommt, wurde dem Minnesänger Walther von der Vogelweide ein Denkmal aus Laaser Marmor gesetzt. Am Rand des Platzes ragt der gotische **Dom** mit dem 62 m hohen Glockenturm aus dem 16. Jh. auf. Gebetet wurde hier schon viel früher, wie die Fundamente (5. Jh.) und romanischen Mauern verraten. Das Langhaus zeigt sich heute als dreischiffige gotische

DREI SCHLÖSSER

- Als Burg wie aus dem Bilderbuch gilt **Schloss Runkelstein** (oben; Tel. 0471 32 98 08, Di–So 10–18 Uhr, Eintritt 8 €) am Eingang zum Sarntal wegen seiner um 1400 gemalten Fresken, die Rittersagen, Jagdszenen und leidenschaftliche Liebe darstellen. In den Sälen und im Burghof werden Konzerte gegeben.
- Nahe der Altstadt liegt **Schloss Maretsch** (Tel. 0471 97 66 15), heute ein Zentrum für Kongresse, Ausstellungen, Konzerte und Kulturabende. Hier lohnt sich vor allem der Spaziergang durch die Weingärten mit Blick auf den Rosengarten.
- **Burg Sigmundskron** machte Herzog Siegmund der Münzreiche von Tirol zur prächtigsten Festung des Landes. Im Sommer 2006 eröffnete Reinhold Messner hier sein Mountain Museum Firmian (Mitte März–Nov. Di–So 10–18 Uhr, www.messnermountainmuseum.de, Eintritt 9 €).

Hallenkirche (13. Jh.) mit einem barocken Hochaltar und einer schönen Sandsteinkanzel (1514, von Hans Lutz). An der Westfassade beeindrucken besonders das romanische Portal mit der lombardischen Vorhalle und das wundertätige Fresko der *Plappermutter* von Friedrich Pacher (Brixner Schule), einst letzte Hoffnung von Eltern sprachgestörter Kinder. Das »Weintor« oder »Leitacher Törl« finden Sie an der Nordseite; hier verkaufte der Pfarrer seinen Wein aus dem Leitacher Riedl. So klein die Dompfarrkirche auch ist, beim Blick von den die Stadt umgebenden Hängen wird deutlich, dass sie das Stadtbild prägt und zu Recht als Wahrzeichen von Bozen gilt.

Die nach großen Bombenschäden ab 1950 wieder aufgebaute **Dominikanerkirche** aus dem 13. Jh. fasziniert hingegen vor allem von innen. Der Kreuzgang wurde um 1497 hauptsächlich von Friedrich Pacher mit einer Armenbibel voller Szenen aus dem Alten und Neuen Testament ausgemalt. Ebenfalls erhalten geblieben sind die außergewöhnlichen Wandmalereien in der Johanneskapelle. Hier sehen Sie ausdrucksstarke Bildfolgen, darunter den *Triumph des Todes* mit individuellen Porträts in völliger Abkehr von dem bis dahin herrschenden, stark symbolisierenden byzantinischen Stil. Sie wurden von Künstlern der Bozner Schule geschaffen, der zweiten bedeutenden Südtiroler Malschule des Mittelalters. Die ersten Meister waren als Schüler des genialen Giotto di Bondone (1266–1337) durch die Bozner Bankiersfamilie de Rossi in die Stadt geholt worden.

Die für derartige Kunstförderung nötigen Vermögen stammten aus dem Handel, der noch heute die exklusive Einkaufswelt der **Laubengasse** füllt: Hier schieben sich seit 900 Jahren Kauflustige an den Auslagen entlang. Italienischer Chic wechselt mit Tiroler Tracht, gemeinsam ist allen Artikeln die hohe Qualität. Viele Läden liegen in der zweiten Reihe in engen Gängen und Höfen. Im Westen schließt der **Obstmarkt** mit seinem prächtigen Angebot an die Lauben an, über den mit strengem Blick der Meeresgott Neptun auf seinem Brunnen wacht, wegen seines Dreizacks volkstümlich Gabelwirt genannt. Ruhiger ist es auf dem **Kornplatz** im ältesten Teil der Stadt mit dem ehrwürdigen Waaghaus, wo bis 1633 die Fronwaage stand. Von hier verläuft parallel zur Laubengasse die Silbergasse mit dem **Merkantilpalast** (Eingang Lauben Nr. 39). Er wurde in der Renaissance für das Merkantilgericht der Messestadt gebaut, das über den Handel und das Finanzleben entschied. Heute beherbergt er die museale Aufarbeitung der erfolgreichen Wirtschaftsgeschichte der Stadt, die Sie auch in der Mustergasse an der Fülle von Prachtbauten wohlhabender Bürger ablesen können.

Zum Publikumsmagnet hat sich das **Südtiroler Archäologiemuseum** mit seiner bis zum Mittelalter reichenden Darstellung der Landesgeschichte entwickelt. Vor allem aber zieht der Mann aus dem Eis die Besucher an, die hier alles über das Leben in den Alpen vor 5300 Jahren erfahren. Die Mumie wird tiefgekühlt aufbewahrt, die Ausrüstung

Seit Jahrhunderten sind die Lauben ein Einkaufsparadies

So könnte »Ötzi« ausgesehen haben; das Original friert in der Kältekammer

detailliert erklärt, »Ötzis« Auffindung anschaulich dargestellt. In seiner realistischen Nachbildung wird der hochalpine Jäger im Strohmantel mit Axt, Pfeil und Bogen sicher nicht nur durch Kinderträume geistern.

KLEINE PAUSE

Das frei zugängliche **Cafe Bistro Museion** (Dantestr. 6, Tel. 340 29 37 920, Di–Fr 8.30–20, Do bis 22, Sa u. So 9–18 Uhr, €–€€) im Museum für moderne und zeitgenössische Kunst eignet sich ideal zum Boxenstopp: ausgezeichneter Kaffee, selbst gemachter Kuchen, leichte Snacks, leckere Tagesgerichte und schöner Blick über die Talfer.

---

202 C4

Verkehrsamt der Stadt Bozen
A200 B4 Waltherplatz 8, 39100 Bozen 0471 30 70 00; www.bolzano-bozen.it; Leihfahrräder 5 € pro Tag

Dom
200 C4 Waltherplatz 0471 97 86 76 Mo–Fr 10–12 u. 14–17, Sa 10–12 u. 14–16, So 13–17 Uhr

Dominikanerkirche
200 C3 Dominikanerplatz 0471 97 31 33 Mo–Sa 9.30–17, So 13–17 Uhr

Museion – Museum für moderne Kunst
200 C3 Dantestraße 6 0471 22 34 13 Di–So 10–18, Do bis 22 Uhr
6 €, Do ab 18 Uhr Eintritt frei

Südtiroler Archäologiemuseum (auch Ötzi-Museum)
200 B3 Museumstr. 43 0471 32 01 00 Di–So 10–18 Uhr, Juli, Aug. und Dez. auch Mo 9 €

BAEDEKER TIPP

- Drei **Seilbahnen** bringen Sie in wenigen Minuten vom Talkessel zu den Wandergebieten von Jenesien, des Ritten und des Kohlerer Bergs (1150 m). Die Kohlerer Seilbahn ist die älteste Personenseilbahn der Welt (die alte Gondel ist an der Bergstation zu sehen). Gestartet wird vom linken Eisackufer.
- Die rund um den Talkessel führenden **Promenaden** mit seltenen Pflanzen werden von Boznern wie Gästen geliebt, vor allem die Guntschna- und die Oswaldpromenade. Die **Talferpromenade** (mit Kinderspiel- und Sportplätzen) und die neue Virglpromenade führen an Burgen und Schlössern vorbei.
- Betrachten Sie in der Bindergasse die **historischen Wirtshausschilder** und stellen Sie sich vor, wie durch diese Gasse noch vor 100 Jahren der gesamte Brennerverkehr geschleust wurde.

6 Eppan (Appiano)

Die größte Weinbaugemeinde Südtirols liegt im Tal der Etsch, eingebettet zwischen der Wand des Mendelkamms im Westen und abgeschirmt nach Osten durch den waldreichen Mitterberg. Die Gemeinde mit 200 kunsthistorisch wertvollen Bauten – Burgen, Schlössern, Ansitzen und Herrenhäusern – gilt als das burgenreichste Gebiet Europas.

Der Zusammenschluss der Ortschaften St. Michael, St. Pauls, Berg, Missian, Perdonig, Gaid, Unterrain, Girlan, Frangart und Montiggl trägt den Namen Eppan; einen Ort dieses Namens aber gibt es nicht. Zusätzlich verwirrend: In alter Zeit war Eppan ein Synonym für St. Pauls, heute ist St. Michael gemeint. Von Frühjahr bis Herbst wirkt die Landschaft von Eppan dank nicht enden wollender Rebflächen und Apfelwiesen paradiesisch: Fast 2000 Sonnenstunden im Jahr sind hervorragend für den Wein, der später in den Fässern von über 20 Kellereien reift.

Viele Burgen lassen sich nicht besichtigen, da sie in Privatbesitz sind oder als Edelhotels dienen. So wirken das mächtige Renaissanceschloss Gandegg im Ortsteil Pigen und Schloss Freudenstein bei Berg wie schöne Landmarken. Dagegen ist das Volkskundemuseum auf **Schloss Moos-Schulthaus** ein hervorragendes Ziel für alle, die sich für einstige

ÜBERETSCHER STIL

Auch wenn die Ansitze Zweckbauten waren, zu denen Scheunen, Ställe und andere Nebengebäude gehörten, wirken sie doch wie kleine Märchenschlösser. Das liegt an der geglückten Variante des Renaissancestils, der hier später als anderswo in Südtirol modern wurde. Dabei relativierten die Bauherrn die Optik starker Mauern gefällig durch steingerahmte Doppelbogenfenster mit einer schlanken Mittelsäule, Ziergitter, Erker, anmutigen Balkonen, Laubengängen und Freitreppen.

Der 89 m hohe Pfarrkirchturm von St. Pauls ist schon von Weitem zu sehen

Wohnkultur und Tiroler Kunst des 20. Jhs. interessieren. Für einen Einkaufsbummel eignet sich am besten **St. Michael** mit seinen Bürgerhäusern aus der Renaissance und seinen schönen Lauben. In **Girlan** treffen sich Einheimische und Fremde alle vier Jahre zum Kellerfest (nächster Termin: 2017) und jährlich zu St. Martin am 11. November auf einem großen Markt. Näher noch zum Bozner Talkessel liegt **Frangart**, eine Oase der Ruhe und ein Paradies für Radfahrer mit schönem Blick auf Schloss Sigmundskron. Über **Unterrain** mit dem Kirchlein St. Nikolaus und seinen schönen Gebäuden wie dem Ansitz Hungerhausen gelangen Sie dann quer über einen bewaldeten Höhenzug nach **St. Pauls**. Der Ort beeindruckt mit einem historischen Ortskern, der von der auch »Dom auf dem Land« genannten Pfarrkirche Pauli Bekehrung (1460–1560) dominiert wird; zu ihr gehört die 3860 kg schwere Glocke Anna-Maria.

Burgenwanderung

Der nächste Ort in nördlicher Richtung ist **Missian**. Das Dorf ist Ausgangspunkt einer beliebten Wanderung zu den drei Burgen und Schlössern Hocheppan, Boymont und Korb. **Burg Hocheppan** (► 96) mit dem massigen fünfeckigen Bergfried und den starken Mauern war einst Stammsitz der Grafen von Eppan. An den **Mittelalterlichen Tagen** marschieren Familien und Mittelaltervereine heran und schlagen ihre Zelte auf. Das bunte Volk aus Rittern und Edeldamen, Spielleuten, gerüsteten Knechten, Handwerkern und Mägden entführt zurück in die Zeit um 1400. Die Burgkapelle mit ihren einzigartigen romanischen Fresken ist zu jeder Zeit ein Pflichtziel: Biblische Szenen wechseln mit Jagdmotiven. Bei der Hochzeit von Kanaa gibt es Wurst, im Stall von Bethlehem Knödel. **Schloss Korb** brilliert heute als Hotel (► 110), während **Schloss Boymont** (1230) seit einem Brand (15. Jh.) nur noch eine Ruine ist.

Kunst hinter mächtigen Mauern

Die Burg Hocheppan (633 m ü.d.M.) ist ab Missian auf einem promenadenartigen Fußweg erreichbar. Die Anfänge der Burg gehen auf das 12. Jh. zurück. Sie war einst Stammsitz der Grafen von Eppan, einer Seitenlinie der Welfen. Im 13. und 16. Jh. erfolgten Um- und Ausbauten der Wehranlage. Berühmteste Sehenswürdigkeit ist die Burgkapelle.

❶ **Kreidenturm:** Talwärts steht der sogenannte Kreidenturm aus dem 12. Jh.; »Kreiden« bedeutete so viel wie »Rufen« oder »Schreien«, was auf seine einstige Bedeutung als Wachturm hinweist.
❷ **Zugbrücke:** Von der ehemaligen Zugbrücke sind nur noch die sogenannten Auflager erhalten.
❸ **Rondell:** Das vorgelagerte, offene Rondell ist eine Erweiterung aus dem 16. Jahrhundert.
❹ **Vorburg:** Zur gleichen Zeit wie das Rondell wurde auch die Vorburg mit Torzwinger und Batterietürmen als zusätzlicher Schutz angebaut.
❺ **Bergfried:** Der 30 m hohe Bergfried hat einen fünfeckigen Grundriss. Bei einer Belagerung sollten dadurch die Geschosse besser abprallen. Angeblich konnte man von hier aus 36 andere Burgen sehen.
❻ **Burgkapelle:** Die Entstehungszeit der Burgkapelle lässt sich nicht genau benennen und schwankt zwischen 1130 und 1300. Der einschiffige Raum hat drei Apsiden, was für seine Größe sehr ungewöhnlich ist. 1926 wurden hier die berühmten Fresken freigelegt.

Eppan

Wenn auch halb verfallen, beeindruckt die Burg Hocheppan mit ihrer Größe und Lage

Der hervorragende Freskenzyklus in der Burgkapelle schildert Leben und Passion Christi

Im Südwesten von Eppans wartet eine geologische Besonderheit: Am Fuß des Gandbergs liegen in einer 200 m langen und bis zu 50 m breiten Senke zahlreiche große Felstrümmer. Aus ihren Spalten, den **Eppaner Eislöchern**, weht eiskalte Luft aus einem im Berg verzweigten Röhrensystem, wo es selbst im Hochsommer zu Eisbildungen kommt. In diesem Mikroklima blühen die Alpenrosen erst, wenn ringsum die Kirschen geerntet werden. Die Eislöcher sind auf einem gut markierten Wanderweg vom Hotel Stroblhof in einer halben Stunde zu erreichen und garantieren Spaß für die ganze Familie.

Die Eppaner Eislöcher würde man kaum wahrnehmen, beförderten sie nicht aus der Tiefe des Berges die Kälte nach oben

KLEINE PAUSE

In der modernen **Vinothek der Kellereigenossenschaft St. Pauls** (Schloß-Warth-Weg 21, Mo–Fr 9–12.30/15–19.30, Sa 9–12.30 Uhr) können Sie einen köstlichen Exkurs in die lokalen Genusswelten unternehmen.

---

202 C3

Tourismusverein Eppan-Raiffeisen
Rathausplatz 1, 39057 Eppan 0471 66 22 06; www.eppan.net

Schloss Moos-Schulthaus
Schulthauserweg 4, Eppan 0471 66 01 39 Führungen Ostern bis 2. Nov. Di–Sa 10, 11, 16, 17 Uhr 5 €

Schloss Hocheppan
Eppan-Missian Burgschenke 0471 63 60 81; www.hocheppan.com
Burg Anfang März–Anfang Nov. Do–Di 10–18 Uhr, ab Mitte Sept.–Anfang Nov. auch Mi; Kapelle Führungen 10.30–17.30 Uhr

BAEDEKER TIPP

- Straßenkünstler und Musiker bevölkern an den Abenden des **langen Mittwochs** im Juli und August die Gassen und Plätze in St. Michael.
- Im »Lido«, dem beheizten Schwimmbad am Großen Montiggler See (links), steht die **längste Fun-Rutsche Südtirols**. Auch einen Bootsverleih gibt es hier.
- Das Highlight der traditionellen Krippenausstellung im Dezember, bei welcher heimische Krippen in Erkern und Fenstern und in den Innenhöfen des Weinorts St. Pauls präsentiert werden, ist eine **lebendige Krippe** auf dem Dorfplatz.

Muss nicht sein! Eingecremt schwimmen zu gehen, ist für alle natürlichen Badeseen der Region tabu – also erst schwimmen, dann eincremen!

28 Sarntal (Sarentino)

Das Sarntal zieht sich von Bozen über fast 50 km – zunächst als enge Schlucht zwischen dem Ritten und dem Tschögglberg, dann immer weiter werdend – bis hoch zum Penser Joch (2215 m). Durch die Abgeschiedenheit haben sich im Sarntal Tracht, Brauchtum und Kunsthandwerk über die Jahrhunderte ganz eigenwillig erhalten.

Im Sarntal trägt man nicht nur zur Fronleichnamsprozession Tracht

22 Tunnel waren nötig, um die Straße entlang der Talfer durch die enge Schlucht hinauf ins Sarntal zu führen. Erst um 1900 gab es die erste wagentaugliche Verbindung. Hoch über der Straße sieht man die Ruinen zahlreicher Burgen, die wie Adlerhorste zum Teil sogar völlig unzugänglich sind. Aber bald schon öffnet sich das Tal auf eine weit ausladende Wiesenlandschaft mit bewaldeten Hängen und eingestreuten Bauernhöfen. Dass das Tal lange nicht gut zugänglich war, ist Ursache von mancher Eigentümlichkeit. So tragen die Sarner an Sonntagen und oft auch unter der Woche ihre Tracht, die sich von anderen Südtiroler Trachten unterscheidet. Prunkstücke daran sind die breiten Ledergürtel und die mit den Kielen von Pfauen-

ALTES HANDWERK

Neben dem Beruf des Federkielstickers (➤ 27) haben sich auch die Berufe des Korbmachers, des »Reggele«-Machers (Pfeifenschnitzer) und des Handwebers erhalten. Und auch die Kunst, Bauernmöbel zu bauen, sie mit Schnitzwerk zu verzieren und zu bemalen, lebt weiter. Mehrmals im Jahr wird eine »Lebendige Werkstatt« organisiert, bei der Sie den Kunsthandwerkern über die Schulter schauen können (Info über den Tourismusverein).

federn bestickten Hosenträger, die zu engen, etwas kurzen Hosen getragen werden. Hauptort des Tals ist **Sarnthein**, dessen alte einfache Häuser weitaus schöner sind als die zahlreichen Neubauten. Ungewöhnlich ist, dass bereits um 1300 alle Dörfer, Nachbarschaften (Fraktionen) und mehr als 90 % der heute bestehenden Höfe namentlich dokumentiert waren. Von **Schloss Reinegg** (13. Jh., Privatbesitz) wurde über Jahrhunderte das Leben im Tal bestimmt. Heute pendelt jeder dritte Berufstätige nach Bozen. Für manche ist aber auch der Tourismus zur Erwerbsquelle geworden, beispielsweise im fast am Talende gelegenen Bergdorf Reinswald (1492 m) mit seinem feinen Skigebiet. Hinter Pens geht es dann in den Sommermonaten hinauf zum Joch und hinüber ins Wipptal.

KLEINE PAUSE

In Astfeld, wo sich die Straße gabelt, liegt der Gasthof **Weißes Rössl** (➤ 110). Dort bekommt man alles, was ein Traditionshaus von 1876 in einem typischen Wandergebiet an Tiroler Küche auf den Tisch bringen kann.

---

202 C5

Tourismusverein Sarntal
Europastr. 15, 39058 Sarnthein ☎ 0471 62 30 91; www.sarntal.com

BAEDEKER TIPP

- Von der Straße zum Penser Joch zweigt eine gut ausgebaute Straße ab zum Dorf **Durnholz** (1558 m) mit dem zauberhaften **Durnholzer See**. In der Pfarrkirche aus dem 15. Jh. wurden jüngst wertvolle Fresken freigelegt.
- Die **Langlaufloipen** im Durnholzer Tal sind außergewöhnlich schön.
- Auch als Städter halten Sie sich bei **Ausritten auf den gemütlichen Haflingern** des Berghotels Auener Hof (➤ 109) im Sattel. Reiten Sie durch den Bergfrühling zur Zeit der Alpenrosenblüte oder durch den Schnee. Oder wählen Sie den Pferdeschlitten – das ist auch im Fackelschein möglich!

29 Tramin (Termeno)

Schmal sind die Gassen, traditionsreich die Ansitze und behäbig die alten Weinhöfe am westlichen Rand des Etschtals. In der Heimat der weltbekannten Rebsorte Gewürztraminer dreht sich vieles um den Wein und anderes um den Egetmann-Umzug – uraltes Südtiroler Brauchtum, das nur noch hier gepflegt wird.

Tramin präsentiert sich als typisches Weindorf mit großen Höfen

Unter Tramins Kulturdenkmälern nimmt das Kirchlein **St. Jakob in Kastelaz**, auf einem kleinen Weinberg oberhalb des Dorfs gelegen und weithin sichtbar, eine besondere Rolle ein. Es birgt in seinem Inneren die ältesten romanischen Fresken im deutschen Sprachraum, die eine unheimliche Sammlung von Fabelwesen zeigen. Größer und vor allem höher ist die am Rathausplatz aufragende **Pfarrkirche**, deren gotischer Turm mit 93 m der höchste gemauerte Kirchturm Südtirols ist. Einer der beiden Freskenzyklen schildert das Martyrium der Kirchenpatrone, des hl. Quiricus und der hl. Julitta. Im ältesten Viertel von Tramin, auch »Bethlehem« genannt, finden sich heruntergekommene »Grafenhäuser«, vorwiegend alte Edelsitze, die der Brand von 1796 stark beschädigte. Damals wurde fast das ganze Dorf von den

DER GEWÜRZTRAMINER

Einer der ganz großen Weißweine, der Gewürztraminer, wird schon am Namen als Produkt des Weinorts erkannt, von dem er nach sorgfältiger Züchtung um die Welt gegangen ist. Seine Eigenschaften werden von Kennern wie folgt beschrieben: Es handelt sich um einen körperreichen, aromatischen Weißwein von hell- bis strohgelber Farbe. Der Geruch ist ausgeprägt und sortentypisch; im Geschmack verfügt er über ein trockenes, leicht würziges Aroma. Gelagert werden kann er zwei bis drei Jahre, die ideale Trinktemperatur liegt bei 11–13°C.

Gerne öffnen die Winzer ihre Keller zur Verkostung

Flammen erfasst. Besonders das nicht zugängliche Haus Nr. 6–12 fällt mit einem schönen wappengeschmückten Torbogen ins Auge. Es war einst der Sitz eines Augsburger Kaufmannsgeschlechts.

Lebendiges Brauchtum

Der **Egetmann-Umzug** mit seinen vielfältigen Wagen und historischen Figuren geht auf einen uralten Tiroler Fasnachtsbrauch (seit 1591) zurück, der früher im Etschtal verbreitet war, so in Nals, Neumarkt, Altrei, Salurn und Kurtinig. Er zieht jeweils am Faschingsdienstag der ungeraden Jahre durch die Straßen: Tausende Zuschauer folgen dem Schauspiel, in das der Egetmann, seine Braut und die Ratsherren verwickelt sind.

KLEINE PAUSE

Kalte und warme Happen werden Ihnen im Traminer Weinlokal **Urbankeller** (H.-Feur-Str. 53, tägl. 7.30–24 Uhr) – mit Bar, Café und Imbissstube – serviert.

---

202 C2

Tourismusverein Tramin

Julius-von-Payer-Str. 1, 39040 Tramin 0471 86 01 31; www.tramin.com

St. Jakob in Kastelaz

März–Anf. Nov. tägl. 10–12 u.15–18 Uhr, Führung Fr 11 Uhr 2 €

weitere Infos über Tourismusverein Tramin

BAEDEKER TIPP

- Anschaulich aufbereitet sind Ortsgeschichte und Kultur im 1989 eröffneten **Traminer Dorfmuseum** (Rathausplatz 9, Tel. 0471 86 01 32, April–Nov. Mi u. Fr 10–12 u. 16–18, Di, Do u. Sa 10–12 Uhr, Eintritt gegen Spende). Gezeigt werden Geräte aus Handwerk, Wein- und Ackerbau sowie der Haus- und Hofwirtschaft. Zur Sammlung gehören auch Faschingsfiguren vom Egetmann-Umzug.
- Der **Gewürztraminer-Grappa** ist ein erlesener und rarer Tresterbrand. Gewonnen wird er aus den vergorenen Rückständen der Traminer-Weinmaische, die dem Grappa das mild-würzige Aroma des Weines verleiht. Besonders edle Tropfen reifen mindestens 18 Monate im Holzfass und werden dann als Grappa Riserva bezeichnet.

Nach Lust und Laune!

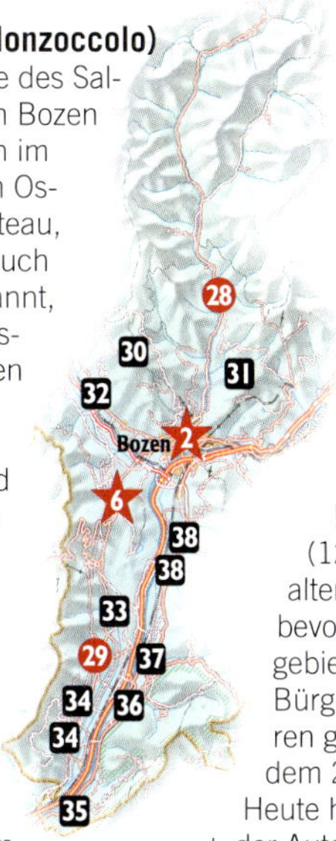

30 Tschögglberg (Monzoccolo)

Steil fallen die Wände des Salten am Nordrand von Bozen zu den Flüssen Etsch im Westen und Talfer im Osten ab. Das Hochplateau, von Einheimischen auch »Tschögglberg« genannt, gehört zu den schönsten Wanderparadiesen Südtirols. Am weitläufigen Wegenetz liegen Almhütten und Jausenstationen, die meist auch im Winter geöffnet haben. Von Bozen führt eine Seilbahn zum Ort Jenesien auf 1080 m hinauf, der eine Pfarrkirche aus dem 19. Jh., reich an Malereien im Nazarener-Stil, sein Eigen nennt; alternativ nimmt man die Panoramastraße. Im Ort beherbergt das alte Pfarrhaus mit dem zinnenbewehrten und fratzengeschmückten gotischen Turm heute das Rathaus. Ganzjahrestreffpunkt sind die Tennisplätze, im Sommer für Ballsportler, im Winter für Eisläufer. Klassiker sind die **Trekking-Touren** im Sattel gutmütiger Haflinger und **Kutschenfahrten** über die Lärchenwiesen.

202 C5

Tourismusverein Jenesien
Schrann 7, 39050 Jenesien
0471 35 41 96;
www.jenesien.net

31 Ritten (Renon)

Der sanfte Höhenzug (1200–2260 m) mit schönen alten Villen und Gärten ist das bevorzugte Sommerurlaubsgebiet wohlhabender Bozner Bürger. Seit mehr als 400 Jahren geht es an Peter und Paul, dem 29. Juni, in die »Frisch«. Heute hat man die Wahl zwischen der Autostraße und einer direkten Seilbahnverbindung hinauf nach Oberbozen (1200 m). Früher wurden die Kinder in geflochtene Tragkörbe verpackt, der Hausrat kam in Truhen und Schachteln und alles wurde auf Tragtieren auf den Ritten befördert. Oben angekommen, ver-

Wind und Regen verändern die Erdpyramiden Tag für Tag

ABENTEUER IN LUFTIGER HÖHE
Kinder lieben Herausforderungen. Voll auf ihre Kosten kommen sie im **Hochseilgarten Terlan** (Tel. 0471 25 79 44, www.xsund.it, April–Okt. tägl. mindestens 10–17 Uhr, Eintritt 28 €) und im **Abenteuerpark Kaltern** (Tel. 347 8 01 09 60, www.abenteuerpark.it April–Okt. Mi–So mindestens 9.30–17 Uhr, Juli u. Aug. tägl., Eintritt 20 €).

teilen sich noch heute die »Sommerfrischler« auf die Ortschaften inmitten von Weingärten, Wiesen und Wäldern mit atemberaubenden Aussichten auf die Zauberwelt der Dolomiten. Am »Bartlmas«-Tag (24. Aug.) wird der Almabtrieb ausgelassen gefeiert.

Im über 500 Jahre alten **Plattner Bienenhof** dreht sich alles um quirlige Schwärme summender Bienen und ihr köstliches Produkt, den Honig. Wer mag, darf den Tierchen in einer stechsicheren Imkerausrüstung aus der Nähe zuschauen. Spektakulär sind auch die **Rittner Erdpyramiden** (Abb. ➤ 103): Die Erosion hat bis zu 30 m hohe Erdsäulen aus dem Moränenlehm gewaschen, die vor allem auch für Kinder sehr beeindruckend sind.
203 D4

Tourismusverein Ritten
Dorfstr. 5, 39054 Klobenstein/Ritten
0471 35 61 00; www.ritten.com

Plattner Bienenhof
Wolfsgruben 15 0471 34 53 50; www.museo-plattner.com
Ostern–Okt. tägl. 10–18 Uhr

32 Terlan (Terlano)

Im April und Mai gibt es in den Orten Vilpian, Terlan und Siebeneich am Fuß des Tschögglbergs nur ein Thema: den Spargel. Frisch gestochen kommt das Edelgemüse in die Restaurants. Als ideale Ergänzung wird dazu der fruchtige Terlaner Sauvignon gereicht. Schon Wochen zuvor verwandelt sich die Talsohle in ein buntes Blumenmeer. Den Bau der schönen Pfarrkirche **Mariä Himmelfahrt** mit Fresken der Bozner Schule (ab 1390) machte der Reichtum möglich, den der »Bergsegen«, der Abbau silberhaltigen Erzgesteins, mit sich brachte. Klein, aber fein ist die barocke **Antoniuskirche** in der Fraktion Siebeneich. An der Ruine **Neuhaus**, einst Lieblingssitz der Margarethe Maultasch (➤ 17), im Hang darüber beginnt die nach der einstigen Landesherrin benannte aussichtsreiche Promenade.
202 C4

Tourismusverein Terlan
Dr.-Weiser-Platz 2, 39018 Terlan
0471 25 71 65; www.terlan.info

33 Kalterer See (Lago di Caldaro)

Als Paradies für Segler und Surfer und wärmsten Badesee der Alpen erleben Sie den Kalterer See. Drei Strände und ein beheiztes Freibad mit Minigolf-Anlage sorgen für Sommerspaß. Naturfreunde beobachten am südlichen Schilfufer seltene Vögel. Und zum Bummeln lädt **Kaltern** mit stattlichen Ansitzen im Überetscher Stil (➤ 94) ein. Dort, wo einst billigster Rotwein hektoliterweise in die Flaschen

ABSEITS DER TOURISTENWEGE
Aus der Vogelperspektive wirkt die Rebenlandschaft mit Zypressen, blühendem Oleander sowie Feigen- und Olivenbäumen und den eingestreuten Kalterer Orten Mitterdorf, St. Nikolaus, Altenburg, St. Josef am See und Planitzing noch idyllischer. Nehmen Sie die 4,5 km lange **Standseilbahn von St. Anton zum Mendelpass** (1363 m). Von dort ist es ein sehr schöner Spaziergang zum Penegal (1737 m; 202 B3) mit freiem Blick über Überetsch und Unterland.

Schatten spenden die Lauben im ruhigen Neumarkt

gluckste, hat heute das **Südtiroler Weinmuseum** sein Zuhause gefunden. Und im örtlichen Roten liegt längst wieder Wahrheit.
202 C2

Tourismusverein Kaltern
Marktplatz 8, 39052 Kaltern
0471 96 31 69; www.kaltern.com

Südtiroler Weinmuseum
Goldgasse 1, Kaltern
0471 96 31 68 Mitte März–Mitte Nov. Di–Sa 10–17, So 10–12 Uhr 4 €

34 Kurtatsch & Margreid (Cortaccia & Magrè)

Zu den Edelansitzen und Höfen, die vom jahrhundertealten Weinbau in den südlichsten deutschsprachigen Dörfern rechts der Etsch – Kurtatsch, Margreid und Kurtinig – erzählen, kommt eine lebendige Zeugin: 1601 gepflanzt, ist die Weinrebe in der Grafengasse in Margreid eine der ältesten Südtirols. Sie trägt noch heute bis zu 80 kg Trauben. Von Kurtatsch, mit steilen Dorfgassen und alten Gasthöfen, führen kleine Wege zu den Rebhügeln und weiter zu den Mittelgebirgsterrassen von Penon (südl.) und Graun (nördl., mit dem St. Georg-Kirchlein). Vor den beiden Dörfern im freien Etschtal liegt Kurtinig, ein Musterbeispiel für Dorfberuhigung.
202 B2

Tourismusverein Südtiroler Unterland
Hptm-Schweiggl-Platz 8, 39040 Kurtatsch
0471 88 01 00;
www.suedtiroler-unterland.it

35 Salurn (Salorno)

Der Ort an der deutsch-italienischen Sprachgrenze bezaubert mit stattlichen Häusern, vorwiegend aus der Renaissance, und wirkt fast städtisch. Hier, an der Engstelle der Salurner Klause, wurde die Grenze Südtirols im Grunde schon im Jahr 590 festgelegt. Damals stoppten Langobarden den Vorstoß germanischer Gruppen. Aber erst im 20. Jh. wurde aus diesem Übergangsraum nach Welschtirol (Trentino) eine trennende Grenze. Die Ruine der Haderburg auf einem Felssporn über Salurn ist gut über den neuen, recht steilen Visionenweg zu erreichen.
202 B1

Tourismusverein Salurn
Rathausplatz 2, 39040 Salurn
0471 88 42 79

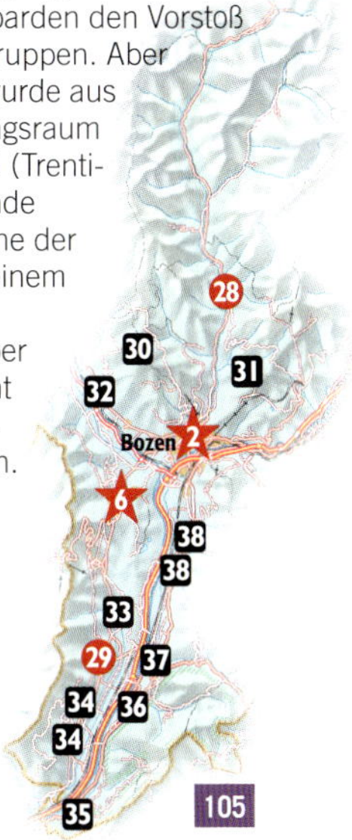

Weit ist der Blick, ungelöst sind die Rätsel auf dem Castelfeder Ruinenfeld

36 Neumarkt (Egna)

Im italienischen Namen *Egna* hat das lateinische *Endidae* der römischen Militärstation überlebt. Was uns heute mit malerischen Laubengängen im Ortszentrum begegnet, ist die Neugründung (1189) des durch Hochwasser untergegangenen Orts. Sie sicherte sich Handelsprivilegien als Umschlagplatz am Nord-Süd-Fernhandelsweg. Das vorbildlich sanierte Ortszentrum ist verkehrsberuhigt und lädt zum Verweilen ein. Im **Museum für Alltagskultur** (19./20. Jh.) begegnet man dem Leben der Großeltern. Neumarkt ist auch Ausgangspunkt einer anspruchsvollen Radtour entlang der stillgelegten Trasse der **Fleimstalbahn**.

202 C2

Tourismusverein Neumarkt
Laubengasse 28, 39044 Neumarkt
0471 81 23 73; www.castelfeder.info

Museum für Alltagskultur
Meister-Konrad-Durchgang 2, Neumarkt
0471 81 24 72, April–Nov. Di–Fr 16–18, So 10–12 Uhr freiwillige Spende

37 Castelfeder & Auer (Castelfeder & Ora)

Viel wird über den kargen Berghügel mit den alten Siedlungsspuren spekuliert, der mit seinen prähistorischen Siedlungen, antiken Mauern und frühmittelalterlichen Wallresten als der rätselhafteste Ort Südtirols gilt. Zu erreichen ist das **Castelfeder Ruinenfeld** mit ein paar Schritten von Auer. Dort ist die Idylle der verwinkelten Gassen und alten Ansitze heute stark vom Verkehr bedrängt. Im Osten liegt der Ort Montan, unmittelbar am **Naturpark Trudner Horn**, mit den besten Blauburgunder-Reben des Landes.

202 C2

Tourismusverein Castelfeder
Hauptplatz 5, 39040 Auer
0471 81 02 31; www.castelfeder.info

38 Leifers & Branzoll (Laives & Bronzolo)

Leifers, die jüngste der acht Südtiroler Städte, ist sehr italienisch. Im Dezember 2013 wurde der Umfahrungstunnel eröffnet und seither hat der »Vorort von Bozen«inmitten ausgedehnter Apfelgüter viel an Lebensqualität gewonnen. Höhepunkt des Jahres ist hier der bunte Umzug zu Karneval, der Tausende anlockt. Dörflich dagegen wirkt das viel ältere Branzoll mit seinen Obsthöfen und seinem ruhigen Dorfleben. Dabei war der Ort bis zum Bau der Eisenbahn (19. Jh.) und der Entsumpfung der Talebene (20. Jh.) ein wichtiger Umschlagplatz für das Porphyrgestein aus den Brüchen und für das Holz vom Regglberg, das nach Venedig geflößt wurde. Das sommerliche »Unterlandler Flößerstechen«, bei dem zehn Teams aus Leifers, Branzoll und Pfatten antreten, erinnert daran.

202 C3

Tourismusverein Leifers/Branzoll/Pfatten
Kennedystr. 75, 39055 Leifers
0471 95 04 20; www.leifers-info.it

Wohin zum ... Übernachten?

Preise
für ein Doppelzimmer pro Nacht:
€ unter 50 € **€€** 50–125 € **€€€** über 125 €

BOZEN UND UMGEBUNG

Erbhof Kandlerhof €–€€

Zu einer ganz besonderen Zeit kann der Urlaub auf diesem familiär geführten Wein-Bauernhof im Weindorf St. Magdalena werden, der erstmals 1278 erwähnt wurde. Die einfachen, aber völlig ausreichenden Zimmer liegen im 1. Stock. Von einem schattigen Platz im Hof aus können Sie das dörfliche Leben beobachten. Zum Frühstück gibt es ganz klassisch leckere Wurst, Brot und Käse, auf Wunsch ein Ei, und dazu Saft, Tee oder Kaffee und für die Kinder Kakao.

202 C4 Untermagdalena 30, 39100 Bozen 0471 97 30 33; www.kandlerhof.it

Gasthof Kohlern €€

Den Gästen dieses Hofs wird dauerhaft das Privileg reserviert bleiben, in der grünen Lunge des Kohlerer Bergs wohnen zu können, denn in diesem Naturschutzgebiet herrscht absolutes Bauverbot. Das feine Ambiente des Hauses aus dem 19. Jh. mit schönen Veranden und hohen Räumen wird durch eine gutbürgerliche Küche und eine beachtliche Auswahl an guten Weinen perfektioniert. Der Gasthof ist an einem der schönsten Aussichtspunkte über Bozen gelegen.

202 C4 Kohlern 11, 39100 Bozen 0471 32 99 78; www.kohlern.com

Hotel Eberle €€€

Den Freiraum für Ideen und Gedanken, den das moderne Haus für exklusiven Seminarbetrieb anbietet, gewährt es Ihnen auch als Urlauber. Die lichtdurchfluteten Räume mit familiärem Ambiente über den Dächern Bozens an der Oswaldpromenade versprechen einen befreienden Aufenthalt, zu dem die leichte, frische, sehr saisonal ausgerichtete Küche das ihre beiträgt. Und in der feinen Wellness- und Saunaoase entspannen Sie wohlig.

202 C4 Oswaldpromenade 1, 39100 Bozen/St. Magdalena 0471 97 61 25; www.hotel-eberle.com

Hotel König Laurin €€

Ihre Urlaubstage in diesem Haus auf dem Sonnenbalkon des Salten, hoch über dem Bozner Talkessel, können Sie mit einem opulenten Frühstück im Garten beginnen. Alle Zimmer und Suiten sind individuell eingerichtet, wobei sich die geräumigen Doppelzimmer auch als Mehrbettzimmer nutzen lassen. Abends erwartet Sie ein Vier-Gänge-Menü mit knackigem Salatbuffet. Zum Haus gehören eine Kutsche samt Reitlehrer und Haflinger.

202 C4 Simml 5, 39050 Jenesien 0471 35 41 57; www.hotel-koeniglaurin.com

Lichtenstern €€–€€€

Das bis ins Detail gepflegte Haus mit hellen Zimmern – alle mit Balkon oder Terrassenzugang – liegt in einer ausgedehnten Grünanlage und bietet einen Kinderspielplatz. Ein beheiztes Freibad mit Whirlpool und eine finnische Sauna mit Dampfbad tragen zum Wohlfühl-Erlebnis genauso bei wie eine abwechslungsreiche Küche auf hohem Niveau mit häufigen kulinarischen Überraschungen. Die Haltestelle des historischen Rittner Bähnleins mit direktem Anschluss zur Seilbahn nach Bozen liegt nur einige Schritte entfernt.

202 C4 Lichtenstern 8, 39059 Wolfsgruben-Ritten 0471 34 51 47; www.lichtenstern.it

SARNTAL

Rabensteinerhof €€

Natururlaub ist das Thema dieses an einem sanft-sonnigen Wiesenhang gelegenen Hauses mit gemütlichen Zimmern. Ein schöner Panoramaweg führt direkt am Hof vorbei, zu dem zehn Pferde – Araber, Quarter, Haflinger – gehören. Erfrischen Sie sich im hauseigenen Schwimmbad, stärken Sie sich bei einer kleinen Jause im Garten und freuen Sie sich auf die leckere Küche, in der u. a. täglich frische Forellen zubereitet werden.

202 C5 Muls 6, 39058 Sarntal 0471 62 71 47; www.rabensteinerhof.com

Weißes Rössl €–€€

Die günstige Lage – 18 km von Bozen entfernt, das Skigebiet Reinswald und das Sommer- und Winterwanderparadies um den Durnholzer See vor der Tür – und die herzliche Betreuung in diesem Haus werden Ihnen gefallen. Das einfache Haus verfügt über geräumige Zimmer mit Dusche/WC und einen Aufenthaltsraum mit TV/Video, eine Liegewiese mit Tischtennisplatte, Sonnenterrasse und Spielplatz. Die Chefin kocht selbst – eine vorzügliche Südtiroler Küche.

202 C5 39058 Astfeld/Sarntal 0471 62 31 59; www.weisses-roessl.org

ÜBERETSCH

Franziskanerkloster €

Eine Herberge der besonderen Art für Menschen, die ihren Urlaub mit einem zeitweiligen Rückzug aus der Welt der 1000 Möglichkeiten verbinden wollen, bietet dieses ehemalige Kloster in Kaltern-Dorf. Gäste können an den vielfältigen Meditations- und Besinnungsprogrammen des Hauses teilnehmen und sich nach ihrem inneren Rhythmus die rebenreiche Landschaft und die stillen Höhenzüge erschließen.

202 B3 Rottenburger Platz 3, 39052 Kaltern-Dorf 0471 96 41 78; www.zentrum-tau.it

Seehotel Ambach €€–€€€

Das hochmoderne 60-Betten-Haus mit direktem Seezugang zählt zu den herausragenden Hotelbauten der neueren Südtiroler Architektur. Die Zimmer sind komfortabel, ihre nicht einsehbaren Balkone öffnen sich auf den Kalterer See und die das Hotel umgebenden Weinberge und Obstgärten hin. Dazu lädt eine windgeschützte Sonnenterrasse bis in die letzten Sonnentage des Jahres zum Müßiggang ein. Die leichte Küche macht die Bedingungen für einen erholsamen Urlaub perfekt.

202 B3 Klughammer 3, 39052 Kaltern 0471 96 00 98; www.seehotel-ambach.com

Seehotel Sparer €€–€€€

Direkt am idyllischen Montiggler See liegt dieses Spitzenhotel inmitten unberührter Natur. Die luxuriösen Suiten und Komfortzimmer haben Seeblick, Ihren Aperitif nehmen Sie am hauseigenen Boots- und Badesteg ein. Dorthin können Sie allerdings Ihren ansonsten gern gesehenen Hund ebenso wenig mitnehmen wie in den Speisesaal oder in die Wellnessanlagen. Diese bestehen aus Hallenbad, Whirlpool, Schwallbrause für Nackenmassage, finnischer Sauna, türkischem Dampfbad, Kneipptretbecken, Erlebnis-Duftaromadusche, Ruheraum, Solarium und Massagen. Dass sich die Gaumenfreuden auf hohem Niveau bewegen, versteht sich fast von selbst.

202 C3 Montiggl 53, 39057 Eppan 0471 66 40 61; www.seehotel-sparer.it

Wohin zum ...
Essen und Trinken?

Preise
für ein Essen ohne Getränke:
€ unter 10 € **€€** 10–20 € **€€€** über 20 €

BOZEN UND UMGEBUNG

Landgasthof zum Hirschen €–€€
Im Zentrum Jenesiens liegt der Landgasthof mit seiner typischen Südtiroler Küche, die mit hauseigenen Fleischprodukten und knackigen Gemüsen punktet. Die Gerichte kommen sehr frisch auf den Teller. Auf der Sonnenterrasse des Cafés wird leckerer Kuchen serviert. Eine weitere Spezialität wird Pferdeliebhabern seit mehr als 35 Jahren geboten: ganzjährig geführte Ausritte, Schnupperreiten und auch romantische Kutschfahrten.

202 C4 ✉ 39050 Jenesien
☎ 0471 35 41 95; www.hirschenwirt.it
Mitte März–Mitte Feb. Do–Di 12–14 u. 19–21 Uhr

Löwengrube €€€
Das alte Wirtshaus Löwengrube, das bereits seit 1543 existiert, lag einst an der Stadtgrenze, ist aber heute in wenigen Gehminuten vom Zentrum aus zu erreichen. Man sitzt angenehm auf der Terrasse oder in der schönen holzgetäfelten Gaststube. Serviert werden regionale Gerichte mit leichtem mediterranen Einschlag. Die Enothek führt über 1000 Weinetiketten.

202 C4 ✉ Zollstange 3, 39100 Bozen
☎ 0471 97 68 48; www.loewengrube.it
tägl. 7.30–1 Uhr

SARNTAL

Auener Hof €€–€€€
Gourmetküche auf 1600 m bei Sarnthein: Küchenchef Heinrich Schneider (Mitglied bei Chaîne des Rôtisseurs) und Sommelière Gisela Schneider kreieren regional und italienisch inspirierte Menüs, bei denen Sarner Wildkräuter und heimische Weine eine große Rolle spielen. Das kann mit Savarin vom Frischkäse im Wildkräutergelee anfangen und sich mit geschmorter Rehkeule aus dem Römertopf mit Selleriepüree und süßsaurem Muskatkürbis fortsetzen. Für die Kalorienbalance sorgen Haflinger aus eigener Zucht, die Sie buchen können, um vor oder nach dem Essen auszureiten.

202 C5 ✉ 39058 Sarntal
☎ 0471 62 30 55; www.auenerhof.it
ganzjährig Di–So 12–14 u. 19–21.30 Uhr

Hotel Bad Schörgau €€–€€€
Eigenwillig und dabei einfach, schmackhaft und gesund ist die Küche im Hauben-Restaurant am Anfang des Sarntals. Ein Dinner könnte z. B. bestehen aus einer Sarner Nockensuppe oder einem Käsepudding im Salzspeckmantel auf Kirschtomaten und Kürbiskernöl sowie einem Zwischenrippenstück vom Sarner Rind mit Kren-Schnittlauchkruste auf Schalotten und Kohlrabi. Dazu kann man die passende Begleitung aus 400 edlen Weinen wählen. Appetit holen kann man sich beim Baden in eisen-, schwefel- und mineralhaltigem Quellwasser.

202 C5 ✉ 39058 Sarntal
☎ 0471 62 30 48; www.bad-schoergau.com
Mitte April–Mitte März Di–So 19–21, Sa u. So auch 12–14 Uhr

ÜBERETSCH

Castel Ringberg €€–€€€

Zum Flair der alten Mauern, 1652 mit Blick auf den Kalterer See erbaut, kommen vielseitige Gerichte, für die der diplomierte Diätkoch Stefan Unterkircher verantwortlich ist. Er lässt sich dabei von der mediterranen Küche genauso inspirieren wie von der asiatischen, ohne jedoch dabei die heimische Tradition zu vernachlässigen. Als Konditormeisterin konzentriert sich Claudia Pitscheider auf die Dessert-Überraschungen.

202 C2 St. Josef am See 1, 39052 Kaltern 0471 96 00 10; www.castel-ringberg.com Mitte Feb.–Mitte Jan. Mi–Mo 12–14 u. 18–21.30 Uhr

Landgasthof Bad Turmbach €€–€€€

Die selbst gekelterten Weißweine zu den fangfrischen Forellen und eine herzliche Gastlichkeit zeichnen das sehr persönlich geführte Haus aus, das inmitten von Wein- und Obstgärten liegt. Aber auch jenseits der Fischgerichte können Sie sich der Küche gut anvertrauen.

202 C3 Turmbachweg 4, 39057 Eppan/Berg 0471 66 23 39; www.turmbach.com Juli–Mitte Dez., Mitte März–3. Juniwoche Mi–Mo 12–14 u. 18.30 bis 21 Uhr

Paulser Hof €–€€

Die Weinstube des Traditionsgasthofs im Zentrum des Weinorts ist ein Treffpunkt für Einheimische und Gäste. Im Restaurantstübele wird Ihnen verfeinerte Tiroler Hausmannskost serviert, in deren Mittelpunkt Nudeln, Wild und Fisch stehen. Zu den wechselnden Spezialitäten gehört der Spargel, den Sie hier unbedingt probieren sollten. Von Ostern bis in den Herbst schmeckt der Wein im sonnigen Gastgarten noch einmal so gut.

202 C3 Unterrainer Str. 21, 39050 Eppan/St. Pauls 0471 66 24 22; www.paulserhof.com ganzjährig Mi–Mo 12–14 u. 17.30–21 Uhr

Schloss Korb €€–€€€

Ein stimmungsvolles Haus, wie Sie es nicht oft finden, ist Schloss Korb, dessen nobles Gourmetrestaurant Hotelgäste aus aller Welt gerne genießen. Auf dem Stammsitz der Familie Dellago, eingebettet in Weinberge und Obstgärten, wird hinter wuchtigen Mauern mit Herz und Leidenschaft gekocht. Dazu gibt es einen Weinkeller, in dem kulturelle Veranstaltungen die Weinverkostungen ergänzen.

202 C3 Hocheppaner Weg 5, 39050 Eppan/Missian 0471 63 60 00; www.schloss-hotel-korb.com vor Ostern–Nov. tägl. 12–14.30 u. 19–21.30 Uhr

Weißes Rössl €

Deftig und lecker sind die einheimischen Gerichte, die in der Bauernstube im 1. Stock auf den Tisch kommen. In diesem traditionellen Gasthof in St. Michael kann es auch recht lebhaft zugehen, was Küche und Service aber gut meistern. Im Parterre gibt es eine Pizzeria.

202 C3 Joh.-G.-Plazer-Str. 15, 39057 Eppan/St. Michael 0471 66 41 35 Mitte Juli–Mitte Juni Mi–Mo 11–14 u.17–23 Uhr

Zur Rose €€€

Das Restaurant mit Rosenstübele und Gewölbesaal befindet sich im alten Gericht in der Fußgängerzone von St. Michael. Der Chef Herbert Hintner hat einen Ruf als kompromissloser Verfechter von Frische und Qualität. Nur das Beste darf es in seiner Küche sein und gekocht wird nur, was dem Meister am Herd selbst schmeckt. Deshalb gilt er als einer der besten Köche Italiens. Zu seinen Spezialitäten gehören Salate mit Steinpilzen und Ziegenfrischkäse, Entenbrust oder Spanferkelrücken mit delikaten Saucen und extravagant gefüllte Cannelloni.

202 C3 Josef-Innerhofer-Str. 2, 39057 Eppan/St. Michael 0471 66 22 49; www.zur-rose.com Di–Sa 12–14 u.19–21.30, Mo 19–21.30 Uhr

Wohin zum ... Einkaufen?

BOZEN

Ohne Backhilfsmittel und nach typischen Südtiroler Rezepten werden die Brotsorten produziert, die Sie im **Bozner Brotladen** (Claudia-Augusta-Str. 73, Tel. 0471 05 09 52) bekommen. Neben Vollkornbroten werden auch Frucht- und Gemüsebrote, Nussbrot und feine Festbrote (Fochaz), aber auch Krokodilbrot und Schüttelbrot verkauft.

Einen Überblick über das traditionelle Kunsthandwerk erhalten Sie bei der **Genossenschaft Südtiroler Werkstätten** (Lauben 39, Tel. 0471 97 85 90). Dort gibt es z. B. Bauernmöbel und Küchengegenstände, die mit farbenfroher Malerei verziert sind. Künstlerisch anspruchsvoller wirken sakrale Motive wie auch moderne Objekte, die von Bildhauern in Holz oder Stein gemeißelt sind. Interessant sind die Trachtenpuppen, deren Jutekörper mit original Tiroler Trachten bekleidet sind. Individuelle Wünsche können Sie in Auftrag geben.

Über fünf Etagen zieht sich die Ausstellung des Familienbetriebs **Tschager Kunsthandwerk** (Rathausplatz 7, Tel. 0471 97 36 74). Die Statuen sind teils individuelle Interpretationen kunsthistorischer Originale, teils eigene Motive. Zu den Krippenfiguren, handmodelliert, gebrannt und in Stoff gekleidet, gibt es individuelle Ställe.

Im Stammhaus von **Oberrauch Zitt** (Lauben 67, Tel. 0471 97 21 21), einem renommierten Loden- und Trachtengeschäft, ist die Geschichte des Hauses an Gemälden und Fresken ablesbar. Nirgendwo sonst haben Sie im Alpenraum eine größere Auswahl.

Das gilt auch für den Sport- und Freizeitspezialisten **Sportler** (Lauben 1, Tel. 0471 97 77 19), der auf sechs Etagen alles hat, was Ihnen fehlen könnte oder Ihren Aktivitäten zum Opfer gefallen ist: von Rädern über Ski bis hin zur Segel-, Tauch- oder Golfausrüstung. Bei **Sportler Alpin** (Lauben 37, Tel. 0471 97 40 33) geht es um die richtige Ausrüstung und Kleidung für den Bergsport und den Aufenthalt im Freien.

AUF DEM RITTEN

Im **Penzlhof** (Rotwand 45, Tel. 0471 34 90 11, 2 km östlich von Lengstein an der Straße nach Barbian) werden u. a. aus den Früchten des Himbeerlabyrinths Sirupe, Säfte und Brotaufstriche gewonnen. Besonders geschmacksintensiv ist der Minzsirup.

Auf dem **Erschbaumerhof** (Gasterer 2, Unterinn-Ritten, Tel. 0471 35 91 17) finden Sie großartige Schnittkäse- und Frischkäsesorten. Dieser Hof ist der erste, rund 1 km hinter dem Ort.

ÜBERETSCH

Seit mehr als 50 Jahren besteht die **Destillerie am Fischerhof** (Schreckbichl 12, Tel. 0471 66 06 27) bei Eppan-Girlan. Traditionell wird hier hochwertiger Grappa gebrannt. Seit einigen Jahren nutzt man die reiche Erfahrung und die erstklassigen Früchte der Region, u. a. Marillen, Williamsbirnen, Quitten und Äpfel, auch zur Herstellung von Obstbränden.

UNTERETSCH

Spezialisiert auf Grappas ist man auf dem Salurner **Weingut Steinhauserhof** (Buchholz 37, Tel. 0471 88 90 31). Die besondere Eleganz erreicht der Tresterbrand hier beim Ausbau in Barrique-Fässern.

Wohin zum ... Ausgehen?

KNEIPEN UND DISKOTHEKEN

Bier trinken gehen in der Weinstadt? Das ist eine Frage des Geschmacks, nicht der Gelegenheit, seit 1997 eines der ältesten Bozner Wirtshäuser im Herzen der Altstadt zur ersten Bozner Wirtshausbrauerei **Hopfen & Co** (Obstplatz 17, Tel. 0471 30 07 88, Mo–Sa 9.30–1, So 10.30–24 Uhr) umgebaut wurde. Hier wie im **Batzenhäusl** (Andreas-Hofer-Str. 30, Tel. 0471 05 09 50, tägl. 11–1 Uhr), das auch ein vielfältiges, jazzlastiges Kulturprogramm bietet, finden Sie exklusiv das frische, herbwürzige Bier, das ungefiltert aus dem Keller auf den Tisch kommt. An Sorten gibt es Helles, Dunkles und je nach Jahreszeit auch ausgefallenere Kreationen.

Wenn die zahlreichen Kneipen und Lokale in der Stadt Bozen und den Gemeinden an der Weinstraße schließen, beginnt das Leben in fast ebenso vielen kleinen Diskotheken der Landeshauptstadt und des Umlands. Die Szene ist vom ständigen Wechsel geprägt. Wer neugierig ist und auch schon mal eine Enttäuschung wegstecken kann, hat bei spontanen Entscheidungen dennoch oft Spaß. Eine zuverlässige Adresse ist die **Disco Okay** (Gilmstr. 7, Tel. 0471 97 02 24, Mi–Sa 22.30–3.30 Uhr) im Zentrum von Bozen. Bei freiem Eintritt finden Sie abendlich wechselnde Programme mit unterschiedlichem Publikum.

Der **Sciarada Circus** in Bozen (Obstmarktplatz 25, Tel. (04 71) 975031, Di–Fr, So 16–1 Uhr, Sa 11–1 Uhr) wird als Kulturverein geführt – den Ausweis bekommen Sie für wenig Geld in dem Szenelokal. Neben Getränken und Snacks gibt es hier wechselnde Kunstausstellungen; im Keller gibt es außerdem eine Bühne für Livekonzerte von Bands und Solisten. Wenn es eng wird, kann die Luft ganz schön stickig werden

Liveauftritte und Flambiertes erwarten Sie in **Papa Joe's** Club in Neumarkt (Villnerstr. 38, Tel. 0471 82 39 97, Mo–Do 17–1, Fr u. Sa 17–2, So 11–1 Uhr). Themenpartys und karibische Drinks sind ebenfalls im Angebot.

THEATER UND MUSIK

Herz und Kopf wollen die vielfältigen Programme der **Vereinigten Bühnen Bozen** (Verdiplatz 40, Theaterkasse Tel. 0471 05 38 00) ansprechen. Große Stücke der Weltliteratur kommen hier genauso zur Aufführung wie erfolgreiche Musicals.

Mit rund 100 Veranstaltungen pro Saison bietet das Bozner **Kleinkunsttheater Carambolage** (Silbergasse 19, Kartenreservierung Tel. 0471 98 17 90, Abendkasse Tel. 0471 32 41 29) seinem Publikum ein vielfältiges und abwechslungsreiches Programm. Seit 1996 ist es im schlauchförmigen Kellergewölbe eines früheren Eisenwarenlagers in der Bozner Altstadt zu Hause. Im Programm finden sich, der zweisprachigen Wirklichkeit der Landeshauptstadt entsprechend, deutsch- wie italienschsprachige Stücke.

Durch die altehrwürdigen Mauern des Dominikanerklosters klingen moderne Klänge: Hier hat das **Musikkonversatorium Claudio Monteverdi** (Dominikanerplatz 19, Tel. 0471 97 87 64), die Bozner Musikhochschule, ihren Sitz mit Probenräumen und einem Konzertsaal, in dem regelmäßig Konzerte stattfinden. In den umliegenden Cafés haben Sie die Gelegenheit, mit jungen Musikern ins Gespräch zu kommen.

Dolomiten

Kleine Erlebnisse

Es plätschert die Mühle …

… am rauschenden Seres-Bach im **Gadertal** (➤ 129), bei einer Rundwanderung von Mühle zu Mühle.

Für Skihütten-Gourmets

Spitzenküche auf mehr als 1500 m Höhe? In den ladinischen Tälern ist selbst das möglich, z. B. in der **Tschafonhütte** (➤ 132).

Willkommen im Spatzendorf

Beim Spatzen-Open-Air (Juni) und Spatzenfest (Oktober) verwandelt sich **Kastelruth** (➤ 119) ins Mekka des volkstümlichen Schlagers.

Erste Orientierung

Die »Bleichen Berge«, wie die Dolomiten auch heißen, haben viele Gesichter. Ihre markanten Gipfel und Zinnen spiegeln sich in klaren Bergseen, Hochalmen bilden im Sommer Blütenteppiche. Die Pisten sind zu einem dichten Netz verknüpft, das den Skiverbund »Dolomiti Superski« bildet. Holzschnitzer entwickeln ihre Kunst weiter und in den ladinischen Dörfern überlebt eine alte Kultur.

Das Grödner Tal und die Seiser Alm sind fast pausenlos im touristischen Ausnahmezustand. Nirgendwo sonst in Südtirol wird das Spannungsverhältnis zwischen der Nutzung und dem Schutz einzigartiger Landschaften so deutlich wie hier: Die Besucherströme werden beispielsweise auf Parkplätze gelenkt, von denen es nur zu Fuß weitergeht. Das schont seltene Pflanzen und scheue Tierpopulationen und beschert den Urlaubern ein direktes und intensives Naturerlebnis.

Entspannter geht es im ladinischen Gadertal zu. Unerschütterlich wirken die »Viles«, die hoch gelegenen bäuerlichen Siedlungen, und auch die Orte im Tal. Alta Badia im oberen Gadertal, auf Deutsch Hochabteital, ist allerdings vor allem im Winter ebenfalls sehr stark vom Tourismus geprägt.

Erste Orientierung

Hunderte Kilometer Wanderwege sind zuverlässig ausgeschildert

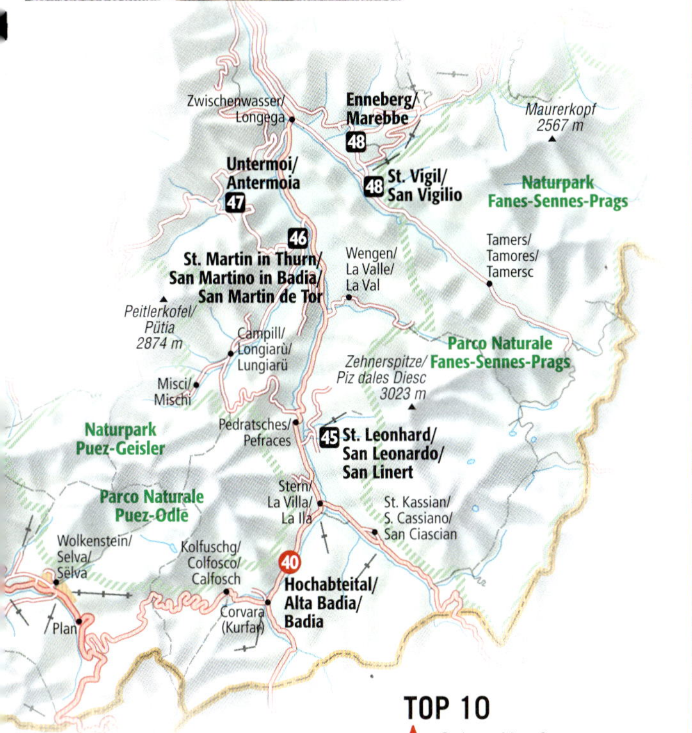

Die Idylle auf der Seiser Alm ist das Ergebnis jahrhundertelanger Weidewirtschaft

TOP 10

Nicht verpassen!

Nach Lust und Laune!

In zwei Tagen

Ein wenig körperliche Fitness ist gefragt, um die Landschaft der Dolomiten richtig kennenzulernen. Weniger anstrengend ist es, die ladinische Kultur in den Dolomitentälern aufzuspüren.

Erster Tag

Vormittags

Sie sollten nicht zu spät auf die ★7 **Seiser Alm** (oben; ➤ 118) hinauffahren, denn diese erlebt man nur auf einer Wanderung von drei bis vier Stunden Länge richtig. Bis Compatsch kommen Sie ab Seis mit der modernen Kabinenbahn (Fahrbeschränkung auf der Zufahrtsstraße). Packen Sie Proviant in den Rucksack und laufen Sie los über die Fahrstraße in Richtung Langkofel.

Dann nehmen Sie den rechts den Hang hinaufgehenden Lift, der Sie zu einem Aussichtspunkt auf 2011 m bringt. Nachdem Sie den Rundblick über die Alm und auf die Bergketten ausgiebig genossen haben, gehen Sie den Hang hinunter, um bei Ritsch die Straße zu queren und die gegenüberliegende Puflatsch Alm anzustreben. Dort treffen Sie auf die Hexenbänke, vespern ein wenig und folgen dem Weg entlang der Felskante, bis Sie wieder beim Parkplatz ankommen.

Nachmittags

Verlassen Sie die Alm am frühen Nachmittag, fahren Sie nach Kastelruth und tauchen Sie dort im Ortsteil Telfen für eine Weile im Freibad (➤ 134)

unter. Ganz in der Nähe und traumhaft vor dem Schlern liegt das Kirchlein St. Valentin (➤ 120).

Abends
Später am Tag belegen Sie Ihr Nachtquartier im Rosslaufhof (➤ 131) oberhalb von Kastelruth und lassen sich mit einem zünftigen Abendessen verwöhnen. Genießen Sie den herrlichen Blick auf den Schlern.

Zweiter Tag

Vormittags
Fahren Sie über die Kastelruther Fraktion St. Michael hinüber nach St. Ulrich (oben) ins 39 **Grödner Tal** (➤ 122) und schauen Sie sich im Ort um: Trenker-Denkmal, Purger-Denkmal, Shoppingmeile. Beispiele Grödner Schnitzkunst finden Sie in verschiedenen Werkstätten, vor allem aber im Kongresshaus. Dann geht es weiter nach St. Christina, wo Sie den »Planetenweg« (➤ 124) ein Stückchen entlanggehen. Anschließend fahren Sie weiter über Wolkenstein (unten) – mit Fotostopp vor der Fischburg – zum Grödner Joch und von da nach 40 **Hochabteital** (➤ 125). Genießen Sie die Serpentinenstrecke hinunter ins Tal, bevor Sie sich zum Mittagessen von der ladinischen Küche verwöhnen lassen.

Nachmittags
Schauen Sie sich ein wenig in Kolfuschg um und bestaunen Sie die Silhouette des Sassongher Berges. Anschließend tauchen Sie noch tiefer in die ladinische Welt ein: Sie fahren durch Stern und Pedratsches, werfen einen Blick auf das Kirchlein Hl. Kreuz vor der Wand des Kreuzkofels und erreichen 46 **St. Martin in Thurn** (➤ 129). Dort widmen Sie sich ausgiebig den Sammlungen des ladinischen Landesmuseums Ciastel de Tor und stärken sich im Café mit Kaffee und Kuchen.

Abends
Nur wenige Kilometer sind es Richtung 47 **Untermoi** (➤ 129), bis Sie kurz vor dem Ort im Wald das Bauernbad Valdaner antreffen. Hier gleiten Sie ins heilende Wasser und spannen aus. Wohlig müde essen Sie dann im Gasthof zu Abend.

7 Seiser Alm & Schlerngebiet (Alpe di Siusi & Altoplano dello Sciliar)

Schier endlos breiten sich die Blumenwiesen zu Füßen der mächtigen Felsen auf der Seiser Alm, der größten Hochalm Europas, aus. Sie umfasst eine Fläche von 52 km^2 zwischen dem Grödner Tal im Norden, dem gewaltigen Gebirgsstock des Schlern im Süden und der Langkofelgruppe im Osten. Rund um das Almgebiet liegen schmucke Orte, von denen aus täglich Tausende von Touristen auf die Hochfläche strömen.

Ganz unbeteiligt am heutigen Bild der Seiser Alm ist der Mensch nicht: Seit Jahrhunderten werden die Bergwiesen gemäht und beweidet, was ganz besonderen Pflanzengesellschaften Raum und Licht gibt. Und so findet man vor allem zwischen Mitte Juni und Mitte Juli eine vielfältige Blütenpracht mit Myriaden emsiger Insekten vor. Die Vielgestaltigkeit der Pflanzenwelt entdeckt man am besten zu Fuß: Das Gebiet ist von einem ausgedehnten Wanderwegenetz überzogen.

Geschützte Natur

Die Seiser Alm hätte ihr bäuerliches Gesicht auch verlieren können, denn mit dem unaufhaltsamen Ansturm von Sommer- und Wintergästen wuchs die touristische Infrastruktur bedrohlich. Gegen anfängliche Widerstände aber wurde

Im Alpenglühen lassen Platt- und Langkofel ihr bleiches Aussehen vergessen

Gucken erlaubt, Pflücken verboten: Der Enzian gehört den Insekten

der Schutz der Natur durchgesetzt. Der **Naturpark Schlern-Rosengarten**, der erste in Südtirol, erstreckt sich über rund 6800 ha und schützt die meisten Weidegebiete. Dazu gehören Flächen der Gemeinden Kastelruth und Völs, die Bergwälder mit eingeschlossen, sowie das Tschamintal. Im Jahr 2003 wurde der Naturpark im Gemeindegebiet von Tiers erweitert und erstreckt sich jetzt auch auf das Rosengartenmassiv. Im Naturpark sind alle Straßen ab Compatsch gesperrt (bis Compatsch starke Einschränkungen). Wer innerhalb des Schutzgebiets Urlaub macht, kann allerdings eine Fahrerlaubnis beantragen.

Doppelt lehrreich

Wenn Sie die Wechselbeziehungen der Natur auf der Alm verstehen wollen, nehmen Sie an einer **geführten Wanderung** teil (April–Anf. Nov.; Info bei den Tourismusvereinen). Mit weniger Zeit ist man im **Naturparkhaus** in Weißlahnbad gut aufgehoben; es widmet sich der hiesigen Geologie und veranstaltet Themennachmittagen für Kinder. Eingerichtet wurde es in der ehemaligen Steger Säge, deren wasserbetriebenes Sägewerk ebenfalls besichtigt werden kann.

Rund um die Alm

Um die Seiser Alm und den Schlern herum ist die Landschaft reich an Kirchen, Burgen, alten Höfen und Spuren menschlicher Besiedlung aus 4000 Jahren. Zur Gemeinde **Kastelruth** gehören zwölf malerische Fraktionen, darunter die ladinischen Orte Pufels, Runggaditsch und Überwasser. Kastelruth ist der Hauptort mit einem verkehrsberuhigten Ortskern, der von stattlichen Häusern gesäumt wird.

Von der auf dem nahen Kofel über einem Römerkastell errichteten Burg (1200) blieb der mächtige Burgfried, in den später zwei Kapellen hineingebaut wurden. Er ist heute Teil einer einzigartigen Kalvarienberganlage. Wahrzeichen des Orts ist der 1756–1758 erbaute Glockenturm. Die Kastelruther Frömmigkeit manifestiert sich u. a. in der größten Fronleichnamsprozession Südtirols (► 12).

Seis, ein Bauernort zwischen drei Burgen, ist heute ein renommierter Fremdenverkehrsort, in dem auch Prominenz vorfährt. Aber ganz gleich, ob Könige, Dirigenten,

Schriftsteller oder Nobelpreisträger – sie alle stehen im Schatten des ortsansässigen »Promis« und Minnesängers Oswald von Wolkenstein (1377–1445). Der war Herr auf Schloss Hauenstein und Besitzer zinspflichtiger Höfe in der Gegend. Hauenstein, die Nachbarburg Salegg und Burg Aichach am Schwarzgriesbach sind auch als Ruinen sehenswert. Lieblich zeigt sich die Kapelle St. Valentin inmitten von Wiesen und Feldern mit einer Fülle von Fresken (14./15. Jh.), darunter *Die Heiligen Drei Könige vor heimischer Landschaft.*

Aus dieser Dorfidylle stammen Südtirols populärste Volksmusiker, die Kastelruther Spatzen

Unter der Santnerspitze (2413 m) liegt **Völs am Schlern** um die Pfarrkirche Zu Unserer Lieben Frau. Hier wird der sanfte Tourismus mit traditionellen Heubädern und Gastronomiewochen gepflegt. Der Oswald-von-Wolkenstein-Ritt Anfang Juni ist ein zweitägiges Spektakel auf Haflingern. Zum Ort gehört **Schloss Prösels**. Aus der Burg von 1279 wurde um 1500 ein schönes Renaissanceschloss mit einem Arkadengang und spätgotischen Fresken. Während

der Sommermonate finden hier Konzerte und Ausstellungen sowie Freilichttheateraufführungen und Hochzeitsfeiern statt.

Die **Hexenbänke auf dem Puflatsch** gelten als Sitzgelegenheiten der durch die Sagen geisternden Schlernhexen. Hintergrund sind Hexenprozesse, denen um 1510 neun Völser Bäuerinnen zum Opfer fielen. Dahinter steckte der Herr von Schloss Prösels, dessen Besitztümer dann 1525 im Bauernkrieg geplündert wurden.

Jahrhundertealte Fresken zieren die Seiser Kirche St. Valentin

KLEINE PAUSE

In der **Dorfschenke** von Kastelruth (Marinzenweg 4, tägl. 7.30–1 Uhr) bekommen Sie einen guten Kaffee, leckeres Eis oder einen warmen Snack.

---

203 F3/F4

Tourismusverband Seiser Alm/Schlerngebiet
Dorfstr. 15, 39050 Völs ☎ 0471 70 96 00; www.seiseralm.it (weitere Informationsstellen im Schlerngebiet: Kastelruth, Seis, Seiser Alm)

Naturparkhaus Schlern-Rosengarten
Weißlahnbad, Tiers ☎ 0471 64 21 96; www.provinz.bz.it/natur/2803
Mitte Juni–Mitte Sept. Di–Sa 9.30–13 u. 14–17.30 Uhr, Juli/Aug. auch So; Sägevorführungen Mi 11, 15 u. 16.30 Uhr frei

Tourismusverein Kastelruth
Krausenplatz 1, 39040 Kastelruth ☎ 0471 70 63 33 ; www.kastelruth.com

Schloss Prösels
☎ 0471 60 10 62; www.schloss-proesels.it Führungen Mai u. Okt. So–Fr 11, 14 u. 15 Uhr, Juni u. Sept. auch 16 Uhr, Juli u. Aug. auch 10 u. 17 Uhr
8 €

BAEDEKER TIPP

- Tradition wird in der seit mindestens 500 Jahren bestehenden **Malenger Mühle** beim Malenger Hof in St. Vigil (Seis) gelebt: Hier wird noch heute Korn gemahlen, zwar mit neuem Wasserrad, innen aber ist alles original erhalten (Infos beim Tourismusverein).
- Um Kunstgegenstände aus den Kirchen und Kapellen des Völser Gemeindegebiets vor Dieben zu sichern, wurden sie im **Pfarrmuseum** in der Michaelskapelle am Kirchplatz zusammengetragen (Führung: Juni–Okt. Fr 11 Uhr).
- Hier fanden 2005 die italienischen Meisterschaften im Minigolfen statt: Die **Minigolfanlage** von Seis mit 18 Bahnen in Traumlage wird von Frühjahr bis Herbst bespielt. Schläger und Bälle erhalten Sie im Café Erika (Schlernstr. 1, Tel. 0471 70 68 78, Fr–Mi 9–20 Uhr).

39 Grödner Tal (Val Gardena, Val Gherdëina)

1856 wurde das Tal durch den Bau der Grödner Straße aus der Abgeschiedenheit geholt. Heute ist das ladinische Grödner Tal mit den Orten St. Ulrich, St. Christina und Wolkenstein der Inbegriff für den Dolomitentourismus.

An der Kreuzung Purgerstraße/Bahnhofstraße in St. Ulrich steht Bürgermeister Johann Baptist Purger (1805–1872) in Bronze. Er ließ die Straße von Waidbruck (➤ 151) ins Grödner Tal bauen, wohin bis dahin nur Höhenwege führten. Über diese Straße kamen dann die Besucher ins Tal und die traditionellen Schnitzkunstwerke in die Welt. Heute hat eine perfekte Tourismusindustrie Berg und Tal fest im Griff. Und doch hat sich das knapp 30 km lange Tal in weiten Teilen seine Natürlichkeit bewahrt. Krönender Abschluss sind der Langkofel und die Sellagruppe.

Skigebiet der Superlative

Die Grödner Pisten locken die Stars des internationalen Skizirkus an und sind für Freizeitsportler echte Herausforderungen. 2005 feierte der FIS Skiweltcup in Gröden und Alta Badia 40-jähriges Bestehen. Bei der Val Gardena Sprint Trophy sprinten Langläufer vor einem Riesenpublikum über die im Zentrum von St. Ulrich aufgebaute Rennstrecke. Und beim Sella-Ronda-Skimarathon, einem Nachtrennen über vier Pässe und 42 km, starten bis zu 300 Zwei-Personen-Teams. Aber auch für durchschnittliche Langläufer ist Gröden mit 98 km Loipen vor fantastischen Kulissen ein Paradies. Der Sommer gehört den Wanderern, Bergsteigern und den Mountanbikern. Festtag

SKULPTUREN AUS EIS

In St. Ulrich »schnitzen« Studenten der Kunstschule St. Ulrich und der Landesberufsschule für Kunsthandwerk im Januar Eisskulpturen. Die Wolkensteiner arbeiten ihre Schneefiguren schon im Dezember aus 3 × 3 × 3 m großen Klötzen. Wie lange die glitzernde Pracht auf den Plätzen bleibt, entscheidet einzig das Wetter.

für Letztere ist der Sella-Ronda-Bike-Day im Juli, bei dem alle Dolomitenpässe für Autos gesperrt sind.

Grödner Orte

St. Ulrich (Ortisei, Urtijëi) liegt in einer Talmulde unterhalb der Seiser Alm auf 1236 m. Dem hier geborenen Regisseur und Schriftsteller Luis Trenker (► 11) wurde neben der alten Lokomotive der Grödner Bahn ein Denkmal gesetzt. Die Fußgängerzone ist Treffpunkt und Einkaufsmeile. Seceda und Seiser Alm werden über die Kabinenumlaufbahn erreicht.

Erst wird geschnitzt, dann vergoldet

Weltberühmt sind die **Holzschnitzer des Grödner Tals**, deren Kunst bis ins 17. Jh. zurückreicht. Aus den zunächst aus der Not heraus geschnitzten Gegenständen für den täglichen Gebrauch wurden im Lauf der Zeit kunstvoll geschnitzte Kruzifixe und Heiligenfiguren. Heute wird auch mit Maschinen gearbeitet. Handarbeiten erkennen Sie an einer Schutzmarke und einem Zertifikat. Eine ständige Ausstellung von Schnitzkunst ist im Kongresshaus zu sehen. Das Grödner Heimatmuseum ist in der Cësa di Ladins untergebracht. Dort erhalten Sie einen Überblick über die Holzschnitzkunst, die Kultur des Tals sowie über Mineralien, Fossilien und prähistorische Funde.

In **St. Christina** (Santa Cristina Valgardena, S. Crestina Gherdëina; 1428 m) ist die bäuerliche Vergangenheit im Ortskern trotz moderner Hotels noch zu erkennen. Hier starten die Lifte hinauf zum Monte Pana, zur Station Ciampinoi, zum Col Raiser und zur Seceda. Die Fischburg am Fuß des Langkofels, scheinbar wehrhaft und doch ein Renaissance-Jagdschloss, ist in Privatbesitz und ein beliebtes Fotomotiv. Das umtriebige Wintersportzentrum **Wolkenstein** (Selva, Sëlva; 1563 m) besteht aus den Ortsteilen Plan und Plan de Gralba, die von Sellastock und Langkofel eingerahmt werden.

ABSEITS DER TOURISTENWEGE

Der Kreuzweg unterhalb der Stevia-Wände führt von der Wolkensteiner Fraktion Daunëi zur **Kapelle des hl. Silvester** im Langental. Einheimische Künstler haben die 14 Stationen der Passion Christi in Baumstämme gehauen.

Die Hofidylle in St. Jakob ist ein Beispiel für bäuerliches Bauen

KLEINE PAUSE

Im Restaurant **L'Fudle** (Dursanstr. 86, St. Christina, tägl. 12–14/17.30–24 Uhr) haben Sie die Möglichkeit, schnell und lecker etwas gegen den kleinen und auch den großen Hunger zu tun.

---

204 B3

Tourismusverband Gröden
Dursanstr. 80 c, 39047 St. Christina, Infobüro auch in Wolkenstein
0471 77 77 77; www.valgardena.it

Kongresshaus
Am Kirchplatz, St. Ulrich 0471 79 63 28 tägl. 9–22 Uhr frei

Talmuseum Cësa di Ladins
Reziastr. 83, St. Ulrich 0471 79 75 54 Mo–Fr 10–12 u. 14–18, Sa u. So vormittags geschl., Juni, Sept. u. Okt. Mo–Fr 10–12 u. 14–18, Weihnachten–Ostern Do 10–12 u. Fr 14–17 Uhr 7 €

BAEDEKER TIPP

- 1960 wurde die Eisenbahnlinie durch das Grödner Tal stillgelegt. Die alte Bahntrasse wurde zu einem Wanderweg, über den auf dem Abschnitt bei St. Christina ein **Planetenweg** führt. Sie können dort als 300 000 km/Sek. schnelles Lichtteilchen die Strecke von der Sonne zum Pluto (3168 m Luftlinie) durchwandern – maßstabsgetreu und in 50 Minuten.
- Die **Steinerne Stadt**, das Trümmerfeld am Fuße des Langkofels, lädt zum Versteckspielen und Klettern ein – ideal für eine Familienwanderung.

40 Hochabteital (Alta Badia, Badia)

Im Hochabteital lebt die ladinische Kultur, werden Sprache, Sitten und die traditionelle Küche bis heute gepflegt. Die Hauptorte Corvara, Kolfuschg, Stern, St. Kassian, Predratsches und Wengen haben sich zum familienfreundlichen Skigebiet Alta Badia im »Herzen der Dolomiten« zusammengeschlossen.

Vom Sella blickt man ins Mittagstal

Im Hochabteital erschließen 50 Aufstiegsanlagen (offen bis Anfang April) 500 km Pisten. Der eigentlichen Clou aber ist die Einbindung in das Netz von »Dolomiti Superski« , das 1220 km Pisten mit 460 Aufstiegsanlagen und einer Beförderungskapazität von 620 000 Menschen pro Stunde miteinander verknüpft. Ganzjährig bleiben die Gondelbahn Kolfuschg, die Lifte zur Sella Ronda und zum Marmolada-Gletscher in Betrieb. Touristische Schwergewichte sind die Orte **Corvara** und **Kolfuschg** (Colfosco, Calfosch), mit

ETWAS WEITER WEG

Die Stellungen und das Museum auf dem **Monte Lagazuoi** (✚ 205 D3) am Falzaregopass, auf halbem Weg (15 km) zwischen St. Kassian und Cortina d'Ampezzo gelegen, bezeugen die schweren Kämpfe an der **Dolomitenfront während des Ersten Weltkriegs** (Seilbahn vom Pass zum Gipfel Mai–Okt. 9–17 Uhr alle 15 Min.; Führungen nach Voranmeldung: Alpenführer von Cortina, Tel. 0436 86 85 05).

SELLA RONDA
Die Umrundung des Bergmassivs der Sella hat als **Skitour** begonnen. Heute wird der Gebirgsstock auch von **Mountainbikern** umfahren. Überquert werden dabei die Pässe Grödner Joch, Sellajoch, Pordoijoch und der Campolongo-Sattel.

Das Gebiet rund ums Sellamassiv ist ein Dorado für Mountainbiker

1645 m die höchste Siedlung Alta Badias, die von der Sellagruppe und dem Sassongher Berg (2665 m) flankiert wird. Dabei kommt Corvara die Auszeichnung zu, Wiege des italienischen Wintertourismus zu sein. Schon im 18. Jh. bestiegen Jugendliche hier die Berge und führten »Fremde« herum. Weiter nördlich liegt **Stern** (La Villa, La Ila) um Kirche und Burg an einer Kreuzung, von der aus Sie geradeaus nach **Pedratsches** (Pedraces) und ins untere Gadertal (► 129) gelangen. Wenn Sie nach rechts abbiegen, kommen Sie nach **St. Kassian** (San Cassiano, San Ciascian) am Fuß der mächtigen Felswände des Conturines. Der Ort mit mehreren Vier-Sterne-Hotels ist ein perfektes Domizil für Skilangläufer.

KLEINE PAUSE

Zu ladinischen Gerichten gibt es im Hotel **Luianta** (Peceistr. 31, Kolfuschg, Dez.–Ostern 12–22 Uhr, 3. Juniwoche bis Mitte Sept. tägl. 12–15/19–21.30 Uhr) donnerstags Musik.

---

204 C3

Tourismusverband Alta Badia
Col-Alt-Str. 36, 39033 Corvara, Infobüros auch in den anderen Dörfern
0471 83 61 76; www.altabadia.org

BAEDEKER TIPP

- Zur Mordsgaudi geraten die **Heuschlittenrennen** (Tourismusverein Kolfuschg, Tel. 0471 83 61 45) im Januar und Februar. Während die Schlitten zu Tal sausen, wärmen Sie sich an einem Becher Punsch oder Glühwein.
- Schauen Sie sich eine mit Lichteffekten und Musik aufgepeppte **Ski-Show** der Ski-Schulen Alta Badia (Tel. 0471 83 61 26) an, die schnell akrobatische Qualitäten entwickelt. Und ganz nebenbei lernen Sie alles über die neuesten Skitechniken.
- Die Entdeckung der **Conturines-Höhle** mit den fossilen Resten von Bären Ende der 1980er-Jahre war eine Sensation. Bei einer Führung zur **Fundstelle des Ursus Ladinicus** (Tourismusverein St. Kassian, Tel. 0471 84 94 22) erfahren Sie viel Wissenswertes über den Bären, der hier vor ca. 60 000 Jahren lebte.

Nach Lust und Laune!

41 Aldein & Radein (Aldino & Redagno)

Reizvoll ist die Annäherung an die Dolomiten über den Höhenzug des Regglbergs mit den Bergdörfern Aldein und Radein. Die Hügellandschaft wird von der südlichsten Dolomitenspitze, dem Weißhorn (2316 m), überragt. Dort entspringt der Bletterbach und fräst seit 15 000 Jahren auf 8 km Länge ein erdgeschichtliches Schaufenster ins Gestein. Über Bozner Quarzporphyr liegt Grödner Sandstein, der es in sich hat: Dino-Spuren und Pflanzenabdrücke. Die jüngste Schicht bildet Sarl-Dolomit (240 Mio. Jahre) aus einem tropischen Meer, heute als Gipfel des Weißhorns sichtbar. Die spannende Erdgeschichte wurde in unterschiedlicher Weise erfahrbar gemacht: Im **Radeiner Geomuseum** finden Sie Dino-Spuren und Fossilien. Das Besucherzentrum des **Geoparc Bletterbach** ist hingegen in Aldein zu Hause. Faszinierend – nicht nur für kleine Entdecker – ist auch eine Wanderung entlang des Bachs auf dem **Geo-Weg**, der mit 16 Info-Tafeln bestückt ist. Wer mehr wissen will, lässt sich führen. Gestartet wird beim Besucherzentrum oder beim Geomuseum.

203 D2

Tourismusverein Aldein/Radein
Dorf 34, 39040 Aldein 0471 88 68 00; www.aldein-radein.it

Von lebendiger Frömmigkeit zeugen die Votivtafeln in Maria Weißenstein

Besucherzentrum Geoparc
Lerch 40, Aldein 0471 88 69 46; www.bletterbach.info Ostern–Okt. tägl. 9.30–18 Uhr; Geo-Wegführungen (3 Std.) Ende April–Anfang Nov. Di, Do u. So 10.30 Uhr, Mitte Juli–Mitte Sept. tägl. (Anmeldung im Besucherzentrum) 5 €, mit Führung 12 €

Geomuseum Radein
Peter-Rossegger-Haus, Oberradein Mai–Okt. Mi, Sa u. So 16–18 Uhr, Aug. tägl. 11–12 u. 16–18 Uhr; Geo-Wegführungen (4 Std.) Mitte Mai–Nov. Mi 9.30 Uhr, Juli–Aug. auch So 9.30 Uhr (Anmeldung im Besucherzentrum) 2 €

42 Deutschnofen (Nova Ponente)

Am Weg von Aldein nach Deutschnofen liegt der Wallfahrtsort **Maria Weißenstein**, Südtirols

bedeutendste Pilgerstätte mit zahllosen Votivtafeln im Kloster. Die Deckenfresken der Barockkirche stammen von Joseph Adam Mölk. In Deutschnofen begeistert der weite Blick vom Hochplateau auf die Gebirgsketten. Östlich des Orts birgt das Hügelkirchlein **St. Helena** einen Schatz gotischer Fresken mit Heiligendarstellungen.
203 D3

Tourismusverein Eggental/Deutschnofen/Obereggen
Dorf 9 a, 39050 Deutschnofen
0471 61 65 67; www.eggental.com

Wallfahrtskirche Maria Weißenstein
0471 61 51 24; www.weissenstein.it
tägl. 7.30–19 Uhr

St. Helena
falls geschl., Schlüssel beim benachbarten Kreuzhof (Tel. 0471 61 01 71) holen

43 Welschnofen (Nova Levante)
Der Ferienort im Eggental an der Großen Dolomitenstraße, unmittelbar unter dem Rosengarten, ist ladinischen Ursprungs. Im nahen Karersee spiegeln sich die Türme des Latemar (2846 m). Der Lieblingsweg von Kaiserin Elisabeth am See ist ausgeschildert. Wo heute einige der schönsten Dolomitenwanderungen beginnen, herrschte der Sage nach einst der Zwergenkönig

Unfassbar schön: das Reich des Zwergenkönigs, das sich im Karersee spiegelt

Laurin, dessen blühender Rosengarten von Dietrich von Bern und seinen Männern zerstört wurde.
203 E3

Tourismusverein Welschnofen und Karersee
Karerseestr. 21, 39056 Welschnofen
0471 61 31 26; www.welschnofen.com

44 Tierser Tal (Val di Tires)
Als Refugium für Gämsen, Steinadler und seltene Bergpflanzen hat sich das Tierser Tal im Naturpark Schlern-Rosengarten erhalten. Es ist über einen Abzweig kurz vor dem Karerpass, dann am Rosengarten entlang und über den Nigerpass anzufahren oder alternativ von Völs aus. Für Kletterer sind die Steige auf die **Vajoletttürme** und zur **Laurinswand** Höhepunkte.
203 E3

Tourismusverein Tiers
St.-Georg-Str. 38, 39050 Tiers
0471 64 21 27; www.tiers-rosengarten.com

45 St. Leonhard (San Linert)
Rot färbt sich der **Kreuzkofel** über dem Ort bei Sonnenuntergang. Das Dorf ist eine von 15 Siedlungen des ladinischen Gadertals und gehört zur Gemeinde Abtei. Dem

hl. Leonhard, Patron der Fuhrleute und der Bauern, ist die Pfarrkirche gewidmet. Bekannter noch ist das Kirchlein Hl. Kreuz (2045 m) von 1484, zu dem Pilger strömen – über markierte Wanderwege oder mit dem Lift.

✚ 204 C4

Tourismusverein Stern, St. Kassian und Pedratsches
✉ Colzstr. 75, 39030 Stern ☎ 0471 84 70 37; www.altabadia.org

46 St. Martin in Thurn (San Martino in Badia, San Martin de Tor)

Zauberhaft liegt der Handwerker- und Bauernort im Tal unter der Geislergruppe. Mit dem ladinischen Kulturinstitut Micurà de Rü und dem ladinischen Landesmuseum Ciastel de Tor (Museum Ladin) in **Schloss Thurn** arbeiten hier zwei wichtige Kulturzentren. Hinter den Schlossmauern (12. Jh.) werden die Besiedelungs- und Herrschaftsgeschichte Ladiniens sowie das Kunsthandwerk multimedial präsentiert.

✚ 204 C4

Tourismusverein St. Martin in Thurn
✉ Dorf 10, 39030 St. Martin in Thurn
☎ 0474 52 31 75; www.sanmartin.it

Museum Ladin/ Schloss Thurn
✉ Torstr. 72, St. Martin in Thurn
☎ 0474 52 40 20; www.museumladin.it
🕐 Di–Sa 10–18, So 14–18 Uhr, im Aug. auch Mo ✋ 8 €

47 Untermoi (Antermoia)

Untermoi am Fuße des Peitlerkofels ist ein idyllischer Weiler mit einer Seltenheit, dem **Bauernbad Valdaner**. Das schwefel- und eisenhaltige Heilwasser sprudelt aus einer Tropfsteinhöhle und hilft gegen Knochen- und Hauterkrankungen. Wie ein Freilichtmuseum wirkt der zu St. Martin gehörende Weiler Kampill mit dem **»Mühlental«**. Der Lehrpfad mit acht Mühlen ist etwa 1,5 km lang und berührt die Weiler Seres und

ABSEITS DER TOURISTENWEGE
In dem zu St. Martin gehörenden Weiler Oies wird das Geburtshaus des **Josef Freinademetz** zum Ort der Erinnerung an einen Mann, der als Missionar in China wirkte und dessen Bild in den Zimmern der Menschen hängt. Er starb 1908 an Fleckfieber und wurde 2003 heilig gesprochen.

Von oben nach unten: Die ladinische Kultur hat in Schloss Thurn ein Zentrum gefunden; alte Zeugnisse werden in der Museumsburg multimedial ergänzt

Die Heuernte ist ein mühseliges Unterfangen

Miscì, die ursprünglichsten Bauernsiedlungen des Gadertals. Das Mühlenfest wird im August gefeiert.
204 C4

Gasthof Bad Valdaner
✉ Untermoi 9 ☎ 0474 52 00 05

48 Enneberg & St. Vigil (Marebbe & San Vigilio, Marèo & Al Plan de Mareo)

Da sie einst schwer zugänglich waren, hat sich in den Weilern der Gemeinde Enneberg die ladinische Lebensweise gut erhalten. Hier hören Sie noch heute das *Bon dé* als Willkommensgruß, wenngleich St. Vigil – mit Lift zum Kronplatz (➤ 164) – längst Touristenhochburg ist. Ruhiger geht es in Enneberg mit der ältesten Kirche des Gadertals zu, die im Barock prachtvoll ausgemalt wurde. Von Welschellen (Rina) am Sonnenhang des Col dla Vedla haben Sie einen tollen Panoramablick. Direkt hinter St.Vigil öffnet sich der **Naturpark Fanes-Sennes-Prags** mit Wander- und Mountainbikewegen und dennoch ungestörten Lebensräumen für Murmeltiere, Steinböcke und Adler. Im **Naturparkhaus** werden Sie von einer Skulptur begrüßt, die vom Schädel des Höhlenbären von Conturines (➤ 126) inspiriert ist. Auf drei Etagen wird der Bogen von den Fossilien bis zu den Säugetieren gespannt. Die didaktische Aufbereitung ist aufwendig.
205 D4/5

LEBEN IN DEN »VILES«

Römische und alpenländische Lebensweise fließen in den »Viles« genannten Weilern zusammen, in denen sich die typische Siedlungsart des Gadertals erhalten hat: Jede Familie besitzt zwei getrennte Gebäude: eines mit der Wohnung über Werkstatt und Speisekammer, das zweite mit dem Heuschober über dem Stall. Gemeinsam genutzt werden Pfade, Plätze, Brunnen, Tränken sowie die Backöfen. Auch werden viele Arbeiten gemeinsam ausgeführt.

Tourismusverein St. Vigil
✉ Catarina-Lanz-Str. 14, 39030 St. Vigil
☎ 0474 50 10 37, Fax 0474 50 15 66;
www.sanvigilio.com

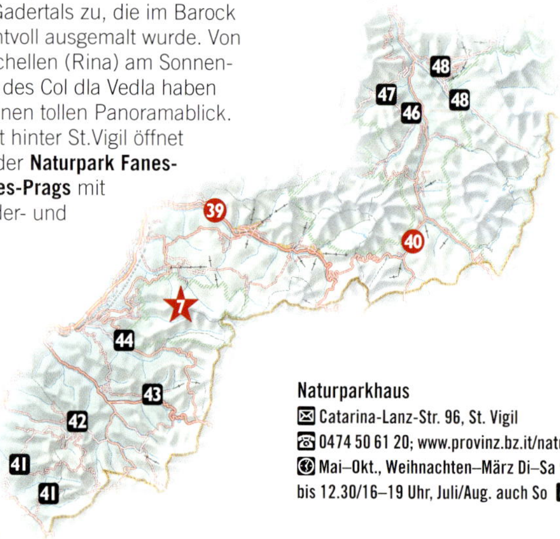

Naturparkhaus
✉ Catarina-Lanz-Str. 96, St. Vigil
☎ 0474 50 61 20; www.provinz.bz.it/natur
Mai–Okt., Weihnachten–März Di–Sa 9.30 bis 12.30/16–19 Uhr, Juli/Aug. auch So frei

Wohin zum ... Übernachten?

Preise
für ein Doppelzimmer pro Nacht:
€ unter 50 € **€€** 50–125 € **€€€** über 125 €

SEISER ALM

Rosslaufhof €€
Das Hotel ist eine Oase der Ruhe; es liegt acht Gehminuten vom Dorfzentrum von Kastelruth entfernt am Sonnenhang. Es bietet freien Blick zum Schlern und auf den unterhalb des Hofs liegenden Ort. Die Zimmer sind komfortabel, das landestypische Essen ist gut und zum Abschalten nutzen Sie das Hallenschwimmbad mit Jetstromanlage, Whirl Pool, Sauna und Dampfbad.
204 A3 Marinzenweg 37, 39040 Kastelruth 0471 70 66 16; www.rosslauf hof.com

GRÖDNER TAL

Dolomiti Hotel Dosses €€–€€€
Exklusiv ist Dosses Vitalwelt, mit schönem Garten, Freibad (28°C) und Wellnessoase. Der aufmerksame Service passt zur Philosophie des Hauses: »Lassen Sie sich einfach fallen, wir fangen Sie auf!« Auf Wunsch wird die feine Küche durch Vollwertkost oder vegetarische Speisen ergänzt. Im Fitnesspavillon mit Turn-, Cardio- und Gerätebereich holen Sie leicht nach, was Sie auf der Piste versäumt haben.
204 B3 Dursanstr. 115, 39047 St. Christina 0471 79 33 26; www.dosses.it

Pension Muliac €€
Helle, freundliche Zimmer in einem gepflegten Haus mit Balkonen und Aussicht. Das Frühstücksbüfett ist so reichhaltig, dass Sie danach genügend Energie für den Start in einen Tag auf der nahen Sella Ronda haben. Die Menüs mit wechselnden regionalen und internationalen Akzenten sind lecker.
204 B3 Planstr. 57, 39048 Wolkenstein 0471 77 31 52; www.muliac.com

Pension Vernel €€
Die ganzjährig geöffnete Pension liegt zentral im alten Dorfkern auf der Sonnenseite von St. Christina mit Blick auf Langkofel und Sellastock. Alle Zimmer haben Balkon. Es gibt auch Apartments mit Kochnische und Bad. Zum Haus gehört ein Schnitzer, dem Sie bei der Arbeit zusehen können.
204 B3 Valstr. 49, 39047 St. Christina 0471 79 68 06; www.vernel.bz

HOCHABTEITAL

Apartments Pontin €€
Den Wagen können Sie auf dem Privatparkplatz stehen lassen, denn der Einstieg zum »Dolomiti-Superski« ist nur 50 m entfernt. Die Apartments im Tiroler Stil sind mit Telefon, Farbfernseher, Spülmaschine, Kühlschrank und Balkon ausgestattet. Und für Ihre Skier gibt es einen beheizten Skiraum.
204 C Soràstr. 4, 39030 Kolfuschg 0471 83 60 96; www.pontin.it

Hotel Armentarola €€€
Im Winter haben Sie über den Hotellift den direkten Einstieg ins »Dolomiti-Superski«-Netz. Gegessen wird in behaglichen Stuben oder auf der Sonnenterrasse. Die frischen Zutaten stammen im Sommer großenteils aus dem

hauseigenen Garten. Hotelgäste spielen beim Golfclub Hochabtei zu ermäßigten Preisen, Tennis auf den Hotelplätzen ist kostenlos.
205 D3 39030 St. Kassian
0471 84 95 22; www.armentarola.com

Residence Clara €–€€
Die neu erbaute Ferienwohnanlage ist nüchtern-zweckmäßig. Die 15 Apartments sind unterschiedlich groß, verfügen über zwei bis sieben Betten und sind in Naturholz eingerichtet. Zur Ausstattung gehören Geschirrspüler, Safe, Telefon, TV und Radio. Mit privater Skibus-Verbindung.
204 C3 Colzstr. 18, 39030 Stern
0471 84 70 21; www.residence-clara.com

GADERTAL

Hotel Majarëi €€
Beim kürzlichen Umbau des am Ortsrand liegenden ruhigen Hauses wurde an alles gedacht, selbst an den Internetanschluss auf den Zimmern und den Skiabstellraum mit Schuhtrockner. Für Kinder gibt es einen Spielplatz und ein Spielzimmer. In der engagierten Küche wird großer Wert auf frische Produkte aus der Region gelegt, die auf Wunsch auch diätgerecht serviert werden.
205 D4 Al-Plan-dessora-Str. 33, 39030 St. Vigil in Ennenberg 0474 50 12 26; www.majarei.it

TIERSER TAL

Tschafonhütte €
Großen Komfort oder gar Luxus darf man nicht erwarten. Dafür kann eine Nacht in den weißbezogenen Betten der Tschafonhütte bei flackerndem Kerzenlicht kaum romantischer sein. Die private Berghütte liegt auf 1737 m unterhalb der Völseggspitze und ist in zwei Stunden zu Fuß von Tiers zu erreichen. Aufgetischt wird gute Südtiroler Hausmannskost mit viel Gemüse und frischen Salaten.
203 E3 39050 Tiers 0471 64 20 58
Anfang April–Anfang. Nov. geöffnet

Wohin zum ... Essen und Trinken?

Preise
Die Angaben gelten pro Person für ein Essen ohne Getränke.
€ unter 10 € **€€** 10–20 € **€€€** über 20 €

SEISER ALM

Ritterhof €€
Ritterlich ist der Stil und so erwarten Sie Ritterspieß oder Ritter Leos Zaubertopf. Im übrigen wird leidenschaftlich »genudelt« und regionale Feinschmeckerküche mediterran variiert oder als kalorienarme Vitalküche gepflegt. Die Desserts sind auch für heutige Burgfräuleins verführerisch. Im Blauen Stübele und auf der Terrasse mit Schlern-Blick gibt es nachmittags ofenwarmen Strudel.
203 E4 Schlernstr. 37, 39040 Seis am Schlern 0471 70 65 22; www.ritterhof.com
Dez.–Ostern, Ende Mai–Okt. Di–So 12–14 u. 18 bis 21 Uhr

Tschötscherhof €–€€
Frischer können die Salate und Gemüse gar nicht in die Küche kommen als beim mehr als 500 Jahre alten Tschötscherhof. Er liegt fernab vom Straßenlärm in einem Sonnen-

winkel. Sie erwartet ein deftiges Essen in einer der beiden bäuerlichen Stuben oder auf der Terrasse. Und wenn Sie mehr über das Leben der Bergbauern erfahren wollen: Zum Hof gehört ein Bauernmuseum.
203 E4 St. Oswald 19, 39040 Seis am Schlern 0471 70 60 13; www.tschoetscherhof.com März–Nov. Do–Di 11.30–14 u. 17.30–20.30 Uhr

GRÖDNER TAL

Anna Stuben €€–€€€
Köstliche Gerichte hält das ausgewiesene Gourmetrestaurant für Sie bereit. Es gehört zum luxuriösen Wellnesshotel Gardena Grödnerhof, das inmitten einer Gartenlandschaft im Zentrum von St. Ulrich liegt. Zur Qualität passt das Ambiente: holzgetäfelte Stuben mit Kachelöfen, von denen einer schöner ist als der andere.
204 B3 Vidalongstr. 3, 39046 St. Ulrich 0471 79 63 15; www.gardena.it Dez.–Mitte April, Ende Mai–Mitte Okt. Di–So 19–23 Uhr

Cendevaves €€–€€€
Auf der Sonnenterrasse die exquisite Speisefolge einer Spitzengastronomie und zugleich den Blick auf die Langkofelgruppe genießen, das geht in diesem Hotelrestaurant am Hochplateau von Monte Pana. Natürlich fehlt es auch nicht an erlesenen Weinen.
204 B3 Monte Pana 44, 39047 St. Christina 0471 79 20 62; www.cendevaves.it Anfang Dez.–Ostern, Juni–Anfang Okt. tägl. 12–14.15 u. 19–20 Uhr

Restaurant Pizzeria Sal Fëur €–€€
In diesem Haus mit Weinstube, Caféstube, Restaurant und Pizzeria im Zentrum von Wolkenstein gleich neben der Kirche sind Sie immer richtig. Gekocht wird traditionell, gegessen drinnen und draußen. Wenn Sie die 300 Weinsorten im Keller besser kennenlernen wollen, rufen Sie vorher kurz an.
204 B3 Puezstr. 6, 39048 Wolkenstein 0471 77 31 53; www.salfeur.com Dez.–April, Juni–Okt. Di–So 12–14.30 u. 18–22 Uhr, Weihnachten–Ostern, Aug./Sept. tägl.

Terrazza €–€€
Hier kann es schon mal laut werden, wenn Gruppen in die Pizzeria strömen. Aber dafür haben Sie auch schnell Kontakt und fast noch schneller Ihr Essen auf dem Tisch: einheimische und Tiroler Spezialitäten und ein preiswertes Tagesmenü.
204 B3 Snetonstr. 9, 39046 St. Ulrich 0471 79 63 66 Dez.–März, Juni–Sept. Fr–Mi 11.30–14.30 u. 17–23.30 Uhr

HOCHABTEITAL

La Siriola €€€
Die magische Nachtigall aus der Fanes-Legende hat sich der Chef und Sommelier Stefan Wiesner als Namensgeberin für sein Restaurant in elegantem Ambiente gewählt, das zur Oberliga der italienischen Gastronomie zählt. Gekocht wird nach ladinischer und Tiroler Tradition. Der Weinkeller mit rund 33 000 Flaschen ist berühmt.
205 D3 Armentarola in Pre de Vi 31, 39030 St. Kassian 0471 84 94 45; www.siriolagroup.it Dez.–Ostern, Mitte Juni–Sept. Di–So 19–22 Uhr, Aug. auch 12.30–14 Uhr

St. Hubertus €€€
Hinter diesem Michelin-Sterne-Restaurant steht heute der Name Norbert Niederkoffler. In den Dolomiten geboren, hat er nach Jahren in den ersten Häusern der Welt nach Hause zurückgefunden und führt die Küche nach dem Motto »Die schönsten Dinge im Leben sind die einfachen Dinge«. So kann der vakuumgegarte Hirschrücken auf Sellerie-Mandel-Creme und Pfifferlingen zum schönsten Moment Ihres Urlaubs werden.
205 D3 Hotel & Spa Rosa Alpina, Micura-de-Rü-Str. 20, 39030 St. Kassian 0471 84 95 00; www.rosalpina.it Anfang Dez.–Ostern, Ende Juni–Mitte Sept. Mi–Mo 19.30–21 Uhr

Wohin zum … Einkaufen?

Die große Zahl von Schnitzwerkstätten hat eine Vielzahl unterschiedlicher Stile hervorgebracht. Seniormeister Luis Tinderla gehört zu den Bildhauern, die sich um die Weiterentwicklung religiöser Themen kümmern. Daneben werden in der **Senoner Tinderla KG** (Reziastr. 162, St. Ulrich, Tel. 0471 79 65 51) Alltagsmotive angeboten.

Inspiriert von Reisen durch Europa, Amerika und Asien, sucht **Carl Moroder** (Reziastr. 204, St. Ulrich, Tel. 0471 79 61 87) in seinen Arbeiten das »Schöne« und »Elegante« und interpretiert Bilder des Wiener Jugendstilmalers Gustav Klimt.

Klassische Holzschnitzereien wie Krippen, Weihwassergefäße und Engelsköpfe, dazu aber auch Profanes wie Tiere und selbst Werbeartikel kommen aus der Werkstatt von **Willi Bernardi & C.** (Handwerkerzone Pontives 37/L, Lajen/St. Ulrich, Tel. 0471 79 76 15).

Seit Generationen schafft die ladinische Familie **Franz Comploj** (Reziastr. 181, St. Ulrich, Tel. 0471 79 62 72) sakrale und profane Holzschnitzkunstwerke. Diese bleiben naturbelassen oder werden gebeizt, bemalt oder vergoldet.

Auf eine moderne Linie spezialisiert haben sich 1990 unter dem Markennamen **ROWI** zwei Bildhauermeister (Mëisules Str. 56, Wolkenstein, Tel. 0471 79 45 69). Mit ihren eigenwilligen Entwürfen unterscheiden sie sich von anderen Betrieben. Parallel dazu gibt es auch die traditionellen Schnitzereien.

Bewusst naiv gestaltet sind die Krippen, Schachspiele und Sternzeichen, die der Schnitzereibetrieb **ARMO** (Pontives 37 e, St. Ulrich, Tel. 0471 79 64 53) anbietet.

Wohin zum … Ausgehen?

Auch wenn Sie sich keine Flügel zulegen wollen, sollten Sie bei Süd- und leichtem Nordwind zum Spitzbühel auf der Seiser Alm gehen. Dort starten die **Paraglider und Drachenflieger** zu Rundflügen über die Seiser Alm, den Schlern, den Puflatsch, aber auch über den Rosengarten und das Grödner Tal (Tourismusverband Seiser Alm/ Schlerngebiet, Tel. 0471 70 96 00). Im Herbst wird vom Col Rodella (Sellajoch) gestartet. Ziele sind u. a. Sellastock, Belvedere sowie Lang- und Plattkofel. Im Grödner Tal sind die Bergstationen der Bahnen zur Seceda, Ciampinoi, Mont Sëura, Raschötz oder zur Seiser Alm beliebte Startplätze. **Tandemflüge** mit geprüften Piloten vermittelt der Gleitschirmverein **FLY 2** (Tel. 335 5 71 65 00) oder der **Parapendio-Club Ghërdeina** (Tel. 339 6 70 96 59).

Ruhiger erleben Sie die Bergwelt beim **Pferdetrekking** (Reitschule Pozzamanigoni in Wolkenstein, Tel. 0471 79 41 38). Reitmöglichkeiten gibt es auch im Country Club S. Durich (Tel. 0471 79 69 04) in St. Ulrich. Für die Seiser Alm sind der Oberlanzinerhof (Tel. 0471 70 65 75) in Telfen und der Hofer Hof (Tel. 0471 70 70 14) in Tisens gute Adressen.

In Kastelruth finden Sie im **Freibad** (Tel. 0471 70 50 90, Mitte Mai–Mitte Sept. tägl. 9–21 Uhr) in der Sportzone Telfen Abkühlung. Skifahrer und Snowboarder lernen die Alm bei den **»Skitour Hexen«** (Tourismusverband Seiser Alm/ Schlerngebiet, Tel. 0471 70 96 00) auf besondere Weise kennen. Mitfahrende Hexen erzählen ihre Geschichten, anschließend steigt ein Hüttenzauber.

Eisacktal und Wipptal

Kleine Erlebnisse

Stopp am Brenner

Runter vom Gas und von der Autobahn! Ergattern Sie *bella moda* zum Schnäppchenpreis im **Designer Outlet Brenner** (► 156).

Torte mit Aussicht

Halten Sie oben auf dem **Jaufenpass** (► 149) inne und genießen Sie bei herrlicher Aussicht Kaffee und selbst gebackenen Kuchen.

Heiße Kastanien am Wegesrand

Törggelen kann man auch unterwegs. Von **Feldthurns** (► 149) bis zum Ritten reiht sich ein Kastanienhain an den anderen.

Erste Orientierung

Das Leben im Eisacktal verläuft auf drei Etagen. Durch die Talenge rauscht der Verkehr, umflutet Städte und Dörfer. Die Mittellagen beiderseits des Flusses sind uraltes Bauernland wie die Täler, die zu ihnen hinaufführen. Und über allem schimmern die Schneegipfel und Gletscher, teils unberührte Naturreservate, teils Wintersportgebiete.

Die Wurzeln der Orte an dem uralten Handels- und Militärweg reichen oft bis zu den Römern zurück. Mittelalterlich geprägt, mit malerischen Lauben in autofreien Altstädten, sind die Fuggerstadt Sterzing, die Bischofsstadt Brixen und die Zollstelle Klausen. Sie besitzen wertvolle Kunstsammlungen.

Die Menschen im Eisacktal pflegen eine feine Lebensart zwischen Tradition und Modernität. Trotz der Wunden, die Bahn, Autobahn und Staatsstraße in Tal und Hänge geschlagen haben, überwiegt noch die Idylle. Die Hänge gehören dem Wein, die Felssporne den Burgen und Kirchlein. Auf den Hochterrassen reifen Äpfel und Esskastanien. Und hoch oben reflektieren die Gipfel der Sarntaler Alpen und der Dolomiten die Sonne selbst dann noch, wenn es im Tal schon dämmrig wird.

Zwei Kuppeltürme überragen den Brixener Dom

TOP 10

Nicht verpassen!

Das bäuerliche Villnösser Tal zählt zu den stillen Wanderparadiesen

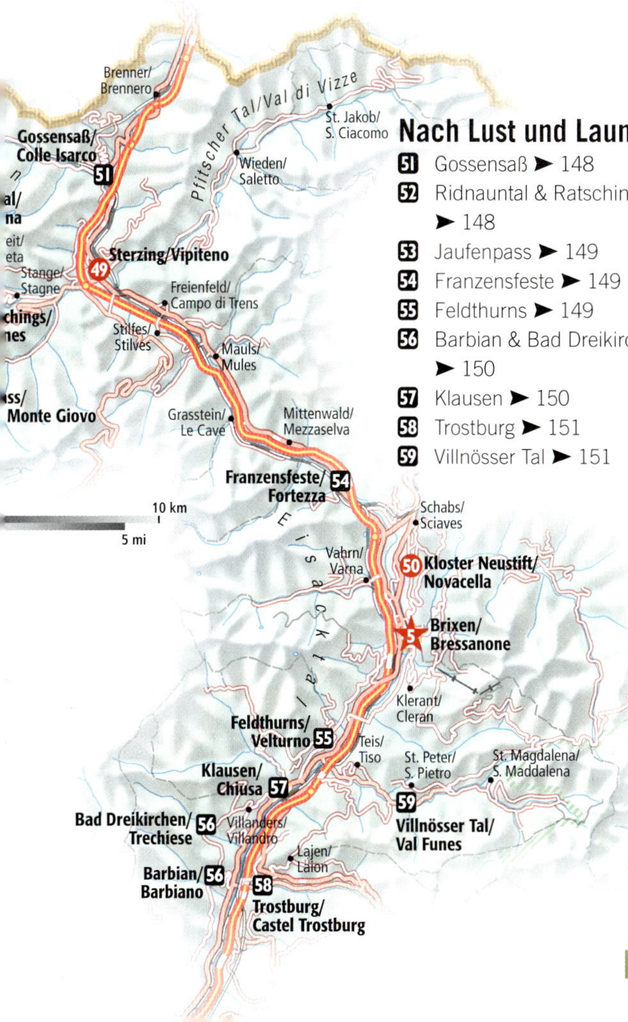

Nach Lust und Laune!

In zwei Tagen

Abseits der Autobahn hat das Eisacktal viel zu bieten: Sie bummeln auf dieser Tour in Sterzing und Brixen durch mittelalterliche Laubengänge, besuchen ein prächtiges und ein frommes Kloster und erleben eine Bilderbuchburg, Weinberge, Obstgärten und Kastanienhaine.

Erster Tag

Vormittags

In anderthalb Stunden lässt sich **49 Sterzing** (➤ 143) durchbummeln: vom Brixener Tor aus die laubengesäumte Straße hinauf durch den Zwölferturm zur Heiliggeist-Spitalkirche und auf der anderen Straßenseite zurück. Dann geht es mit einem Halt am Stadtmuseum Richtung Burg Reifenstein (➤ 145). Nach der einstündigen Führung wechseln Sie die Talseite, um zur Wallfahrtskirche Maria Trens (➤ 145) zu gelangen, und fahren dann über die Brennerstraße Richtung Sachsenklemme (➤ 149), wo Sie ausgiebig Mittag machen können.

Nachmittags

Weiter geht es zur **54 Franzensfeste** (➤ 149), dann bei Vahrn hinüber zum **50 Kloster Neustift** (➤ 146), dem der Nachmittag gehört. Wenn Sie nach Führung und klösterlicher Wein- und Speckverkostung noch Zeit und Energie für einen Spaziergang haben, streifen Sie durch die Obst- und Gartenlandschaft rund um das Kloster. Oder greifen Sie bei den bekannten Weißweinen der Stiftskellerei (rechts) zu und laden Sie sich eine Kiste in den Wagen.

Abends

Folgen Sie dem Nachtwächter (➤ 142) durchs abendliche **5 Brixen** (➤ 140) oder besuchen Sie die Kabarett-Gruppe Dekadenz (➤ 156).

Zweiter Tag

Vormittags

Es lohnt sich, den Wecker zu stellen: Ab 9 Uhr sind die Geschäfte in den Brixener Lauben und Gassen wie auch der Dom und der Kreuzgang geöffnet. Den Stadtbummel, zu dem sicher eine zweite Tasse Cappuccino gehört, schließen Sie am späteren Vormittag mit einem Besuch des Diözesanmuseums ab, bevor Sie dann entspannt die Panoramastrecke Richtung **55 Feldthurns** (links; ➤ 149) fahren. Dort finden Sie leicht einen Gasthof, der Ihnen nicht nur während der Eisacktaler Spezialitäten- oder Kastanienwochen verfeinerte Hausmannskost mit hausgemachten Spezialitäten serviert.

Nachmittags

Danach sollten Sie nicht ruh'n, sondern mindestens die berühmten 1000 Schritte tun, die angesichts der herrlichen Ausblicke auf die Dolomitengipfel eher ein Dessert als eine Anstrengung sind. Später führt Sie die Straße malerisch hinunter nach **57 Klausen** (➤ 150), wo Sie wenigstens einen Blick auf Kloster Säben und Burg Branzoll erhaschen sollten. Den Besuch der Altstadt und je nach Zeit auch der **58 Trostburg** (➤ 151) verschieben Sie aufs nächste Mal und fahren stattdessen in das auf der anderen Seite des Eisack sich öffnende **59 Villnösser Tal** (rechts; ➤ 151). Dessen hoch liegende Wiesen und Wälder, überragt von den Geislerspitzen, leuchten im Glanz der späten Nachmittagssonne. Im Talschluss bietet sich ein ausgiebiger Spaziergang beispielsweise zur Kapelle von St. Johann in Ranui (➤ 151) an.

Abends

Sollten Sie großen Kalorienbedarf haben, können Sie im Ranuimüllerhof (St. Magdalena 38) deftig tafeln. Ansonsten fahren Sie das Tal zurück und biegen kurz vor dem Eisacktal nach Gufidaun (➤ 151) ab, dem »Dorf auf sieben Hügeln«. Dort warten im Ortskern gleich mehrere der typischen Eisacktaler Gasthöfe auf Sie – und sei es nur auf einen Schoppen oder zwei.

5 Brixen (Bressanone)

Die Vergangenheit als Residenzstadt machtvoller Fürstbischöfe sieht man der Wirtschafts- und Kulturmetropole immer noch an, auch wenn der um 970 hierher verlegte Bischofssitz 1964 nach Bozen umzog. Die drittgrößte Stadt Südtirols ist heute quicklebendig und voller Jugend, seit es hier Zweigstellen der Universitäten von Bozen und Padua gibt.

In der weitgehend erhaltenen Altstadt mit ihren Geschäften, Cafés, Museen und Galerien treffen sich das Erbe mittelalterlichen Händlerfleißes und fürstbischöflicher Prachtentfaltung. Dieser Paarung ist auch das reiche Kulturleben zu verdanken, das sich in Konzerten, Festen und einer quirligen Kunst- und Kleinkunstszene niederschlägt. Die Einheimischen teilen das Flair der alten Gassen und Lauben, der Plätze und Brücken mit ihren Gästen ausgesprochen freundlich. Schnell werden Sie ins Gespräch gezogen und aufgefordert sich dazuzusetzen.

Weg in die Altstadt: die Brückengasse

Krippen und Kirchenkunst

Die Mitte des 13. Jhs. errichtete und um 1600 erweiterte Hofburg diente den Bischöfen als Residenz. Heute zeigt die vierflügelige Anlage als **Diözesanmuseum** in 70 Räumen sakrale Kunst Südtirols, darunter Teile des Brixener Domschatzes, mittelalterliche Plastik und Tafelmalerei. Die zum Diözesanmuseum gehörende Sammlung des

IM WINTER AUF DIE PLOSE

2500 m hoch liegt das Plateau des Brixener Hausbergs, der Plose, mit grenzenloser Aussicht auf die Dolomitengipfel. Die **längste Abfahrt Südtirols**, die »Trametsch«, führt über 9 km nach St. Andrä. Aber auch Anfängern oder Snowboardern bietet die Plose viel. Und der Nachwuchs kann im **Kinderland** rodeln, rutschen, durch den Schneetunnel Ski laufen und einen Schneemann bauen.

Krippenmuseums umfasst knapp 100 Weihnachtskrippen aus dem 18.–20. Jahrhundert. Prunkstück ist die Jahreskrippe mit 5000 Figuren, die die Brüder Augustin und Alois Probst aus Sterzing um 1800 für Fürstbischof Lodron herstellten. Sie zeigt über 50 Szenen, die z. B. Opferfeste aus dem Alten Testament, das Weihnachtsfest und die Passion Christi darstellen.

SÜNDE UND VERGEBUNG
Dieser besondere Themenrundgang zur Brixner Kunst führt zu nicht öffentlich zugänglichen Wandmalereien. Ausgehend vom Fresko *Der Lasterbaum* im Kreuzgang der Frauenkirche werden Gewölbefresken mit den sieben Haupttugenden und sieben Hauptlastern sowie die Darstellung der Hölle an der Fassade der Klarissenkirche besichtigt (unregelmäßig April, Mai, Aug. u. Okt. Mi 10 Uhr ab Tourismusverein, Bahnhofstr. 9, Dauer ca. 2 Std.)

Im und um den Dom

Wenige Schritte führen über den Domplatz zum machtvollen **Dom Mariä Himmelfahrt**, der aus mehreren Epochen stammt. Die beiden Fassadentürme entstanden im 12. Jh., der gotische Chor 1457. Das heutige Aussehen der Bischofskirche wird von den barocken Um- und Neubauten bestimmt. Besonders die Deckenmalerei von Paul Troger im Inneren ist ein Meisterwerk des Barocks. Orte der Stille sind der alte **Stadtfriedhof** (bis 1792) links neben dem Dom mit dem Gedenkstein Oswalds von Wolkenstein (1408) sowie der **Domkreuzgang**. Begonnen im 10. Jh., umgebaut Ende des 12. Jhs., wurde er im 14. Jh. eingewölbt und ausgemalt. Diese einzigartigen Zeugnisse spätgotischer Malerei und Frömmigkeit wurden von den Meistern der Brixener Schule geschaffen, unter ihnen Hans von Bruneck. Ein amüsantes Detail in der dritten Arkade ist die Darstellung eines Elefanten: Da der Maler noch nie einen Elefanten gesehen hatte, nahm er ein Pferd zum Vorbild und versah es mit einem Rüssel und großen Ohren. Erst 80 Jahre später (1551) kam dann tatsächlich ein Dickhäuter auf der Durchreise nach Wien in die Stadt. Das Geschenk des portugiesischen Königshauses an den Großherzog Maximilian brachte den Besitzer einer Herberge auf die Idee, sein Haus mit einem Wandgemälde des Tieres schmücken zu lassen und es umzutaufen. Als Elephant (➤ 152) ist es bis heute berühmt. Neben dem Dom erhebt sich die vielfach umgebaute **Pfarrkirche St. Michael** (11. Jh.) mit dem 72 m hohen Weißen Turm, lange Ausguck des Feuerwächters. Schöne Stadttore sind das **St.-Michaels-Tor**, einst Hauptzugang zur Pustertaler Straße, und das **Kreuz- oder Sonnentor** in Richtung Süden.

Einst waren die Brixener Bischöfe die Herren über Zeit und Raum

In Brixen schon immer gut vereinbar: himmlische Berufung und irdische Genüsse

KLEINE PAUSE

Ruhe finden Sie im **Hofgarten** mit seinen Zier- und Nutzpflanzen. Hausgemachte Eisspezialitäten und Mehlspeisen gibt es im **Dom-Café** (Pfarrplatz 3, Mo–Sa 8–20 Uhr).

199 F2

Tourismusverein Brixen
201 D4 Bahnhofstr. 9, 39042 Brixen
0472 83 64 01; www.brixen.org

Diözesanmuseum
201 D4 Hofburgplatz 0472 83 05 05 Mitte März–Ende Okt. Di–So 10–17 Uhr; Krippenmuseum Dez. u. Jan. tägl. 14–17 Uhr, 24. u. 25. Dez. geschl. 7 €

Dom
201 E5 tägl. 9–12 u. 15–18 Uhr; Dom- u. Kreuzgangführungen Ostern–1. Nov. Mo–Sa 10.30, 15 Uhr

Blick in die Stiefelgasse mit ihren historischen Fassaden

Auf den Kreuzgangfresken sind biblische Geschichten dargestellt

BAEDEKER TIPP

- Ein nächtlicher Rundgang unter **Führung eines »Nachtwächters«** lässt Sie Brixen mit anderen Augen sehen. Im Dunkeln werden die Gassen und Häuser der Stadt zu Schauplätzen spannender Geschichten von Bischöfen, Hexen, Ratsherren und Geistern (Juli–Sept. Fr ab 21.30 Uhr, Anmeldung Tourismusverein).
- Schauen Sie ins **Mini-Atelier von Manfred Mureda** in der Domgasse 4a. Der Sohn des großen ladinischen Bildhauers Raimund Mureda (1908–1985) stellt hier eigene Skulpturen aus.
- Trotz der Enge sind Fahrräder in Brixen Trumpf. Der **Fahrradverleih Acquarena** (Altenmarktgasse, Tel. 0472 82 36 70) hat reichlich davon.

49 Sterzing (Vipiteno)

Obwohl Sterzings Hauptstraße nur wenige hundert Meter lang ist, gilt sie als schönste Einkaufsstraße Südtirols. Das Laubenlabyrinth unter den mittelalterlichen Prachtbauten entstand, als die Stadt für 200 Jahre Mittelpunkt eines wahren Silberrauschs war, der sogar die reichen Fugger als Investoren anlockte.

Vor allem im 15. Jh. blühte der Bergbau im nahen Ridnauntal. Bis zu 10 000 Bergknappen schufteten in den hoch gelegenen Stollen. Sie verdienten gut dabei und konnten sich die Finanzierung von Kirchen und Kapellen leisten, die heute noch von diesem Reichtum zeugen. Im 16. Jh. kam es dann zum Niedergang des Silberbergbaus. Sterzing war wieder nur der Ort, durch dessen enge Hauptstraße sich die langen Reihen der Saumtiere und Karrenzüge wie auch der Kaiser und Könige mühsam hindurchquälten auf dem Weg über die Alpen. Den hatten schon die Kelten genutzt, als sie auf den Höhen im und um das Sterzinger Moos siedelten. Von ihnen entlehnten die Römer den Namen für ihr bis heute nicht geortetes Kastell Vipitenum. Erst als die 1867 neu eröffnete Eisenbahnstrecke Kurgäste aus ganz Europa in die Region brachte, erlebte auch Sterzing wieder einen Aufschwung. Mitte der 1970er-Jahre wurde der historische Stadtkern von den Autos befreit und es entstand eine Fußgängerzone als Flaniermeile für die Touristen.

Der Zwölferturm markiert den Übergang zwischen Alt- und Neustadt

Durch die Stadt

Seien Sie nicht verwundert, wie viel Zeit Sie vom Brixener Tor bis zum 48 m hohen **Zwölferturm** (15. Jh.) brauchen. Er

trennt die Altstadt von der 1443 nach dem Großbrand schöner aufgebauten Neustadt. Die Flucht der Lauben endet an dem mit Prunkerkern verzierten **Rathaus** von 1468 (mit Ratsstube, gotischem Theatersaal und Mithrasstein). Vor dem Haus schützt eine Statue des hl. Johannes Nepomuks vor Überschwemmungen. Hinter dem Zwölferturm weitet sich der Stadtplatz mit dem für seine Küche gerühmten Schwarzen Adler (➤ 154) und der **Heiliggeist-Spitalkirche** (1399). Sie wurde 1402 von Hans von Bruneck mit einem faszinierenden Zyklus biblischer Motive ausgemalt. Ein interessantes Detail zeigt, dass beim Jüngsten Gericht auch Geistliche von Teufeln in die Hölle geschleppt werden. Der Maler gilt als Gründer der Pustertaler Schule, die später den bedeutenden Schnitzer und Maler Michael Pacher hervorbrachte. Die reiche Sterzinger Pfarrkirche **Unsere Liebe Frau im Moos**, eine der größten Tirols, liegt am südlichen Stadtrand. Sie verblüfft mit reichlich weißem Marmor aus der Blütezeit des Bergbaus. Dort finden Sie auch fünf Figuren des nach Irrwegen heute im **Multscher- und Stadtmuseum** aufbewahrten **Multscher-Altars**. Der 12 m hohe spätgotische Flügelalter stammt von dem Ulmer Bildhauer Hans Multscher (1459).

STERZING IM WINTER
In fünf Gehminuten erreichen Sie vom Stadtzentrum die Talstation der **Roßkopf-Seilbahn**, die Sie im Handumdrehen auf die winterliche Sonnenterrasse (2176 m) über Sterzing bringt. Pistenspaß, Höhenloipe und die 6 km lange Naturrodelbahn lassen Ihnen die Qual der Wahl.

KLEINE PAUSE

Wenn Sie zur Fraktion der »Süßen« gehören, landen Sie fast zwangsläufig vor der **Conditorei Häusler** (Neustadt 11, Mo–Sa 7–18.30 Uhr) in der Nähe des hl. Johannes Nepomuk. Die hausgemachten Eisspezialitäten sind eine

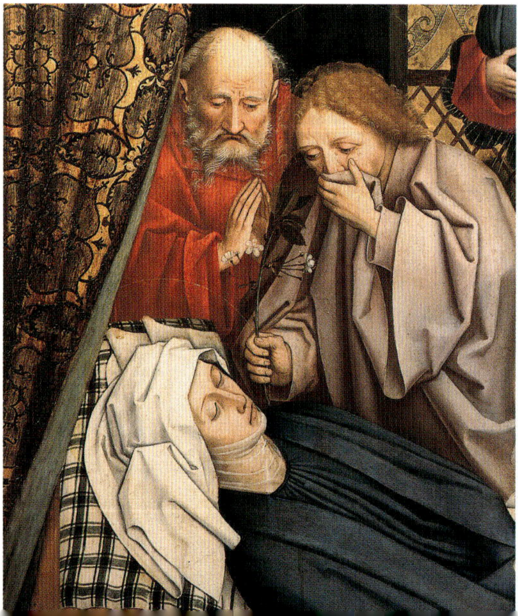

Meisterwerken gotischer Malerei wie diesem *Marientod* begegnet man im Multscher-Museum

BURG REIFENSTEIN
Kurz ist der Spaziergang flussabwärts Richtung Elzenbaum und schon bald kommt die Burg in Sicht. Reifenstein, reich ausgestattet im Inneren und außen das Bild einer kompletten Burg, gehört zu den schönsten Wehrbauten Südtirols. Erbaut wurde sie auf einem Fels am Rande des früher sumpfigen Sterzinger Mooses, erwähnt erstmals im 12. Jahrhundert. Herzog Siegmund der Münzreiche verkaufte sie 1470 an die Deutschordenskommende. In der Folge entstanden das mit Zirbelholz getäfelte Kapitelzimmer und der Grüne Saal (oben) mit seinen sonderbaren Fresken. Etwas nördlich liegt **St. Zeno**, ein erstmals 1330 erwähntes Kirchlein. (Tel. 0472 76 58 79, Burgführungen April–Okt. Sa–Do 10.30, 14, 15, Mitte Juli–Mitte Sept. auch 16 Uhr, Eintritt 3,50 €).

kalorienreiche Alternative zu den leckeren Kuchen. Mögen Sie es lieber deftig, locken schräg gegenüber die Tische des **Stadtcafés Lamm** (Neustadt 16, tägl. 8–22 Uhr).

---

199 D4

Tourismusverein Sterzing-Freienfeld-Wiesen-Pfitsch
Stadtplatz 3, 39049 Sterzing · 0472 76 53 25; www.sterzing.com

Rathaus
Neustadt · Mo–Do 8–12.30 u. 17–18, Fr 8–12.30 Uhr

Heiliggeist-Spitalkirche
Am Stadtplatz · Mo–Fr 8.30–12 u. 14.30–18, Sa 8.30–12 Uhr

Unsere Liebe Frau im Moos
Deutschhausstr. 9 · tägl. 9–19 Uhr

Multscher- und Stadtmuseum
Deutschhausstr. 11 · 0472 76 64 64 · April–Okt. Di–Sa 10–13 u. 13.30–17 Uhr · 2,50 €

BAEDEKER TIPP

- Den besten Blick auf Sterzing haben Sie von **Thuins** auf einem kleinen Plateau am Westrand der Stadt.
- An der 1753 im Rokokostil veränderten **Wallfahrtskirche Maria Trens** (1498, bei Freienfeld) mit ihren vielen Votivtafeln scheiden sich die Geister: für die einen ein »Muss«, für die anderen ein »Nie«. Wer Südtirol verstehen will, sollte den Ort, der einer der bedeutendsten Wallfahrtsorte Südtirols ist, besuchen (ganztägig geöffnet).

50 Kloster Neustift (Novacella)

Wie herausgehoben aus der Welt wirkt das 1142 vom Brixener Bischof Hartmann gegründete und inmitten von Wiesen, Obst- und Weingärten gelegene Augustiner Chorherrenstift, die größte Klosteranlage Südtirols. Neustift war und ist ein spirituelles Zentrum – dem Gebet, der Kunst und dem Weinbau verschrieben.

Der Wunderbrunnen hat einen schönen Baldachin

Das junge Kloster wurde bald Raststätte und Hospiz für Pilger auf dem Weg Richtung Süden nach Palästina oder Rom. Bestimmend für das heutige Aussehen der Anlage sind die Anbauten aus dem 15. Jh. und mehr noch aus dem 18. Jh., als das Kloster im Barockstil um- und ausgestaltet wurde. Die verdrängte gotische Kunst ist heute in der **Pinakothek** zu sehen (Tafelmalerei u. a. von Friedrich Pacher). Zu Fuß dauert es eine halbe Stunde von Brixen den Eisack hinauf, bis Sie die **Michaelskapelle** vor dem Kloster erreichen. Sie wurde zur Zeit der Kreuzzüge geweiht, erhielt im 15. Jh. Zinnen und hieß fortan Engelsburg.

Vorbei an der **Stiftskellerei** gelangen Sie ins Kloster, zunächst in den barocken Stiftshof mit dem **Wunderbrunnen** (1508). Er zählt zu den sieben antiken Weltwundern das Kloster selbst als achtes hinzu. In der überwältigend prachtvollen **Rokoko-Bibliothek** werden 76 000 Bücher aufbewahrt und klösterliche Buchmalereien in Vitrinen gezeigt. Gotische Wandmalereien mit den Hl. Drei

Schlangen- und Drachenbuch in der Neustifter Klosterbibliothek

Überladene barocke Pracht zeigt die Stiftskirche

Königen, teilweise um 1416 übermalt, zieren die **Viktorskapelle**, Fresken auch den **Kreuzgang** von 1200, darunter Friedrich Pachers *Parabel vom reichen Prasser*. Die im Inneren schönste Barockkirche Südtirols, die **Stiftskirche zu Unserer Lieben Frau**, verleugnet im Äußeren nicht, dass sie aus drei Epochen stammt: Westturm und Langhaus sind romanisch, der Chor ist gotisch und die angebaute Marienkapelle spätbarock. Die Deckenfresken, u. a. mit Szenen aus dem Leben des hl. Augustinus, stammen von Matthäus Günther, der Hochaltar (1743 aufgestellt) mit dem Bild der Himmelfahrt Mariens von Joseph Ignaz Milldorfer. Eine Grablege wird Oswald von Wolkenstein (► 151) zugeordnet, für den die Abtei Altersheim und Sterbeort war.

KLEINE PAUSE

Im Anschluss an die Führungen sollten Sie sich mit Neustifter Wein im **klostereigenen Ausschank** stärken. Lassen Sie sich dazu Speck, Käse, Kaminwurzen und Schüttelbrot schmecken.

---

199 F3 Stiftstr. 1, Vahrn 0472 83 61 89; www.kloster-neustift.it
Führungen bei mindestens 10 Personen Mo–Sa 10, 11, 14, 15, 16, Mitte Juli–Mitte Sept. auch 12 und 13 Uhr 7 €

BAEDEKER TIPP

In der Stiftskellerei (Stiftstr. 1, Vahrn, Tel. 0472 83 61 89) bekommen Sie **Neustifter Kräutertee** nach einer alten Rezeptur der Neustifter Klosterapotheke. Die Kräuter wachsen auf einem Klosterhof auf 1300 m Höhe. Warm getrunken wirkt der Tee beruhigend, kalt dagegen erfrischend. Hier erhalten Sie auch exklusiv den **Grappa Sylvaner** und den **Abbagnac**. Von diesem Destillat aus einem ausgewählten Trestercuveé, sechs Monate im Eichenfass gereift, werden jährlich nur 3000 Flaschen abgefüllt.

Nach Lust und Laune!

51 Gossensaß (Colle Isarco)

Unterhalb der alles überragenden Brennerautobahn hat sich der frühere Nobelkurort (mit Thermalwasser) am oberen Ende des Wipptals viel Charme bewahrt.

Über die Brennerautobahn rollt der Verkehr von Norden nach Süden und umgekehrt

Die Silbergasse führt hinaus ins traumhafte Pflerschtal. An den Silberbergbau (bis 1818) erinnert auch St. Barbara (1510, mit spätgotischem Flügelaltar). Die Kapelle wurde von Knappen gestiftet. Von früher Frauenpower zeugt die barocke Pfarrkirche. Sie wurde ab 1750 von der Frauenkolonne des Stubaier Priester-Architekten Penz gebaut. Der Norweger Henrik Ibsen dichtete hier sieben Sommer lang und bekam später ein Museum im Gemeindesaal (Führung über Tourismusverein).

199 D5

Tourismusverein Gossensaß
Ibsenplatz 2, 39041 Gossensaß
0472 63 23 72 Mo–Fr 9–12.30 u. 14–17.30, Sa 9–12 Uhr

52 Ridnauntal & Ratschings (Val Ridanna & Racines)

18 spannende Kilometer führt das Ridnauntal unterhalb von Sterzing zur **Silbermine Schneeberg** (► Kasten unten) hinter Maiern. Der Talschluss wird vom Zuckerhütl (3505 m) überragt. In dem Besucherbergwerk mit Technologie aus 800 Jahren wurde 1327–1986 geschürft. Am Weg zieht das rosafarbene Barockschloss Wolfsthurn bei Mareit die Blicke auf sich. Der Prachtbau ist zugleich Heimat des **Jagd- und Fischereimuseums**

ZWEIMAL INS MUSEUM

- **Bergbaumuseum am Schneeberg:** Faszinierende Erlebnistouren: 2 Std. (behindertengerecht), 7 Std. (ab 9.30 Uhr) und 10 Std. (ab 7.30 Uhr); bei der **Junior-Tour** über und unter Tage werden Erze und Mineralien gesucht und Münzen geprägt (Maiern 48, Tel. 0472 65 63 64, April–Okt., Termine telefonisch erfragen, Eintritt: 9 € inkl. Führung).
- **Landesmuseum für Jagd und Fischerei Schloss Wolfsthurn:** In der dreiflügeligen Anlage (links) ist alles über die Jagd, das Wild und die Fische zu erfahren; mit **Kinderangebot** im Keller (Mareit, Tel. 0472 75 81 21, April–Mitte Nov. Di–Sa 9.30–17.30, So 13–17 Uhr, Eintritt: 5 €).

(➤ 148). Am Taleingang biegt beim früheren Zollort Stange das ruhige Ratschingstal ab. Dort zerschneidet die spektakuläre **Gilfenklamm** tosend den weißen Marmor (zu Fuß aufwärts in 45–60 Min., abwärts in 30–45 Min.). Im Winter zeichnet das moderne Skigebiet **Ratschings-Jaufen** absolute Schneesicherheit auf 25 km Pisten aus. Vom Skikindergarten bis zu straffen Abfahrten finden Sie alles; dazu gibt's eine Halfpipe, eine Rodelbahn sowie Hüttenzauber und Après-Ski.
198 B4

Tourismusverein Ratschings
Jaufenstr. 1, 39040 Ratschings/Gasteig
0472 76 06 08; www.ratschings.org

Gilfenklamm
Mai–Nov. tägl. 9.30–17.30 Uhr, Juli/Aug. tägl. 9–18 Uhr 3,50 €

53 Jaufenpass (Passo di Monte Giovo)

Für Motorradfahrer zählt der Weg über die Serpentinen des Jaufenpasses (2094 m) zwischen Eisack- und Passeiertal zu den Sternstunden im Sattel. Zu Recht, meinen auch viele Fahrradfahrer. Auf 40 km gibt es 19 enge Kehren und maximal 12 % Steigung. Der Lohn der Mühe: Traumblicke auf Ötztaler und Sarntaler Alpen und die leuchtenden Gletscher der Hohen Wilde (3480 m). Wer Kurven liebt, startet durch zum Timmelsjoch oder zum Penser Joch.
198 C4 **Mai–Nov. tägl. 8–18 Uhr**

54 Franzensfeste (Fortezza)

Rotweiß leuchten die Läden des Gasthofs Zur Sachsenklemme, eines beliebten Bikerstopps am neuen Eisacktal-Radweg (➤ 28). 1809 besiegten hier Tiroler Schützen ein Sachsenheer oberhalb der späte-

Der Pass lässt den Puls der Biker höher schlagen

ren Kasematte »Franzensfeste«. Die ließ der Wiener Kaiser Franz I. 14 Jahre später als größte Alpenfestung bauen. Zum Kampf kam es nicht. Bis 2005 militärisch genutzt, ist die vom Verein Oppidum betreute Feste heute zugänglich.
199 E3

Verein Oppidum
Fax 0472 45 86 98; www.franzensfeste-fortezza.it Führungen Juli–Anfang Nov. tägl. 10.30 u. 16, im Aug. nur 16 Uhr 6,50 €

55 Feldthurns (Velturno)

Der Bauern- und Kastanienort Feldthurns im Wanderwegenetz auf der Sonnenterrasse des mittleren

ABSEITS DER TOURISTENWEGE

Bei Mareit (198 C4) nahe des Weilers Gasse bezaubert die von Schneeberger Knappen gebaute **Kapelle St. Magdalena** (1482) vor vergletscherten Hochgipfeln. Die Arbeit im Berg hat Matthias Stöberl auf dem spätgotischen Flügelaltar festgehalten (Führungen Mitte Mai–Anfang Nov. Mo 16 Uhr, Juli u. Aug. Fr 10 Uhr, Eintritt frei).

Kloster Säben, glanzvolle Akropolis über Klausen

Eisacktals bietet Panoramablicke auf die Dolomiten. Hierhin bauten die Brixener Bischöfe 1577 mit **Schloss Velthurns** ihre Sommerresidenz. Heute ist der Renaissance-Edelsitz ein aktives Kulturzentrum, das Dorf eine Hochburg der Spezialitätenwochen »Eisacktaler Kost« Ende März und des Törggelen am Keschtnweg (➤ 21).
199 E2

Tourismusverein Feldthurns
Dorf 9, 39040 Feldthurns
0472 85 52 90

Museum Schloss Velthurns
0472 85 55 25 nur im Rahmen von Führungen März–Nov. Di–So 10, 11, 14.30, 15.30, Mitte Juni–Mitte Sept. auch 16.30 Uhr
3 €

56 Barbian & Bad Dreikirchen (Barbiano & Trechiese)

Die kleinen Häuser des Barbianer Knappenviertels erzählen von der Blüte des nahen Bergwerks von Villanders. Graf Arnold von Greifenstein schenkte den Silberberg im 12. Jh. dem Kloster Neustift. Dank Privatinitiative sind fast 1000 Jahre Bergwerksgeschichte im Stollen ablesbar. Berühmter noch ist Bad Dreikirchen mit dem Kirchentrio, gebildet von der mit Fresken reich verzierten Gertraudkirche (1237), der wenig jüngeren Nikolauskirche und der spätgotischen Magdalenenkirche (Schlüssel beim »Messnerhof«, Tel. 0471 65 00 59). Unterhalb liegt das Badehaus, früher ein Treff von Prominenten – von Christian Morgenstern bis Sigmund Freud. In der Nähe tosen die Barbianer Wasserfälle.
199 D1

Tourismusverein Barbian
St. Jakob 41, 39040 Barbian
0471 65 44 11

Tourismusbüro Villanders
St. Stefan 120, 39040 Villanders
0472 84 31 21 Führungen Di, Do 10, So 14 Uhr, Treffpunkt Elisabethstollen, Dauer ca. 1–2 Std.

57 Klausen (Chiusa)

Albrecht Dürer zeichnete das Bergbaustädtchen 1494 mit Burg Branzoll (Privatbesitz, nicht zugänglich) und der Akropolis des Benediktinerinnenklosters (1027) auf dem Säbener Felsen. 45 Minuten dauert der Aufstieg. Das Kloster selbst ist dem Gebet

der Nonnen vorbehalten, die wertvoll ausgestatteten Kirchen sind zugänglich. Extrem eng wirkt die Flucht der mittelalterlichen Hauptstraße mit den schönen Erkern. Sie ist heute Einkaufsstraße für Kunsthandwerk und Mode. Hort des kirchlichen Loreto-Schatzes ist das Stadtmuseum im ehemaligen Kapuzinerkloster. Es zeigt in seiner Pinakothek auch abstrakte Kunst.
199 E2

Tourismusverein Klausen
Tinneplatz 6, 39043 Klausen
0472 84 74 24

Kloster Säben
Gnadenkapelle, Kreuzkirche, Klosterkirche tägl. 8–17 Uhr; Liebfrauenkirche Fastenzeit–Ende April So 14–17 Uhr, Mai u. Juni Sa 14–17 Uhr, Juli u. Aug. Di, Fr, Sa 15–18, Sept. u. Okt. Di, Fr, Sa 14–17, Nov. Fr u. Sa 14–17 Uhr; Führungen: Tourismusverein

Stadtmuseum
0472 84 61 48 April–Anfang Aug. Di–Sa 10–12 u. 16–19, Anfang Aug.–Mitte Nov. 9.30–12 u. 15.30–18 Uhr 4 €

58 Trostburg (Castel Trostburg)

Zur Bilderbuchburg, seit 1370 Sitz der Wolkensteiner, führt ein kurzer, steiler Weg. Oswald von Wolkenstein (1377–1445) war der letzte große Minnesänger des Mittelalters. Zu sehen ist Burgleben von der Romanik über die Gotik bis zur Früh- und Spätrenaissance. Attraktionen sind mehr als 100 Modelle von Südtiroler Burgen und die größte Weinpresse Südtirols im »Torgglturm«.
199 E1 0472 65 44 01 Ende März–Okt. Führungen Di–So 11, 14, 15 Uhr, Juli u. Aug. auch 10, 16 Uhr 7 €

59 Villnösser Tal (Val Funes)

Die schöne Autostrecke von Waidbruck vorbei an Lajen (mit den Vogelweiderhöfen im Ried, vielleicht Heimat des Minnesängers Walther von der Vogelweide) und Gufidaun (mit **Ansitz Hohenhaus**, Museum für **bäuerliche Lebenskultur**, Tel. 0472 84 73 99, Mo–Sa 11–12 Uhr) mündet ins Villnösser Tal mit dem Ort Teis, dem Sitz eines funkelnden **Mineralienmuseums** (► 25). Hinter dem Dorf St. Peter (mit Filialkirchen St. Valentin in Pradell und St. Jakob am Joch – beide mit meisterlichen Flügelaltären) am Talschluss liegt St. Magdalena unterhalb des Peitlerkofels. Neu ist der Naturerlebnisweg Zans, für Rollstuhlfahrer geeignet und mit Brailleschrift ausgestattet. Krönender Abschluss der Talidylle ist die reich bemalte Kapelle St. Johann in Ranui vor der Kulisse der Geislerspitzen.
199 F2

Oswald von Wolkenstein kannte sein Heim noch schlichter

Wohin zum ... Übernachten?

Preise
für ein Doppelzimmer pro Nacht:
€ unter 50 € **€€** 50–125 € **€€€** über 125 €

STERZING UND UMGEBUNG

Hotel Grand Palace €€

Nur Mut, wenn Sie die Freitreppe zum Hotelpalast hinaufschreiten. Vor 100 Jahren der feinsten Gesellschaft vorbehalten, verfügt das frühere Palasthotel heute über Flair und zugleich modernen Komfort, vor allem aber über viel Platz im Haus und in den Zimmern. Die feine Küche zwischen heimischer Bauernkost und italienischer Leichtigkeit schmeckt übrigens auch den Kindern. Das Haus besitzt ein großzügig gestaltetes Spa mit Saunas und Whirlpool, das perfekt dafür geeignet ist, um nach einer kräftezehrenden Wanderungen zu relaxen.

199 D5 Färberstr. 1, 39040 Gossensaß
0472 06 04 00; www.grandpalace.it

Hotel Feuerstein €€

Für die einen ist die selbst für Südtirol extreme Idylle am Talschluss in Pflersch entscheidend. Für die anderen sind es im Winter »Fichtis Kinderland« (mit Skikurs und Betreuung für Kinder ab vier Jahren sowie Kleinkinderbetreuung ab zwei Jahren) und im Sommer die große Spielscheune zum Herumtoben und Werken. Den Eltern gefallen die großen Tirolerzimmer, die alte Wipptaler Bauernstube und die Saunalandschaft bestimmt auch.

199 D5 Pflersch 185, 39040 Gossensaß
0472 77 01 26; www.hotel-feuerstein.it

Hotel Lilie €€–€€€

Als kleine Luxusoase, intim und unaufdringlich, erleben Sie dieses Stadthotel im historischen Zentrum Sterzings. Gastlichkeit bestimmt das denkmalgeschützte Haus von 1461 inmitten der Einkaufswelt der Lauben. Dazu passen die Wellnessinsel, eine der besten Küchen des Eisacktals und die hauseigene Konditorei. Praktisch sind der Hotelparkplatz und der Aufzug.

199 D4 Neustadt 49, 39049 Sterzing
0472 76 00 63; www.hotellilie.it

Romantikhotel Stafler €€–€€€

Überwältigend ist der Charme des historischen Hauses Einhorn, mit Haus Parkblick in einem großen Park gelegen. Zum stilvollen Haus gehören ein aufmerksamer Service, eine ausgezeichnete Küche (mit eigenem Kräutergarten) und ein erlesener Weinkeller. Aktivurlauber können das Hallenbad, eine Tennisanlage und Reitstunden im Gestüt nutzen, Kinder auf Ponys reiten.

199 D4 Mauls 10, 39040 Freienfeld
0472 77 11 36; www.stafler.com

BRIXEN UND UMGEBUNG

Elephant €€€

Legendäre Häuser haben es oft schwer, ihrem Ruf gerecht zu werden, nicht aber der auch als Gourmettempel zu Recht gerühmte Elephant. Wer es sich leisten kann, ist mit einem der 44 sehr persönlich eingerichteten Einzel- und Doppelzimmer bestens bedient. Überraschend öffnet sich hinter dem eng an der Straße liegenden Haus ein hoteleigener Park mit Rosen, Obstspalieren und Brunnen sowie zwei

Tennisplätzen. Zum Haus gehört ein kompaktes Spa.
199 F2 Weißlahnstr. 4, 39042 Brixen
0472 83 27 50; www.hotelelephant.com

Hotel Hochrain €€
Die paar Kilometer aus dem Eisacktal auf das Hochplateau Natz-Schabs lohnen mehrfach. Der Preisvorteil ist spürbar, die Anbindung in alle Richtung ideal, und Sie genießen den Traumblick auf Brixen und Kloster Neustift inmitten der Obstgärten des Ortes Raas. Zum freundlichen Haus gehören komfortable Zimmer, in die man sich nach Wanderungen oder Dolomitenfahrten gerne zurückzieht. Immer delikat sind die frischen Bachforellen vom Grill.
199 F3 Raas 81, 39040 Natz/Schabs
0472 41 22 48; www.hochrain.com

Hotel Jonathan €–€€
Wundern Sie sich nicht, wenn der Chef des Hauses bei Ausflügen mitmacht. Naturerlebnis wird groß geschrieben: beim Sport, in der Küche und beim Baustoff Holz. Das hat dem behindertengerechten Haus das Umweltsiegel eingetragen. Hier fühlen sich auch Allergiker wohl. Dazu gibt es Fitnessgeräte, ein Schwimmbad und einen Wellnessbereich. Sie können Fahrräder ausleihen; für Biker gibt es spezielle Angebote.
199 F3 Natz 86, 39040 Natz-Schabs
0472 41 50 66; www.hotel-jonathan.com

Löwenhof €€–€€€
Zwischen Brixen und Neustift, praktisch direkt am Weg gelegen und auf den ersten Blick ein wenig funktional protzig, offenbart das ganzjährig geöffnete Haus viele innere Werte: moderne, sehr komfortable Zimmer, dazu ein echtes Feinschmeckerrestaurant, Café-Bar, Swimmingpool und einen ausgedehnten Wellnessbereich sowie Minigolf und Holzofen-Pizzeria.
199 E3 Brennerstr. 60, 39040 Vahrn
0472 83 62 16; www.loewenhof.it

KLAUSEN UND UMGEBUNG

Feldthurnerhof €€
Ein interessantes Haus, das alpenländischen Stil mit moderner Architektenhandschrift gekonnt verbindet. Der Blick von dort auf die Dolomiten wird Ihnen den Atem verschlagen. Lassen Sie sich von der feinen Küche verwöhnen und kosten Sie unbedingt die Schlutzkrapfen oder auch die Bandnudeln in Steinpilzsauce.
199 E2 Guln 1, 39040 Feldthurns
0472 85 53 33; www.feldthurnerhof.com

Pension Briol €€
Die eigenwillige Architektur und die Ruhe der Pension Briol (1928 von einem Künstler im Bauhausstil umgebaut) lohnen den Fußmarsch – eine Stunde von Barbian (480 Höhenmeter). Man kommt aber auch per Taxi dorthin (Torggler, Tel. 0471 65 00 04; 16 €). In den schlichten Zimmern erwarten Sie die originalen Waschschüsseln (je Stockwerk gibt es einige Nasszellen). Gegessen wird gesund und bewusst nach Rezepten aus der Gründerzeit des Hauses.
199 D1 Dreikirchen, 39040 Barbian
0471 65 01 25; www.briol.it

Ranuimüllerhof €€–€€€
Lassen Sie sich von der großzügigen Anlage am Rand des Naturparks Puez-Geisler verzaubern, beispielsweise bei einer abendlichen Grillfeier unter sternenklarem Himmel und mit spannenden Sagen des Tals. Gekocht wird mit frischen Kräutern und Gemüsen aus dem Garten. Für Kinder gibt es die kleinen Kobolde der »Ruis«, von denen die Wirtsleute nur allzu gerne erzählen. Sportlich geht es auf 100 km Nordic-Walking-Strecken, 140 km Mountainbiketouren oder im Winter auf 20 km Rodelbahn zu.
199 F2 St. Magdalena 38, 39040 Villnösser Tal 0472 84 01 82; www.ranuimuellerhof.com

Wohin zum ...
Essen und Trinken?

Preise
für ein Essen ohne Getränke:
€ unter 10 € **€€** 10–20 € **€€€** über 20 €

STERZING UND UMGEBUNG

Pretzhof €€

Hier gibt es frische Produkte aus eigener Landwirtschaft, Metzgerei und Käserei: Im Restaurant werden sie zu bodenständigen Gerichten verarbeitet und freundlich serviert und im Laden dieses urtypischen Südtiroler Bauernhofs (ca. 8 km ins Pfitscher Tal hinein) verkauft. Eine Speisekarte gibt es nicht.

199 D4 Tulfers 259, 39040 Wiesen/ Pfitsch 0472 76 44 55; www.pretzhof.com Mi–So 12–14 u. 18–21.15 Uhr

Schwarzer Adler €€–€€€

Die Gäste sind prominent – Wirtschaftsbosse und Top-Teams der italienischen Fußballliga –, der Service ist exzellent. Er wird nur noch von der Qualität der Küche übertroffen. Auch das Ambiente des am Stadtplatz zwischen Alt- und Neustadt direkt neben dem Zwölferturm gelegenen Hauses stimmt. Der Familienbetrieb wird bereits in der vierten Generation geführt.

199 D4 Stadtplatz 1, 39049 Sterzing
0472 76 40 64; www.schwarzeradler.it
Mo–Sa 11.30–14 u. 18.30–21 Uhr

BRIXEN UND UMGEBUNG

Fink €€–€€€

Sie haben die Wahl: Bistroflair draußen an den Tischen und im Parterre oder das Restaurant im 1. Stock. Hier kocht die Chefin Antonia Fink: Südtiroler Küche und hausgemachte Teigwaren. Die Kuchen, die hier serviert werden, kommen aus der eigenen Konditorei.

199 F2 Kleine Lauben 4, 39042 Brixen
0472 83 48 83; www.restaurant-fink.it
Mi–Mo 11–22 Uhr, Konditorei 8–23 Uhr

Gasthof Enzian €–€€

Von der Lage im Sonnenhang links der Eisack über Brixen verwöhnt, erlebt man das Haus mit einer guten Küche und mit viel Sinn für familiäre Atmosphäre. Spezialität des Hauses sind die täglich frischen Forellen.

199 F2 Mellaun 165 a, 39042 Brixen
0472 85 21 19; www.enzian.bz.it
Mi–Mo 12–14 u. 18–21 Uhr

Gasthof Haller €–€€

Entstanden aus einer Buschenschenke, ist der Gasthof heute einer wirklich feinen Küche verpflichtet. Besonders reizvoll sind die Vorspeisenwochen, die zum Bleiben animieren (es gibt Betten – und wer drei Tage bleibt, isst auch mit Halbpension à la carte).

199 F2 Weinbergstr. 68, 39042 Brixen
0472 83 46 01; www.gasthof-haller.com
Mi–So 12–14 u. 18.30–21, Mo 12–14 Uhr

Künstlerstübele Finsterwirt €€–€€€

Inhaber Hermann Mayr sorgt als Küchenchef für die feine Zubereitung heimischer Produkte: Lamm, Fisch und Wild. Dazu gibt es ein erstklassiges Weinangebot. In der »Kapitelschenke« mit Stube und Gastgarten gibt es von 10–23 Uhr regionale Gerichte der Saison.

199 F2 Domgasse 3, 39042 Brixen
0472 83 53 43; www.finsterwirt.com
Di–Sa 12–14.30 u. 19–21.30, So 12–14.30 Uhr

Post Reifer €–€€
Für nur einen schnellen Halt nahe der Brücke über den Eisack ist das Restaurant eigentlich zu gut. Die Küche überzeugt mit heimischen und internationalen Speisen, man sitzt in einem schattigen Biergarten oder in der gemütlichen Weinstube. Es gibt Pizza direkt aus dem Holzofen!
199 E3 Bahnhofstr. 1, 39045 Franzensfeste 0472 45 86 05; www.hotelpostreifer.it Di–So 11.30–14.30 u. 18.30–21 Uhr

Senoner Unterdrittl €–€€
Lassen Sie sich unter dem Wappen der Wolkensteiner am einstigen Sitz der Rodenecker Gerichtsherren mit Schweinshaxen und Rippchen verwöhnen. Sie treffen eine Oase der Ruhe in Stufels an, dem ältesten Brixener Stadtteil links der Rienz, wo sich die Kleinkunstszene angesiedelt hat.
199 F2 Rienzdamm 22, 39042 Brixen 0472 83 25 25; www.hotelsenoner.it Di–So 11.30–14 u. 18.30–21 Uhr

Weingut Köfererhof €€
Der Blick von Neustift auf Brixen ist herrlich. Serviert werden in den rustikalen Stuben des alten Weinguts Eisacktaler Brettljausen und Tiroler Bauernkost. Dazu gehören auf jeden Fall die vorzüglichen Weine aus eigenem Anbau.
199 E3 Pustertaler Str. 3, 39040 Vahrn 0472 83 66 49 Mi–Mo 12–14 u. 18–22 Uhr

KLAUSEN UND UMGEBUNG

Ansitz Fonteklaus €€–€€€
Im ehemaligen Jagdschloss mitten im Grünen buchstabieren Feinschmecker die Spezialitäten des Chefs des Hauses durch: Nudelgerichte in der Pfanne, Brot und Teigwaren (Schlutzkrapfen, Teigtaschen mit verschiedenen Füllungen) und diverse Dessertkreationen. Reservierung empfehlenswert.
199 E1 Lajen; Anfahrt: von Autobahn ab, die Straße nach Gröden, nach 800 m links ab, dann ca. 3 km – ausgeschildert 0471 65 56 54; www.fonteklaus.it Fr–Mi 12–14 u. 19–21 Uhr

Hotel Unterwirt €€–€€€
Stimmen Sie sich mit einer Eisacktaler Weinsuppe ein. Gönnen Sie sich dann Feldthurner Krapfen und andere Spezialitäten, die Bauernkost mit italienischer Kochkunst verbinden. Auch Vollwert- und Trennkost wird mit Pfiff gekocht.
199 E2 Josef-Felser-Str. 2, 39040 Feldthurns 0472 85 52 25; www.unterwirt.com Do–Di 12–14 u. 18.30–21 Uhr

Turmwirt €€–€€€
Wählen Sie den Dreier-Teller oder die »Pasta Principe« und Sie sind angekommen in der gehobenen Gastlichkeit des altehrwürdigen Gerichtsschreiberhauses. Die Saison bestimmt die Speisenfolge.
199 E2 Gufidaun Nr. 50, 39043 Klausen 0472 84 40 01; www.turmwirt-gufidaun.com Sa–Mi 12–14 u. 18–20.30, Fr 12–17.30 Uhr

Unterwirt €€–€€€
In der 400 Jahre alten Bauernstube und im Zirmstübele kommen nach dem Leitspruch »Essen und Trinken hält Leib und Seel' beinand« Nudelgerichte, Südtiroler Küche und feine Überraschungsmenüs auf den Tisch. Im Schankgarten gibt es Kuchen.
199 E2 Gufidaun Nr. 45, 39043 Klausen 0472 84 40 00; www.unterwirt-gufidaun.com Di–Sa 12–13.30 u. 19–21 Uhr

Walther von der Vogelweide €€–€€€
Zwischen Mauern und Erkern aus dem 14. Jh. wird lecker gekocht – in Südtiroler Tradition, aber feiner. Und natürlich gibt es auch Pfannengerichte und Pizzas, dazu wählen Sie einen Wein vom Eigenbau und gehen dann wirklich gestärkt, um sich die Klausener Altstadt anzuschauen.
199 E2 Oberstadt 66, 39043 Klausen 0472 84 73 69; www.vogelweide.it Di–So 12–14 u. 18–21 Uhr

Wohin zum ... Einkaufen?

SOUVENIRS

In den **Lauben** der drei großen Städte Sterzing, Brixen und Klausen (Mo–Fr 9–12.30 u. 15–19, Sa 9–12.30, viele Geschäfte auch 15–18 Uhr) findet sich alles, was Südtirol ausmacht. Dazu finden Sie viele italienische Marken.

In der **Hofburg-Galerie** (Hofgasse 5, Tel. 0472 83 20 80) in Brixen weihnachtet es ganzjährig mit originellen Krippenfiguren. Alpenländische Kopfbedeckungen stapeln sich im Brixener **Hutstübele** (Altenmarktgasse 24, Tel. 0472 20 01 87), zwei Häuser weiter gibt es Trachtenmode im **Modetreff Gaby** (Altenmarktgasse 20, Tel. 0472 83 67 56).

Im gut sortierten, großen **Spezialitätenladen** im Einkaufsparadies der Brixener Altstadt (Große Lauben 14) duftet es herrlich nach Speck, Würsten und Käse.

WEIHNACHTSMÄRKTE

Die Weihnachtsmärkte in **Brixen** (Domplatz) und in **Sterzing** (Stadtplatz) profitieren von der zauberhaften Kulisse der historischen Gebäude. Reich an kulinarischen Angeboten, sind sie aber auch eine Fundgrube für originelle Geschenke und für die größeren wie auch die kleinen Mitbringsel (zeitgleich Ende Nov. bis 1. Januarwoche Mo–Sa 10–19.30, So 9.30–19 Uhr, 25. Dez. u. 1. Jan. geschl.).

OUTLETS

Rund 60 Einzelgeschäfte mit Rabatten von bis zu 70 % bietet das **Outlet Center Brenner** (St.-Valentin-Strasse 9 a, 39041 Brenner, www.dob-brennero.com, tägl. 10–19 Uhr).

Wohin zum ... Ausgehen?

KULTURLEBEN

Die Brixener Gruppe **Dekadenz** setzt seit 1980 Maßstäbe für das Kabarett. Zu Hause ist sie im historischen Anreiterkeller im Brixener Stadtteil Stufels. Dort finden regelmäßig Theateraufführungen, **Kindertheater** und Jazzkonzerte statt (Obere Schutzengelgasse 3 a, Tel. 0472 83 63 93, www.dekadenz.it). Jazz intimer gibt es von Zeit zu Zeit im **Belize-Jazz-Keller** in der Brixener Bäckergasse 3 (Tel. 0472 83 41 60). Landesweiten Kultcharakter hat mittlerweile die **Großdisco Max** am Brixener Fischzuchtsweg (Tel. 0472 80 21 90, Do 21–2, Fr/Sa 23–4 Uhr). Alte Theaterkultur lebt fort im **Stadttheater Sterzing** (J.-W.-v.-Goethe-Platz 1, Tel. 0472 76 04 00, www.stadttheater-sterzing.it), wo es auch Konzerte und Musicals gibt.

WELLNESS

Wohlfühlen verheißt das Erlebnisbad **Acquarena** in Brixen (Altenmarktgasse 28/b, Tel. 0472 82 36 70, www.acquarena.com). Die moderne Anlage bietet eine ausgedehnte Saunalandschaft und ein Vulkan-Dampfbad, ein Kneipp- und Tretbecken sowie Unterwassermusik im Warmbad.

Im **Relaxarium in Klausen** (Hotel Rierhof, Fragburg 7, Tel. 0472 84 74 54, Anmeldung erforderlich) können Sie sich mit Heukraxen, Kneipptretbecken und Schwellduschen in Form bringen. Und auch im **Feldthurner Alpenbadl Oberfrauner** (Schnauders 22, Tel. 0472 85 53 18) wird einiges für Ihre Gesundheit getan, etwa im Heubad oder in der Kräutersauna.

Pustertal

Kleine Erlebnisse

Reine Luft atmen

Ob Allergiker oder Asthmatiker, im Klimastollen des Bergwerks in **Prettau** (➤ 168) kann man einmal richtig durchatmen.

Die Dolomiten von oben

Kein billiges Vergnügen, aber unvergesslich. Beim Balloon Festival in **Toblach** (➤ 162) bewundern Sie die Dolomiten aus der Luft.

»Puschtra Tirtlan«

Die Spezialität im Tal schlechthin: **Krapfen** aus Mehl, Wasser, Salz, gefüllt mit Spinat und Quark. Unbedingt probieren (➤ 174)!

Erste Orientierung

Das Pustertal zweigt vom Eisacktal in Richtung Osten ab und steigt von dort aus über 70 km behäbig an. Im ganzen Tal findet man nur eine einzige größere Stadt: Bruneck. Im Tauferer Ahrntal und in den Sextner Dolomiten gibt es spektakuläre Skigebiete.

Wasser ist im Pustertal nicht nur für alte Technologien wichtig, sondern auch für neue Abenteuersportarten: Auf der Hochterrasse von Terenten werden alte Mühlen wieder belebt, den Ahrnbach kann man im Schlauchboot hinunterreiten. Und im Winter bilden Schnee und Eis die Basis für genussvolles Gleiten und Rutschen auf den Hängen, in Rodelbahnen, auf Langlaufloipen und Eisflächen – am Ahrntaler Klausberg wie am Mühlwalder Speikboden und natürlich in den Skigebieten der Sextner Dolomiten und auf dem Brunecker Kronplatz. Sollte der Schnee in einer Region einmal knapp werden, wird mit dem schnellen Eis aus der Kanone nachgeholfen, auch wenn sich das angesichts der sonst auf Natürlichkeit eingeschworenen Naturparks und der traditionell schonenden Bewirtschaftung von Almen und Wäldern widersprüchlich ausnimmt. Aber die Pustertaler haben aus ihrer Geschichte gelernt, dass man, wenn man kein Kupfer mehr verkaufen kann, Klöppelware und Schnitzmasken anfertigen muss – oder auch künstlichen Schnee. Der Bergbau und die Lage an einem Fernhandelsweg waren es, die Bruneck einst zu einer aufstrebenden Stadt machten.

Für den Schmuck ihrer Höfe nehmen sich die Bauersfrauen im Gsieser Tal immer Zeit

Erste Orientierung

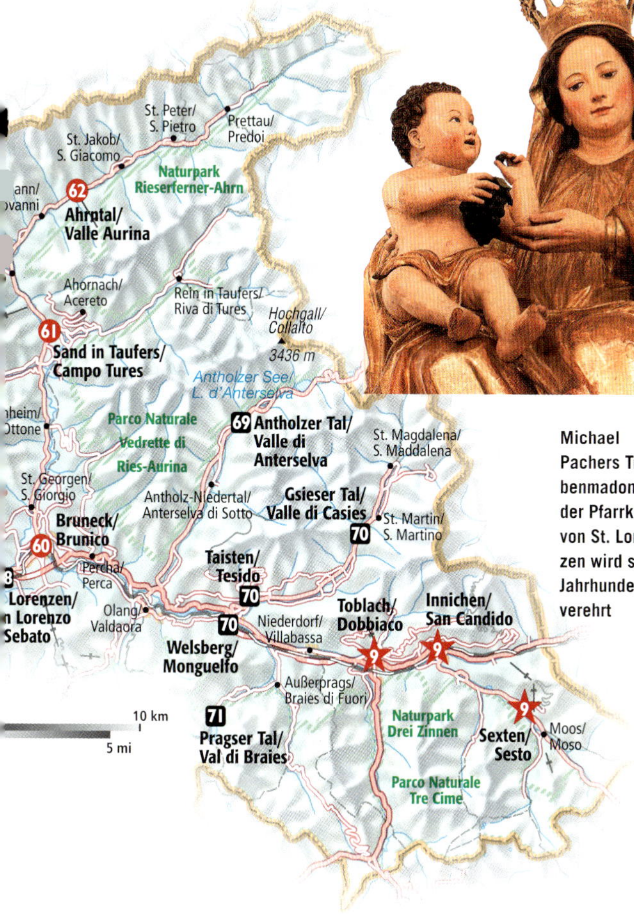

Michael Pachers Traubenmadonna in der Pfarrkirche von St. Lorenzen wird seit Jahrhunderten verehrt

TOP 10

9 Toblach, Innichen, Sexten ➤ 162

Nicht verpassen!

60 Bruneck ➤ 164
61 Sand in Taufers ➤ 166
62 Ahrntal ➤ 168

Nach Lust und Laune!

63 Mühlbach ➤ 170
64 Rodeneck ➤ 170
65 Pfunderer Tal & Vintl ➤ 171
66 Terenten & Pfalzen ➤ 171
67 Kiens ➤ 171
68 St. Lorenzen ➤ 171
69 Antholzer Tal ➤ 171
70 Welsberg-Taisten & Gsieser Tal ➤ 172
71 Pragser Tal ➤ 172

In zwei Tagen

Stadtmauern, Stadttore, viele Kirchen und ein interessantes Volkskundemuseum erwarten Sie in Bruneck, bevor die Reise Sie ins Hochpustertal mit den Drei Zinnen führt. Über die Burg von Sand in Taufers geht es dann in die Wander- und Skigebiete im Tauferer Ahrntal.

Erster Tag

Vormittags

Um 60 **Bruneck** (links; ➤ 164) zu besichtigen, lassen Sie Ihren Wagen am besten auf dem Parkplatz beim Ursulinentor stehen und schauen sich dort gleich Tor und Kirche an. Danach flanieren Sie die Stadtgasse entlang, biegen zum Florianitor ab, verlassen die Altstadt, queren die Rienz in Richtung Spitalkirche und laufen über die nächste Brücke mit Sicht auf Stadt und Burg zurück. Durch das Oberragentor geht es hinauf zur Burg, dann zur Pfarrkirche Zu Unserer Lieben Frau. Nach rund zwei Stunden kehren Sie zum Wagen zurück und fahren nach Dietenheim, um das Volkskundemuseum zu besichtigen. Bevor Sie wieder aufbrechen, stärken Sie sich in der Museumsgaststätte.

Nachmittags

Rund 26 km sind es bis 9 **Toblach** (➤ 162). Fahren Sie die Strecke gemütlich und machen Sie einen kleinen Abstecher nach 70 **Welsberg** (➤ 172), um in der Pfarrkirche den Pacher-Tabernakelbildstock zu sehen. In Toblach umrunden Sie Pfarrkirche und Herbstenburg und fahren dann weiter nach 9 **Innichen** (➤ 162), wo Sie sich unbedingt Zeit für die Stiftskirche (unten) nehmen sollten. Weiter geht es über 9 **Sexten** (➤ 163), die Drei Zinnen (rechts oben) im Blick, bis Bad Moos und ins Fischleintal. Und dann genießen Sie die Berge!

Abends

Am frühen Abend fahren Sie zurück und über Bruneck nach 61 **Sand in Taufers** (➤ 166). Dort quartieren Sie sich in Hellweger's Kleinem Genießerhotel (➤ 174) ein und lassen sich von der mit frischen Kräutern verfeinerten Küche verwöhnen.

Zweiter Tag

Vormittags

Morgens machen Sie einen Spaziergang zu den Reinfällen und steigen dann hinauf zur Burg. Anschließend besuchen Sie das Pfarrmuseum mit seinen interessanten Ausstellungsstücken. Gegen Mittag geht es nach Ahornach, wo Sie in der Jausenstation Roanerhof (➤ 175) eine Kleinigkeit essen können. Ihren Verdauungsspaziergang könnte Sie anschließend hinüber zu den Drachenfliegern führen.

Nachmittags

Kehren Sie zurück ins Tal, biegen Sie gleich rechts ab in die Schlucht unterhalb der Burg, um ins 62 **Ahrntal** (➤ 168) zu gelangen. Sollte Ihnen dann nach einem Kaffee sein, nehmen Sie von Steinhaus aus die Gondel hinauf zur ersten Station am Klausberg. Bei der Fahrt zurück »sammeln« Sie so viele Dreitausender wie möglich. Weiter geht es nach St. Jakob und nach Prettau, wo Sie versuchen sollten, einer Klöpplerin in Haus Prettau über die Schulter zu schauen. Jetzt ist es nicht mehr weit bis zum Talschluss, den Sie mit einem Spaziergang um die Hl.-Geist-Kapelle auf sich wirken lassen.

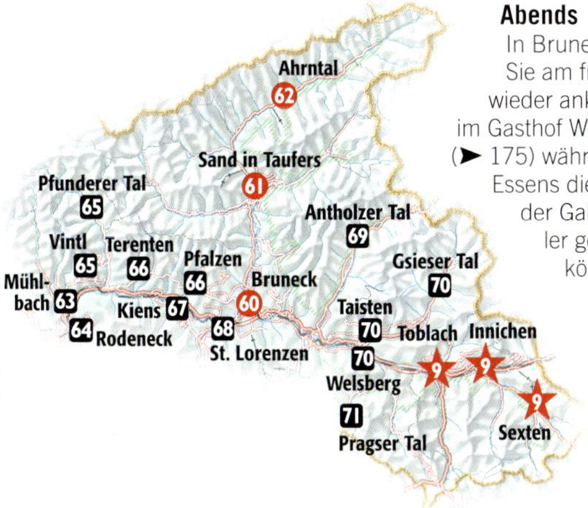

Abends

In Bruneck sollten Sie am frühen Abend wieder ankommen, um im Gasthof Weißes Lamm (➤ 175) während des Essens die Atmosphäre der Galerie der Künstler genießen zu können.

9 Toblach, Innichen, Sexten (Dobbiaco, San Candido & Sesto)

Attraktiver kann ein Hintereingang kaum sein: Zehntausende strömen jährlich durchs Hochpustertal in die Dolomiten. Über Toblach, den Luftkurort mit Wiener Schmäh, und Innichen, den einst bayrischen Klosterort mit dem Wunder der Stiftskirche, geht es nach Sexten, ins Dorf der Drei Zinnen.

Der Toblacher Sattel ist eine Wasserscheide: Die Drau fließt von hier in Richtung Schwarzes Meer, die Rienz zur Adria. Der Ort **Toblach** wurde erstmals 827 urkundlich erwähnt. Jahrhunderte später kam die Eisenbahn und brachte Großbürgerliche und Adlige ins Tal, die nach Sommerfrische suchten. Zu ihnen gehörte **Gustav Mahler**, der die Sommer 1908–1910 in Toblach verbrachte, woran heute die Mahler Musikwochen (www.gustav-mahler.it) erinnern. Sehenswert sind die Barockkirche St. Johann Baptist und die benachbarte Herbstenburg.

Barocker Mittelpunkt des Mahler-Orts Toblach ist die Pfarrkirche St. Johann Baptist

Sport und Natur

Sport wird im Hochpustertal großgeschrieben: Im Sommer gibt es Leichtathletik-Events und im Winter Weltcuprennen und Langlauf-Volksläufe. Das Skiliftnetz Hochpustertal erschließt mehr als 50 km präparierte Pisten und ein Loipennetz von 200 km. Besonders familienfreundlich ist das Skigebiet am **Haunold** bei Innichen. Naturerlebnisse gibt es im **Naturpark Sextner Dolomiten** reichlich. Ein besonderes Kleinod ist der Toblacher See auf 1259 m Höhe im Höhlensteintal (mit Naturerlebnisweg). Noch 150 m höher liegt der Dürrensee mit Blick auf die Cristallogruppe im Süden.

Dom von Innichen

Die **Stiftskirche** lohnt den Besuch wegen der **Kreuzigungsgruppe**. Sie ist eine der bedeutendsten Schöpfungen der hochmittelalterlichen Bildhauerkunst mit einem auferstandenen Gottessohn, der Tod und Leid besiegt hat. Aber

auch die Steinmetzarbeiten und Fresken sind von erlesener Qualität. Moderne Bildhauer verwenden heute in Innichen Schnee beim Schneeskulpturen-Festival im Januar.

Dorf der Drei Zinnen

Sexten vermarktet sich heute als Dorf der Drei Zinnen, umgeben von Bergbauernhöfen am Südhang, Lärchenwiesen, Fichtenwäldern und der Nemes Alm voller Almrosen. Ganz nah an die Zinnen kommen Sie im Fischleintal. Vom Hügel Heidegg aus sehen Sie den Neuner, Zehner, Elfer, Zwölfer und Einser, die Gipfel der **Sextener Sonnenuhr**. Der Ort selbst ist geprägt von der überschäumenden Lebensfreude erfolgreicher Bergsteiger und Pistenzauberer.

KLEINE PAUSE

Kalorienverluste ersetzen Sie im **Sextnerhof** (Dolomitenstr. 13, tägl. 12–14 u. 18–21.30 Uhr), herzhaft mit dem Pustertaler Speckteller mit Meerrettich oder süß mit Kaiserschmarren.

---

201 E2

Oben: Die Drei Zinnen sind Markenzeichen der ganzen Region

Tourismusverband Hochpustertal
Pflegplatz 1, 39038 Innichen ☎ 0474 91 31 56; www.hochpustertal.info

Stiftskirche Innichen
tägl. 8–18 Uhr

BAEDEKER TIPP

- Zum Blick ins Herz frommer Mittelaltermenschen werden fünf kapellenartige Bildstöcke mit Passionsszenen. Sie säumen die Maximilianstraße in Toblach und bilden den **ältesten Kreuzweg Tirols** (1519).
- Von der Wallfahrtskirche Aufkirchen führt ein Besinnungsweg zum ältesten religiösen Heiligtum des Tals, zu **St. Peter am Kofel**.

60 Bruneck (Brunico)

Um 1250 baute Brixens Bischof Bruno an der Rienz eine Burg. Schon bald wuchs eine Stadt zu Füßen des Schlossbergs, begünstigt durch die Lage am Handelsweg von Venedig nach Deutschland. Heute ist Bruneck das Einkaufszentrum des Pustertals mit dem Winter-Wunderland des Kronplatzes (2273 m) vor der Tür.

Von links nach rechts: Durch das Ursulinentor erreicht man die von Prachtbauten gesäumte Stadtgasse; nur scheinbar verträumt ist die Handelsstadt Bruneck

Stadtbummel

Der Wohlstand, den das Ahrntaler Kupfer und ein vielfältiges Gewerbe der Stadt brachten, lässt sich an den schönen Bauten in der Stadt ablesen. Und obwohl das von Stadtmauern umgebene Bruneck zwischen Fluss und Burg recht überschaubar wirkt, ist das Angebot der Geschäfte doch vielfältig. Insbesondere die **Stadtgasse** gilt als eine der schönsten Einkaufsstraßen Südtirols. Zum Stadtbummel gehört die Besichtigung der **Stadttore**: Das Ursulinentor am Ende der Stadtgasse ist mit Fresken des Malers Johannes von Bruneck (1420) und das Florianitor mit Malerei aus dem 20. Jh. versehen. Das Oberragertor führt zur ländlichen Brunecker Oberstadt mit dem Ansitz Sternbach und der Mariensäule, das Rienztor zur Pustertaler Landstraße.

Sehenswerte Kirchen sind die nüchtern-gotische **Ursulinenkirche** (15. Jh.) mit ihrer stillen Krypta und die renovierte Barockkirche **Hl. Geist**. Bei der Kirche **St. Katharina auf dem Rain**, dem Brunecker Wahrzeichen mit der doppelstöckigen barocken Zwiebelhaube auf dem Turm, lädt ein kleiner Park zur Pause. In der Pfarrkirche **Zu Unserer Lieben Frau** (19. Jh.) finden Sie ein lebensgroßes Kruzifix des um 1435 in Bruneck geborenen Bildhauers

Michael Pacher. **Schloss Bruneck** beeindruckt mit einem mächtigen Rundturm und Renaissance- und Barocksälen. Zudem befindet sich hier das **MMM Ripa**, in dem mit Filmen und Modellen der Alltag, die Kultur und die Religion der Bergvölker aus Asien, Afrika, Südamerika und Europa vorgestellt werden. Im **Stadtmuseum** finden Sie Werke von Michael und Friedrich Pacher, den Flügelalter von Simon und Veit von Taisten, aber auch moderne Klassiker von Oskar Kokoschka bis Paul Klee.

Außerhalb der Stadt

Auf dem Weg zum Ortsteil Dietenheim kommen Sie an einem der schönsten Bildstöckl Tirols vorbei. Im Dorf sind rund um den Ansitz Mair am Hof (um 1690) alte Bauernhöfe, Ställe und Mühlen aus ganz Südtirol zum **Südtiroler Volkskundemuseum** zusammengetragen. Sie sehen bäuerliches Gerät, aber auch Zeugnisse der Volkskunst und -frömmigkeit sowie eine der größten Zithersammlungen der Welt.

Ein eindrucksvolles Naturphänomen lässt sich in **Percha** bestaunen. Von Oberwielenbach spazieren Sie in 45 Minuten über ausgeschilderte Wege zu den durch Unwetter frei gespülten Erdpyramiden, von Platten aus in 30 Minuten.

KLEINE PAUSE

Im Vorhof der Burg können Sie im Sommer in einem kleinen **Café** Kaffee und Kuchen genießen.

---

200 B2

Tourismusverein Bruneck
Rathausplatz 7, 39031 Bruneck 0474 55 57 22; www.bruneck.com

MMM Ripa
Am Schlossweg 2 0474 41 02 20; www.messner-mountain-museum.it/
Anfang Mai–Okt. Mi–Mo 12–18 Uhr 8 €

Stadtmuseum Bruneck
Bruder-Willram-Str. 1 0474 55 32 92; www.stadtmuseum-bruneck.it
Sept. –Juni Di–Fr 15–18, Sa u. So 10–12, Juli–Aug. Di–Sa 10–12 u. 16–19, So 10–12 Uhr 2,50 €, Kombiticket mit Burg möglich

Südtiroler Volkskundemuseum
Herzog-Diet-Str. 24, Dietenheim 0474 55 20 87; www.provinz.bz.it/volkskundemuseen Ostermontag–Okt. Di–Sa 9.30–17.30, So 14–18 Uhr 6 €

BAEDEKER TIPP

Im Weißen Lamm (► 175) hängen in der **Andreas-Hofer-Stube** zahlreiche Bilder bekannter Künstler, die diese mitunter auch dem Wirt überließen, weil sie ihre Zeche anders nicht zahlen konnten.

61 Sand in Taufers (Campo Tures)

Wie der Wächter vor einer verbotenen Welt thront Burg Taufers hoch über dem Dorf am Nordende des Tauferer Tals. Im Westen geht der Talkessel über ins schneesichere Mühlwalder Tal. Nach Osten öffnet sich das Reintal, und der Weg an der Burg vorbei durch die Talenge des Ahrnbachs erschließt das Ahrntal.

Auf dem Weg durch das offene Tauferer Tal lohnt sich ein Halt an der Pfarrkirche in St. Georgen. Die Kreuzigungsgruppe hat Hans von Bruneck an die Außenwand gemalt. Das Tal läuft direkt auf den Kessel von Sand in Taufers zu. Dabei bilden die vereisten Wände des Großen Moosnock eine fantastische Kulisse für **Burg Taufers**. Während sich das Dorf seit dem Ausbau der Skigebiete im Mühlwalder Tal und im Ahrntal merklich verändert, scheint die Festung davon unbeeindruckt. Gebaut um 1250, war sie später ein wichtiger Gerichtsort der Tiroler Grafen. Der Fußweg vom Dorf zur Burg ist kurz. Dann durchqueren Sie ein ausgeklügeltes System von Toren und Zwingern, bis Sie im Burghof stehen. Unter prachtvollen Kassettendecken reiht sich Saal an Saal. Insgesamt sind es 64 Räume, vollgestopft mit alten Möbeln, Skulpturen und Waffen. Wie ein Gegenprogramm wirkt die Bibliothek mit dem großen Kachelofen. Und für den Nachwuchs ist auch einiges geboten: Bricht die Geisterstunde an, müssen Mami und Papi draußen bleiben.

Im Hauptort des Tauferer Tals

In und um Sand wirkt alles andere eine Nummer bescheidener. Das **Pfarrmuseum** nahe der gotischen Pfarrkirche

Mittelalterliche Wohnkultur in fünf Dutzend Räumen, das ist Burg Taufers

Mariä Himmelfahrt wurde in einem Kornkasten aus dem Jahr 1559 eingerichtet. Bis ins frühe 19. Jh. war hier der Ort, an dem der Getreidezehnte an Richter und Pfarrherren gezahlt wurde. Zu sehen sind Kunstwerke aus Tauferer Gotteshäusern und archäologische Funde. Naturerlebnis und Besinnung bringt der **Franziskusweg**, der, ausgehend vom Ortsrand, vorbei an den drei tosenden Wasserfällen ins Reintal und zu einer kleinen Kapelle führt. Der hoch gelegene Ort **Rein in Taufers** ist Ausgangspunkt für Höhentouren in den **Naturpark Rieserferner** und im Winter für Eiskletterer.

In den langen Wintern heizten die Ritter mächtig ein

Spaß für Sportfreaks

Vom **Mühlwalder Tal** wandert es sich leicht zu Almhütten, Bergseen und zum Neves-Stausee. Wintersportler gehen auf die Loipen bis hinauf nach Lappach (1436 m), im Sommer Wandergebiet zwischen Kornmühlen und Bergbächen. Ein Kick für Langstreckenrodler ist die Weizgruberalm in Mühlwald.

KLEINE PAUSE

Vertrauen Sie sich einem Tipp aus Biker-Kreisen an und essen Sie in der **Pizzeria Mausefalle** (Wiesenhofstr. 64, Di–So 10–14.30 u.16.30–1 Uhr) eine Kleinigkeit.

---

200 B4

Tourismusverein Sand in Taufers
J.-Jungmann-Str. 8, 39032 Sand in Taufers 0474 67 80 76; www.taufers.com

Burg Taufers
Ahornach 1 0474 67 80 53; www.burgeninstitut.com/taufers Führungen Ende Dez.–Mitte Mai Di, Fr, So 15, Mitte Mai–Mitte Juli u. Sept.– Okt. tägl. 10, 11, 14, 15.15, 16.30, Mitte Juli–Aug. tägl. 10–17 Uhr alle 30 Min. 7 € inkl. Führung

Pfarrmuseum Sand in Taufers
Pfarre 14 Ignaz Rieder 0474 67 80 60 Juni–Mitte Juli, Sept. u. Okt. So 10–12, Do u. Sa 16–18, Mitte Juli–Ende Aug. So 10–12, Sa 10–11, Do u. Sa 16–18 Uhr frei

BAEDEKER TIPP

- Schauen Sie sich im **Naturparkhaus** (Rathausplatz 9, Tel. 0474 67 75 46, Mitte Dez.–März u. Mai–Okt. Di–Sa 9.30–12.30 u. 16–19, Juli u. Aug. Di u. So bis 22 Uhr) einen Film über die Region aus der Adlerperspektive an oder werfen Sie einen Blick auf ein 3D-Relief, das multimedial Auskunft über Berge, Wege, Hütten, Seen und Wasserfälle gibt.
- Der Ort Ahornach, Heimat des Extrembergsteigers Hans Kammerlander, ist hoch über Sand ein **Drachenfliegerparadies**, das zum Zuschauen und Mitträumen verlockt.

62 Ahrntal (Valle Aurina)

Die Blütezeit des Ahrntals ging 1894 mit der Kupferschwemme aus Amerika zu Ende. Viele Talbewohner wichen auf Spitzenklöppeln und Maskenschnitzen aus. Heute bringen die Höhenloipen in Weißenbach und die Pisten am Speikboden und Klausberg sicheres Geld.

Schäumend zwängt sich die Ahr die Schlucht nach Sand in Taufers hinunter – als Top-Strecke für alle, die Rafting lieben. Kurz vor **Luttach** geht Richtung Westen die Kabinenbahn zum Skigebiet Speikboden ab. Im Ort schwenkt das Ahrntal scharf nach Nordosten und steigt schnell an. Früher war es an der kaum kontrollierbaren Übergangszone nach Österreich ein Paradies für Schmuggler und Flüchtlinge.

Mit der Schneeschmelze beginnt für die Wildwasserfahrer die Herausforderung

Bergbau, Schnitzer, Skizirkus

Folgen Sie der Talstraße, ist **St. Johann** der nächste Ort. Alpenschätze, rund 750 zum Teil enorm große Mineralien, werden im Museum des größten Ortes im Tals gezeigt. Umschlagplatz für das Kupfer war **Steinhaus**. Dort ist im »Kornkasten«, dem früheren Lebensmittelmagazin, ein Bergbaumuseum beheimatet. Nur wenige Minuten dauert die Fahrt mit der Kabinenbahn von Steinhaus ins Klausberger Ski- und Wandergebiet, umgeben von 60 Dreitausender-Gipfeln. **St. Jakob** ist das Dorf der Masken- und Wurzelschnitzer. Von **St. Peter** (1364 m) brechen viele zu den bewirtschafteten Almhütten auf. 1475 m hoch liegt dann **Prettau**. Nur Neugier, keinen Mut erfordert hier die Fahrt mit der Grubenbahn in den **St.-Ignaz-Erbstollen**.

Auf den Heuhocken trocknet das würzige Futtergras für den Winter

Ahrntal

Prettauer Bäuerinnen waren es, die nach Ende des Bergbaus in Wien das Klöppeln lernten und ins Tal brachten. Im Haus Prettau gibt es dazu Vorführungen. Den Abschluss des Ahrntales erreichen Sie in **Kasern** auf 1582 m Höhe, wo der Waldnersee (2338 m) Einheimische mit seinem »Brüllen« vor Unwettern warnt. Im Talschluss ruht vor einer gewaltigen Bergkulisse die Hl.-Geist-Kapelle (1450).

KLEINE PAUSE

Nehmen Sie die Gondelbahn zum Klausberg (von 1054 m auf 1600 m) und genießen Sie an der **Bergstation** einen Kaffee mit exklusivem Panoramablick.

---

200 C5

Tourismusverein Ahrntal
Ahrnerstr. 22, 39030 Luttach 0474 67 11 36; www.ahrntal.it

Mineralienmuseum
St. Johann 3 0474 65 21 45 April–Okt. tägl. 9.30–12 u. 15–18.30, Nov.–März tägl. 15–18 Uhr 3 €

Bergbaumuseum
Kornkasten, Steinhaus 0474 65 10 43 April–Okt. Di–So 9.30–16.30, Do bis 22 Uhr 4 € , Kombikarte für Bergbaumuseum & Schaubergwerk 12 €

Schaubergwerk Prettau
0474 65 42 98; www.bergbaumuseum.it April–Okt. Di–So 9.30–16.30 Uhr, letzte Führung ab 15 Uhr 10 €, Kombikarte für Bergbaumuseum & Schaubergwerk 12 €

BAEDEKER TIPP

- Tiroler, orientalische und moderne Krippen werden im **Krippenmuseum Maranatha** (Weißenbachstr. 15–17, Luttach, Tel. 0474 67 16 82) präsentiert, untermalt von Licht- und Klangspielen.
- **Südtiroler Kunsthandwerk** (Mo–Sa 9–12 u. 14–18, So 14–17 Uhr) wird in Luttach im gleichnamigen Geschäft angeboten. Hinter diesem Angebot steht, wie auch beim Krippenmuseum, Paul Gartner, der zu den Begründern der Ahrntaler Schnitzkunst gehört.
- Die nächtliche Abfahrt über die 5 km lange, beleuchtete **Klausberger Rodelbahn** ist ein Riesenspaß (Di 19.30–22.30 Uhr).

Nach Lust und Laune!

Gelungener »Neubau« nach dem Brand von 1694: Schloss Rodenegg

63 Mühlbach (Rio di Pusteria)

Der Zahltisch der Mühlbacher Klause, die 2 km die Rienz aufwärts liegt, steht heute auf dem Friedhof von Mühlbach. Die Zollstelle am Eingang zum Pustertal wurde beim Aufstand Tiroler Bauern 1809 zerstört und kürzlich restauriert. Der Ort hat einen schönen Marktplatz – und seit 1995 Ruhe vom Durchgangsverkehr. Zum höher gelegenen Wintersportgebiet **Meransen** führt eine Seilbahn. Nach Süden öffnet sich das Valser Tal mit dem Wander- und Wintersportparadies **Gitschberg-Jochtal**.

199 F3

Tourismusverein Mühlbach/Vals/Spinges

Catarina-Lanz-Str. 90, 39037 Mühlbach

0472 84 94 67;

www.gitschberg-jochtal.com

64 Rodeneck (Rodengo)

Schloss Rodenegg unweit des Ortes Rodeneck ist wegen der kurz nach 1200 gemalten Fresken in der Trinkstube berühmt. Sie gelten als die ältesten Profanfresken Europas und schildern kraftvoll ritterlich-höfische Szenen aus dem Versepos *Iwein*, das der Minnesänger Hartmann von Aue wenige Jahrzehnte zuvor verfasst hatte. 1694 brannte die Burg nach einem Feuerwerk ab und wurde wieder aufgebaut. Die Fresken kamen aber erst 1972 zu Tage.

199 F3

Schloss Rodenegg

0472 45 40 56 nur im Rahmen von Führungen: Mitte Mai–Mitte Okt. Di–So 11, 15 Uhr 5 €

65 Pfunderer Tal & Vintl (Val di Fundres & Vandoies)

An Vintl mit seinen stattlichen Ansitzen vorbei, gelangt man ins unberührte Bauerntal, in dem Orte wie Weitental und Pfunders und abgelegene Höfe mit Almen, Wäldern und Bächen um die schönste Idylle konkurrieren. Ein Tal, so recht zum Höfewandern, das sich zu den Zillertaler Alpen mit dem Hochfeiler (3510 m) hochzieht. Über Pfunders führt ein Höhenweg von Sterzing nach Bruneck, der sich in sechs Tagen gehen lässt. Im Vintler Loden-Museum (mit Freigehege und Geschäft) kann man die Herstellung und Verarbeitung des Stoffes von der Schur der Schafe bis zum fertigen Lodenmantel verfolgen. Toll für Kids: Im **Kleiderlabyrinth** können sie sich zwischen riesigen Hosen und Jacken verstecken.

200 A3

Loden Erlebniswelt
Pustertaler Str., Vintl 0472 86 85 40
Mo–Sa 9–17.30, Juli u. Aug. bis 18.30 Uhr
5 € (bei Einkauf Eintritt frei)

66 Terenten & Pfalzen (Terento & Falzes)

Dass die Sonne in Terenten nie untergeht, ist eine kleine Übertreibung, aber der Ort bekommt tatsächlich die meisten Sonnenstunden Südtirols ab. Früher wurde um Terenten viel Getreide angebaut und in den alten Mühlen entlang des Winnebachs und des Terner Bachs verarbeitet. Nördlich des Dorfzentrums wurde am Terner Bach in der Nähe der bizarren Erdpyramiden ein Mühlenlehrpfad etabliert. Wer eine Mühle bei der Arbeit erleben will, wendet sich an den Tourismusverein. Bei Pfalzen liegt die Valentinskirche mit Wandmalereien aus der Pacher-Schule.

200 A3

Tourismusverein Terenten
St.-Georgs-Str. 1, 39030 Terenten
0472 54 61 40; www.terenten.com

67 Kiens (Chienes)

Der Ort inmitten eines weitläufigen Wanderwegenetzes hat zwei Gesichter: das Bauerndorf und den Adelssitz **Schloss Ehrenburg**. Der Brixener Fürstbischof Caspar Ignaz Künigl verwandelte die alte Burg ab 1732 in eine prächtige Barockresidenz, in der heute Konzerte stattfinden. Reicher Barock bestimmt auch die Pfarrkirche, deren Deckenfresken von Joseph Adam Mölk stammen. Vorbild für viele gotische Schnitzaltäre war der Flügelaltar der Pfarrkirche (1430) im Kienser Ortsteil St. Sigmund.

200 B3

Tourismusverein Kiens
Kiener Dorfweg 4b, 39030 Kiens
0474 56 52 45; www.kiens.com

Schloss Ehrenburg
0474 56 52 21 Führungen April, Mai u. Okt. Mi 15, Juni u. Sept. 11, 15 Uhr, Juli u. Aug. 10, 11, 15, 16 Uhr 4 €

68 St. Lorenzen (San Lorenzo di Sebato)

Wo sich das Pustertal weitet und aufs Gadertal stößt, breitet sich die Marktgemeinde mit mächtigen Ansitzen und beschaulichen Orten aus. Prähistorische Siedlungen, die Römersiedlung Sebatum und die das Tal beherrschenden Burgen künden von früher Bedeutung. In der Pfarrkirche ist ein Flügelaltar mit der Traubenmadonna, angefertigt vom Brunecker Meister Michael Pacher 1462, zu sehen.

200 B2

Tourismusverein St. Lorenzen & Antiquarium
J.-Renzler-Str. 9, 39030 St. Lorenzen
0474 47 40 92; www.st-lorenzen.com
Mo–Fr 8–12 u. 15–18, Sa 8–12 Uhr

69 Antholzer Tal (Valle di Anterselva)

Über 25 km läuft das romantische, dann immer wildere Antholzer Tal hoch zu einem der schönsten

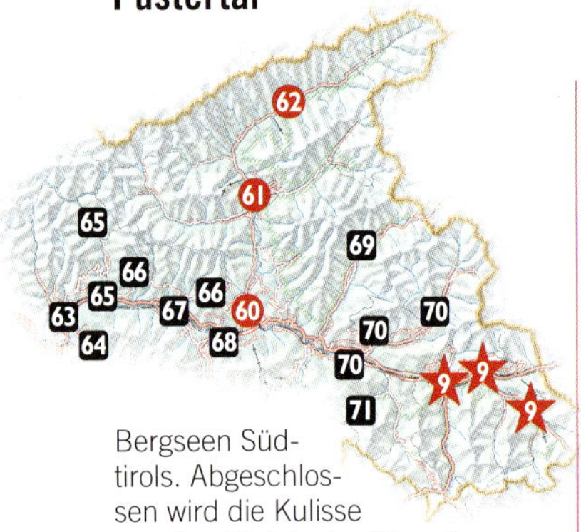

Bergseen Südtirols. Abgeschlossen wird die Kulisse von den Gipfeln der Rieserfernergruppe mit dem himmelhohen Hochgall (3436 m). Rund ein Stunde dauert der Weg um den Antholzer See, hinter dem die im Sommer offene Passstraße zum Staller Sattel ansteigt. Nach wenigen Metern erreicht man den Grenzübergang ins Osttiroler Defreggental. Auf dem Weg zurück treffen Sie auf das Hotel Bad Salomonsbrunn, das die Heilbadtradition der radonhaltigen Mineralwasserquelle fortsetzt.
201 D3

Tourismusverein Rasen
Niederrasen 60, 39030 Rasen-Antholz
0474 49 62 69; www.rasen.it

70 Welsberg-Taisten & Gsieser Tal (Monguelfo-Tesido & Valle di Casies)

Drei Altarbilder für die Kirche St. Margareth schenkte der Barockmaler Paul Troger 1739 seiner Heimatgemeinde Welsberg. Am Tabernakelbildstock am Dorfplatz hat Michael Pacher mitgearbeitet. Vor dem Ort liegt am Eingang zum Gsieser Tal **Burg Welsberg** (12. Jh.), heute ein Kulturforum. Wie die Bauern auf den Berghöfen lebten, erfahren Sie im »olten Voadohuibn Haus«.
201 D2 / E3

Tourismusverein Gsieser Tal, Welsberg, Taisten
St. Martin 10a, 39030 Gsieser Tal
Gsieser Tal 0474 97 84 36, Welsberg 0474 94 41 18, Taisten 0474 95 00 00; www.welsberg.com

Hof Voadohuibn
St. Magdalena 0474 94 80 65
Juni–Okt., nach Voranmeldung
3,50 € für 8 Pers.

71 Pragser Tal (Val di Braies)

Zu den Hochebenen des Naturparks Fanes-Sennes-Prags und in die Bergwelt der Pragser Dolomiten führt das malerische Pragser Tal. Wandern Sie (1 Std.) um oder rudern Sie über den Pragser Bergsee, in dem sich der Seekofel (2810 m) malerisch spiegelt. Drei Klettergärten und im Winter ein Eisklettergarten bieten sportliche Herausforderungen. Steil hinauf geht es zur Hochterrasse der Plätzwiese (1993 m) mit faszinierenden Panoramablicken und Wanderwegen.
201 D2

Tourismusverein Pragser Tal
Außerprags 78, 39030 Prags
0474 74 86 60; www.pragsertal.info

Blick über den Antholzer See

Wohin zum … Übernachten?

Preise
für ein Doppelzimmer pro Nacht:
€ unter 50 € **€€** 50–125 € **€€€** über 125 €

BRUNECK

Hotel Post €€€

Genießen Sie die Vorteile eines Stadthotels, von dem aus sich der Kronplatz fast genauso schnell erreichen lässt wie die Altstadt für den Einkaufsbummel. Hier, wo schon Kaiser Franz Joseph wohnte, herrschen der Charme von einst und der Komfort von morgen. Garant für Stil und Niveau ist die Familie von Grebmer, die das Haus in der fünften Generation führt.

200 B2 Graben 9, 39031 Bruneck
0474 55 51 27; www.hotelpost-bruneck.com

HOCHPUSTERTAL

Aussermahrhof €€

Starten Sie mit einem deftigen Bauernfrühstück aus Hofprodukten. Dieses wird für Sie von der Familie Taschler zubereitet, die Kinder unter drei Jahren kostenlos und unter zehn Jahren für die Hälfte mitessen lässt. Die Taschlers führen ihren Hof nach der Devise, dass die Urlauber als Gäste kommen und als Freunde gehen sollen. Beim Nachwuchs klappt das sowieso sofort über den Kontakt zu den Tieren. Der traditionelle Bauernhof verfügt über drei Zimmer, zu denen jeweils eine Kochnische in der großen Gemeinschaftsküche neben der gemütlichen Bauernstube gehört.

201 E3 St. Martin 10, 39030 Gsieser Tal
0474 97 84 93; www.taschler.it

Gstattlhof €

Der Bauernhof liegt in St. Veit in Richtung Pragser Wildsee auf einem kleinen Hügel abseits vom Dorf inmitten von Wiesen und Wäldern. In einfacher, gemütlicher Atmosphäre erleben Sie hier das bäuerliche Südtirol hautnah. Neben Pustertaler Schecken oder Sprinzen, dem zeitweise fast ausgestorbenen Alpenrind, werden hier schottische Hochlandrinder gezüchtet.

201 D2 St. Veit 15, 39030 Prags
0474 74 86 48; www.gstattlhof.it

Hotel Leitlhof €€–€€€

Das gediegen eingerichtete Panoramahotel strahlt viel Ruhe und Liebe zum Detail aus. Wanderungen im Winter wie im Sommer können direkt vor der Haustür beginnen. Skigebiete mit Abfahrten für Könner und Anfänger liegen in unmittelbarer Nähe. Die feinen Mahlzeiten richtet ein engagiertes Küchenteam mit frischen Kräutern und Salaten aus eigenem Anbau an.

201 E2 Pustertaler Str. 29, 39038 Innichen 0474 91 34 40; www.leitlhof.com

TAUFERER AHRNTAL

Alpenschlössl €€€

Das Haus ist mit Auszeichnungen überhäuft (u. a. gehört es zu den Top Ten der schönsten Wellnesshotels der Alpen) und verbindet gediegene Atmosphäre mit fast schon herzlichem Service. Die Küche ist leicht und lecker – eine ideale Unterstützung für Ihre Fitnessbemühungen. Durch einen Außengang verbunden ist das Alpenschlössl mit dem Hotel Linderhof – ein vergleichbares Haus unter gleicher

Leitung. Und das alles direkt am Lift hinauf zum Klausberg.
200 C4 39030 Steinhaus
0474 65 10 10; www.alpenschloessl.com

Berghotel Kasern €€

In unmittelbarer Nähe zum Bergbaumuseum werden Tradition und Qualität in dem schon vor 500 Jahren erwähnten Haus groß geschrieben. Das Hotel ist Gründungsmitglied der Kette Respiration Health Hotels und bringt einen Heilklimastollen mit ein ins Angebot: Atmen Sie auf ohne Allergene – schon auf dem Weg mit der Grubenbahn 1100 m tief in den Berg.
201 D5 39030 Kasern/Prettau
0474 65 41 85; www.kasern.com

Hellweger's Kleines Genießerhotel €€–€€€

Hier geschieht Ihnen Gutes nach dem Motto, dass Gäste ihren Urlaub riechen, schmecken und fühlen sollen – was nicht zuletzt auch für die hiesige Küche gilt. Auf den Zimmern gibt es Duftlampen mit reinem ätherischem Öl. Entspannung finden Sie im beruhigenden Mondscheinbad, beim Baden in Honigschaum oder in einem die Aura reinigenden Salzbad, einem Steinöl-, Waldduft- oder Wohlfühlbad.
200 B4 Hugo-von-Taufers-Str. 22, 39032 Sand in Taufers 0474 67 80 31; www.geniesserhotel.com

Hotel am See €–€€

Weit schweift der Blick von dem schon von außen gemütlichen Haus, einem gut geführten Familienbetrieb, über dem kleinen See in Mühlwald. Dazu kommen leckeres Essen und gut ausgestattete Zimmer. Zu den Skigebieten im Tauferer Ahrntal brauchen Sie gut zehn Minuten mit dem Auto; und die Loipen liegen direkt vor der Tür.
200 B3 Hauptort 2, 39030 Mühlwald
0474 65 31 66; www.hotel-am-see.it

Wohin zum …
Essen und Trinken?

Preise
für ein Essen ohne Getränke:
€ unter 10 € **€€** 10–20 € **€€€** über 20 €

BRUNECK UND UMGEBUNG

Restaurant Oberraut €–€€

Im Weiler Amaten oberhalb von Bruneck liegt der Gasthof mit herrlichem Blick auf den Talkessel. In zwei gemütlichen Bauernstuben wird traditionelle und verfeinerte Küche mit saisonalen Akzenten gereicht, so »Gerstensuppe mit Krauttirtlan« oder »Kartoffelblattlan« mit Sauerkraut und Preiselbeeren.
200 B2 39031 Amaten 0474 55 99 77
Fr–Mi 12–14 u. 18–21.30 Uhr; Mitte Jan., Mitte Juni u. Mitte Sept. 2 Wochen geschl.

Restaurant Schöneck €€€

Mit hohem Anspruch und großem Erfolg führen die Brüder Baumgartner das Restaurant. Ihr Geschick und Können hat dem Haus einen Michelin-Stern eingebracht. Karl Baumgartner gehört zu den kreativen Köchen, die mit neuen Zusammenstellungen überraschen. Weinempfehlungen gibt Sommelier Siegfried Baumgartner.
200 B3 Schloss-Schöneck-Str. 11, 39030 Kiens 0474 56 55 50; www.schoeneck.it Mi–So 12–14 u. 19–21.30 Uhr; in der Hochsaison teilweise nur montags geschl.

Weißes Lamm €€
Das Haus hat Erfahrung: Ende 1400 erbaut, um Wanderern eine Herberge vor den Stadttoren zu geben, wurde später die Kunst Stammgast. Wie die Bilder des »Künstlerstübeles«, so überzeugen die Tiroler Spezialitäten der Küche. Fragen Sie ruhig nach, was sich hinter »Tiroler Gröstl« oder »Nockentris« verbirgt. Zum Dessert empfehlen sich Brandteigkrapfen mit Vanilleeis und Schwarzbeeren.
200 B2 Stuckstr. 5, 39031 Bruneck 0474 41 13 50 Mo–Sa 11.30–14 u. 16–23 Uhr, April/März 2 Wochen, Mitte Juni 3 Wochen geschl.

HOCHPUSTERTAL

Gasthof Jaufen €
Rustikal und hausgemacht ist die Kost bei der Jaufen-Kathi, wie die Chefin von Einheimischen genannt wird. Den Speck hier sollten Sie auf keinen Fall verpassen. Der Hof der Familie Schönegger befindet sich auf 1450 m oberhalb des Hotels Almhof und ist von Vierschach im Sommer wie im Winter erreichbar.
201 F2 39038 Winnebach 0474 96 67 36 Dez.–Okt. Di–So 8–24 Uhr, Reservierung notwendig

Grüne Laterne €–€€
Der Ruf einer ausgesprochenen Feinschmeckerküche kommt nicht von ungefähr. Die internationalen Spezialitäten und heimischen Gerichte werden von täglich frisch gelieferten Produkten bestimmt, wobei das Haus eine gewisse Vorliebe für gegrillte Fleischgerichte hat. Wer zu Hause nachkochen möchte, kann hausgemachte Teigwaren gleich mitnehmen.
201 F2 Waldheimweg 10, 39030 Sexten 0474 71 01 40; www.gruenelaterne.it Hochsaison tägl., Mitte Juni–Okt. u. Dez.–Ostern Do–Di 8–23 Uhr

Kahnwirt €–€€
Der Kahnwirt in St. Martin ist berühmt für seine Speckknödel mit Gulasch mit hausgemachtem »gselchten« Speck und Kaminwurzen. Sie erleben in einem der ältesten Gasthöfe des Landes – seit über 500 Jahren ist er im Besitz der Familie –, dass die Chefin des Hauses am Herd steht und z. B. Pressknödl mit Gsieser Almkäse zubereitet.
201 E3 St. Martin 19, 39030 Gsieser Tal 0474 97 84 09 Juli–Mai Di–So 12–13.30 Uhr, Anfang/Mitte Dez. geschl.

Mudlerhof €–€€
Sie schauen schottischen Hochlandrindern, Bergziegen, einem Lama und einem Esel beim Weiden zu, während Sie sich eine zünftige Brettljause zu Gemüte führen. Der kleine Tierpark auf 1600 m Höhe gehört zu diesem Berggasthof mit Rundblick auf die nahen Dolomiten. Eingekehrt wird in zwei Bauernstuben und einer Panoramabar.
201 D2 39035 Taisten 0474 95 00 36 Weihnachten bis Ostern, Pfingsten bis Okt. Mi–Mo 9–20.30 Uhr

Restaurant Durnwald €–€€
Das überregional renommierte Restaurant verdient sich seine Meriten jeden Tag neu. Gekocht wird vom Chef des Hauses: Erich Mair bevorzugt die Tiroler Küche mit Schlutzkrapfen, Rehmedaillons mit Pilzsauce oder Buchteln mit Vanillesauce zum Dessert.
201 D2 Durnwald, 39030 Gsieser Tal 0474 74 69 20 Anfang Juli–Anfang Dez., 25. Dez.–Mitte Juni Di–So 12–14 u. 19–21 Uhr

TAUFERER AHRNTAL

Roanerhof €–€€
Der herrliche Blick nach Süden über das Tauferer Tal und den Kronplatz bis zur Marmolada gehört mit zur Pause, die Sie sich an der Jausenstation auf 1579 m Höhe gönnen sollten. Frische Produkte für unterwegs gibt es auf dem Bauernhof nebenan.
200 C4 39032 Ahornach 0474 67 92 91; www.roanerhof.de Di–So 9–20 Uhr

Wohin zum ... Einkaufen?

Direkt am Ufer der Rienz fertigt ein weit über die Grenzen des Landes bekannter Brunecker Betrieb Tuche, mit denen sich schon die Habsburger gegen alle Eventualitäten des Wetters kleideten. In der **Lodenfabrik Moessmer** (W.-v.-d.-Vogelweide-Str. 6, Tel. 0474 53 31 11) lassen sich nicht nur die wunderschönen und absolut strapazierfähigen Stoffe erwerben – und einiges, was renommierte Modefirmen daraus schneidern. Sie können die Fabrik auch besichtigten und lernen, wie aus Wolle Loden entsteht. Dazu sollten Sie mindestens sechs Personen sein und sich mit etwas Vorlauf telefonisch anmelden, damit die Führung für Sie organisiert werden kann.

Im ältesten Handwerksbetrieb Südtirols – Handwerksmeister gibt es in der **Hutmacherfamilie Zacher** (Burgweg 2, Innichen, Tel. 0474 91 35 35) nachweislich schon seit 1560 – werden Filzpantoffeln aus reiner Schurwolle gefertigt. Das Know-how der alten Hutmacherwerkstätten taugt exakt auch zur Herstellung von Pantoffeln, die wie ein Hut aus einem Stumpen aus festem Walkfilz geformt werden, wobei Laufsohle und Pantoffeloberteil fest miteinander verfilzt sein müssen, damit sich beide Teile auch bei intensiverem Gebrauch nicht voneinander trennen

Liebevoll gefertigte Lederwaren von Pferdegeschirr bis hin zu Federkielstickereien und Trachtengürteln finden Sie in der **Sattlerei Oberhauser** (Niederrasen 89, Rasen-Antholz, Tel. 0474 49 65 53). Schon beim Eintreten umfängt Sie der Duft des Leders. Sie können sich dort auch Ihre Kutsche reparieren lassen – bei Bedarf.

Wohin zum ... Ausgehen?

Wenn Sie gerne mit Stock walken, ist der **Nature.Fitness.Park Kronplatz-Dolomiti** (Niederrasen 60, Rasen, Tel. 0474 49 62 69) eine tolle Adresse. Das beschilderte Wegenetz von insgesamt 220 km Länge hat Routen mit unterschiedlichen Schwierigkeitsgraden. Wer Nordic Walking unter sachkundiger Anleitung lernen will, wendet sich an die **Nordic Walking School** (Tel. 34 87 35 03 68) in Bruneck.

Der **archäologische Lehrpfad** am Sonnenburger Kopf in St. Lorenzen führt Sie zu geschichtlich bedeutsamen Orten und Ausgrabungen aus bronze-, eisen-, römerzeitlicher und spätantiker Besiedlung. Landschaftlich reizvoller ist es, den Weg gegen die Nummerierung der Infotafeln von der Peintner Brücke aus zu starten, am besten mit einem Führer vom Tourismusverein St. Lorenzen (Tel. 0474 47 40 92).

In der Toblacher **Schaukäserei Drei Zinnen** (Pustertaler Str. 3 c, Tel. 0474 97 13 00, Di–Sa 8–18, So 10–17 Uhr) werden Sie doppelt informiert: im Museumsbereich zur Geschichte der Käseherstellung und in der Produktion unter fachkundiger Führung darüber, wie Käse heute gemacht wird. Danach können Sie Käse verkosten und erwerben.

Auf dem Weg zur **Hofkäserei Gatscherhof** werden Sie in die Kunst eingewiesen, Blüten, Blätter oder Wurzeln zum richtigen Zeitpunkt zu sammeln und zu nutzen. Schauen Sie sich den Kräutergarten an und lernen Sie in der Schaukäserei, wie Natur-, Fitness-, Wacholder- oder Pfefferkäse, Joghurt und andere naturbelassene Milchprodukte entstehen (inkl. Verkostung; Anmeldung Do bis 17 Uhr beim Tourismusverein Pfalzen, Tel. 0474 52 81 59).

Spaziergänge & Touren

1 VON BOZEN ENTLANG DER WEINSTRASSE

Fahrradtour

LÄNGE: ca. 27 km (Variante ab Auer mit dem Rad zurück nach Bozen: plus 25,5 km) **DAUER:** 4–5 Stunden (Variante plus 1,5 Stunden); ideal Frühjahr und Herbst **START/ZIEL:** Bozen 202 C4

Diese Tour führt Sie aus der Altstadt der Südtiroler Metropole hinaus in die Weingartenlandschaft des Überetsch. Mit dem Tempo bestimmen Sie die Intensität Ihrer Eindrücke – und am Kalterer See dürfen Sie sogar baden gehen.

1–2

Vom Waltherplatz, dem quicklebendigen Zentrum Südtirols, wo sich Menschen aus aller Welt treffen, fahren Sie zur Pfarrkirche und biegen links über den Pfarrplatz in die Eisackstraße ein. Am Kapuzinerkloster vorbei geht es nach rechts in die Marconistraße, der Sie folgen, bis Sie die Talfer an der Mündung in den Eisack über die Drususbrücke queren. Halten Sie an und schauen Sie zu, wie sich Eisack- und Sarntalwasser mischen. Am Ende der Brücke treffen Sie auf den Fahrradweg, der parallel zur Talfer flussaufwärts führt. Wenn auf der linken Seite der Siegesplatz mit der Siegessäule erscheint, biegen Sie nach links ab, um über den Platz in die italienisch geprägte Cesare-Battisti-Straße zu gelangen. Dann radeln Sie nach rechts auf den Mazziniplatz und kommen von dort auf die Freiheitsstraße, die Sie nach links weiterfahren bis zum Grieser Platz. Bei einem Halt bekommen Sie einen Eindruck von dem berühmten **Benediktinerkloster**, das 1845 der Wiener Kaiser den aus der Schweiz vertriebenen Mönchen von Muri geschenkt hat. Schön ist die barocke Klosterkirche.

2–3

Sie verlassen den Platz auf der linken Seite und folgen der Via Vittorio Veneto, bis Sie zum Eisenkellerweg kommen, der mit einer Schranke gegen Autoverkehr gesichert ist. Mit dem Rad kommen Sie aber leicht daran vorbei und mitten in Gärten voller Lagrein-Reben. Der Weg stößt auf den Weingartenweg, dem Sie nach links bis zur Drususallee folgen, die wiederum nach rechts in einen Kreisel führt, den Sie geradeaus über die Sigmundskroner Straße verlassen. Mit Schwung geht es auf den Etschdamm, dort eine kurze Strecke nach links und dann hinüber

Ganz in der Nähe des Kalterer Marktplatzes liegt das Weinmuseum

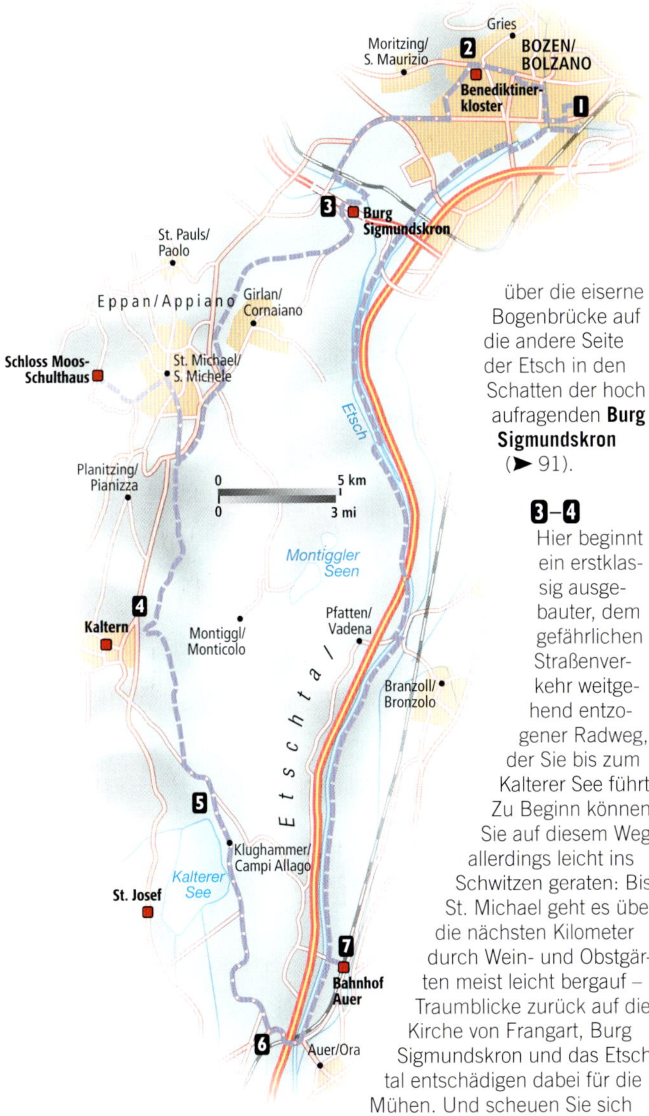

über die eiserne Bogenbrücke auf die andere Seite der Etsch in den Schatten der hoch aufragenden **Burg Sigmundskron** (► 91).

3–4
Hier beginnt ein erstklassig ausgebauter, dem gefährlichen Straßenverkehr weitgehend entzogener Radweg, der Sie bis zum Kalterer See führt. Zu Beginn können Sie auf diesem Weg allerdings leicht ins Schwitzen geraten: Bis St. Michael geht es über die nächsten Kilometer durch Wein- und Obstgärten meist leicht bergauf – Traumblicke zurück auf die Kirche von Frangart, Burg Sigmundskron und das Etschtal entschädigen dabei für die Mühen. Und scheuen Sie sich nicht, Ihr Rad notfalls auch mal ein Stück zu schieben.

Kurz vor **St. Michael** nähert sich der linksseitig geführte Radweg dann der Umfahrungsstraße an. Immer wieder gibt es auch Schatten unter Laubbaumdächern, die das Radeln auch bei höheren Temperaturen erträglich machen.

SCHLOSS MOOS-SCHULTHAUS

Zeit für den Besuch dieses mittelalterlichen Wehr- und Wohnturms (► 98) sollte auf jeden Fall sein: Besonders sehenswert sind das Bild **Katzen- und Mäusekrieg** (um 1410) und die Fresken aus der Zeit um 1400.

Die Hügellandschaft bei Eppan bringt Flachlandtiroler schon mal ins Schwitzen

4–5
Wenn Sie den Ortsrand von **Kaltern** erreichen, lenken Sie Ihr Rad bei einer alten Lok um fast 180 Grad zurück, gleiten über ca. 300 m steil bergab, bis sich der Radweg wieder nach Süden wendet und zwischen den Weingütern dem Kalterer See zustrebt.

5–6
Den See erreichen Sie bei der Kalterer Fraktion Klughammer. Ein paar 100 m weiter westlich liegt **St. Josef**, der Weinort, in dem immer etwas los ist. Oder aber Sie springen gleich für ein erfrischendes Bad am Ostufer in den Kalterer See, der einer der wärmsten Alpenseen ist. Ein wahrer Genuss, besonders an heißen Tagen, ist der Radweg am Ostufer entlang, der Sie immer wieder die Kühle des Leuchtenburger Forsts spüren und weit über den See blicken lässt.

BADEN UND BEOBACHTEN

Für Wasserratten gibt es von Anfang Mai bis September vor allem am West- und am Ostufer des **Kalterer Sees** Badeplätze. Zudem können Sie **Ruder-, Tretboote und Surfboards** mieten – eine ideale Abwechslung zum Ausflug auf dem Rad. Das verschilfte Südufer ist als Biotop ein Paradies für **Wasservögel** und alle, die die Tiere gerne beobachten.

6–7
Kurz vor Erreichen der Nord-Süd-Autobahn endet der Radweg für etwa 200 m. Die Landstraße hilft weiter. Auf ihr unterqueren Sie die Autobahn, überqueren dann den Fluss und schwenken am Brückenende flussaufwärts über den Deich, bis Sie nach zweimaligem Abbiegen nach rechts schon vor dem **Bahnhof von Auer** stehen.

7–1
Wer nun genug vom Radeln hat, kann von Auer aus per Bahn mitsamt dem Fahrrad nach Bozen zurückkehren. Für ausdauerndere Radler gibt es die Möglichkeit, entlang der Etsch nach Bozen zurückzufahren. Bei Pfatten wechseln Sie aufs Westufer, später in Bozen über die Rombrücke aufs Ostufer, um dann über die Loretobrücke zum Verdiplatz und durch die Eisackstraße zum Ausgangspunkt zurückzukehren.

2 DEN SCHNALSWAAL HINUNTER

Wanderung

LÄNGE: 11 km
DAUER: 3,5–4 Stunden
START/ZIEL: Altrateis/Tschars ✚ 197 E3

Wasserbaukunst hat Ihnen den Weg bereitet: Sie folgen dem von April bis Oktober Wasser führenden Waal im stillen Schnalstal, unterbrechen den Weg für eine Visite auf Schloss Juval und setzen ihn über die versteppte Flanke des Sonnenbergs oberhalb von Staben und Tschars fort.

1–2

Das Auto sollten Sie auf dem **Parkplatz** unter Schloss Juval (neben der Tunneleinfahrt ins Schnalstal) abstellen und mit dem Bus vom gegenüberliegenden Schnalstaler Hof aus ins Schnalstal bis zur Haltestelle Altrateis fahren. In **Altrateis** (844 m) gehen Sie etwa 120 m talaufwärts, bis Ihnen die rot-weiß-rote Markierung mit der Ziffer 3 im weißen Feld den Einstieg in den Schnalswaalweg signalisiert. Der sanft abfallende Weg durch eher schattige Nadel- und Laubwaldpassagen ist auch bei hohem Sonnenstand angenehm. Erst an einem steileren Hangstück kommt die Erinnerung daran auf, dass

SCHLOSS JUVAL

Das Museum lockt mit einer umfangreichen Sammlung von tibetischen Kunstwerken, einer Galerie von Bergbildern und einer Maskensammlung, die Sie im Rahmen einer Führung besichtigen können (► 55).

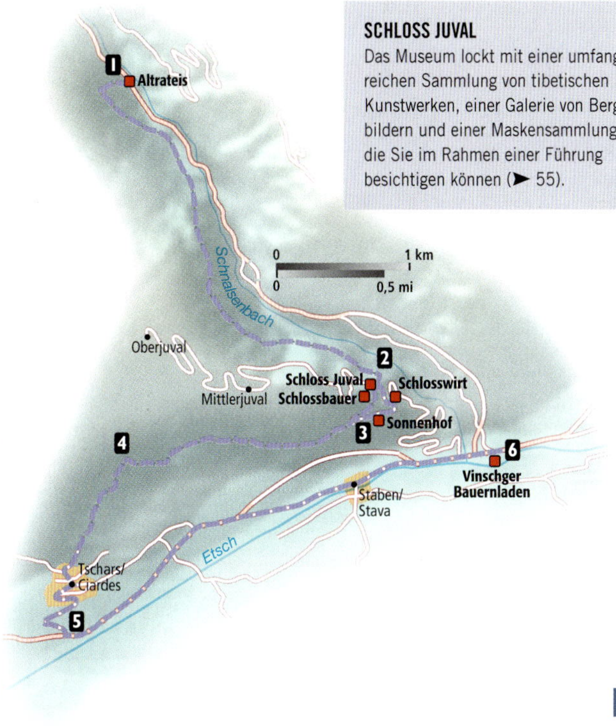

Seit 1983 ist der Extrembergsteiger Reinhold Messner Herr auf Schloss Juval

Waalwege ursprünglich einmal nur für die Waaler, die Betreuer der künstlichen Kanäle, angelegt wurden. Wirklich schwierig wird für Wanderer mit durchschnittlicher Kondition und Trittsicherheit aber keine Passage. Nach einer knappen Stunde erreichen Sie die Wiesenlandschaft um den Burghügel von **Schloss Juval** (927 m).

2–3
Nun können Sie sich bei einer Pause stärken (► 183) und nach Belieben tibetische Kultur im mittelalterlichen Schloss (► 181) betrachten. Den **Sonnenhof** erreichen Sie auch über einen reizvollen Umweg: Gehen Sie den Berg ein Stück des asphaltierten Wegs mit der Ziffer 1 hinunter, biegen Sie dann rechts neben einer Infotafel zur Vegetation am Sonnenberg auf einen kleinen Pfad ab. Sie können Ihr Ziel nicht verfehlen: Die Jausenstation und Tschars sind ausgeschildert. Bald hören Sie das regelmäßige Hämmern einer wassergetriebenen Waalschelle: Dutzende dieser Schellen alarmierten den Waaler früher durch ihr Schweigen, wenn ein Kanalstück verstopft war. Den Unterricht in puncto Waale machen ein kurzes Stück offener hölzerner Rohrleitung (Kandl) – wie sie früher häufig zu finden war – und ein hübsches Waalerhaus perfekt.

VEREINTE VINSCHGER VIELFALT
37 Mitglieder der Genossenschaft Vinschger Bauernläden zu Füßen von Schloss Juval bieten bäuerliche Produkte von Geräuchertem über Essig, Honig und Weine bis zu Gewürzen und Tees an.

3–4
Am Hof vorbei gehen Sie zum mit dicken Steinplatten belegten Pfad mit der Ziffer 3, der anfangs noch dem schnell fließenden Wasser folgt. Ab hier finden Sie immer wieder kleine Tafeln, die etwas über besondere Pflanzen am Weg verraten. Überall dort, wo sich der auch vom Tal deutlich

So frisch das Wasser des Waals auch dahinschäumen mag: Nehmen Sie reichlich Mineralwasser für unterwegs mit

sichtbare Wald- und Buschstreifen entlang des Waals lichtet, tun sich faszinierende Ausblicke auf. Die begradigte Etsch wirkt wie ein Kanal, die Obst- und Weingärten liegen wie ein Flickenteppich über die Hügellandschaft ausgebreitet. Und über allem thronen die mächtigen Gebirgsstöcke vom Hasenohr (3256 m) und anderen Riesen des Nationalparks Stilfser Joch. Verweilmöglichkeiten gibt es auf einer Fülle von Bänken. Seien Sie aber vorsichtig, denn manche – wie auch einige Zaunteile vor steil abfallenden Hangpartien – wirken recht wackelig. Und unterschätzen Sie den Wind nicht, der an freien Hangstellen heftig pfeifen kann!

4–5

Bei einer Weggabelung kurz vor Tschars verlassen Sie den Waal und steigen über den linken Pfad langsam ab. Der Pfad führt oberhalb der Weinberge entlang und dann oberhalb des Gasthofs Himmelreich zur Klostergasse. An der folgenden platzartigen Kreuzung kürzen Sie die Serpentinen der Hauptstraße ein wenig über eine Treppe entlang eines Kandls ab, einer Holzrinne, die ein Mühlrad versorgt.

5–6

Nach wenigen Schritten haben Sie die Talsohle (600 m) mit der Staatsstraße und der Bushaltestelle erreicht. Mit dem Bus kommen Sie schnell zum Parkplatz zurück – und zum **Vinschger Bauernladen** (➤ Kasten 182), einer idealen Anlaufstelle, wenn es darum geht, sich mit ein paar Leckereien für das Tagwerk zu belohnen.

Landwirtschaft mit viel Flair und Atmosphäre: einer der Berghöfe um Schloss Juval

KLEINE PAUSE

Mit großem Hunger sind Sie in der Buschenschenke **Schlosswirt** (März–Mai u. Mitte Juni–Nov. So–Di 10–19, Do–Sa 10–24 Uhr) ein Stück unterhalb der Burg an der asphaltierten Zufahrtsstraße bestens aufgehoben. Neben hofeigenen Produkten gibt es natürlich auch Juvaler Eigenbauweine – wie auch bei den beiden Jausenstationen im Umfeld der Burg: Den **Schlossbauer** (Palmsonntag–1. Nov. Do–Di 10–17 Uhr) finden Sie direkt neben dem Eingang zum Schloss. Vom nahen Stall schauen die Geißen wiederkäuend zu, wie Sie auf der Terrasse lockeren Buchweizenkuchen vertilgen. Einige Höhenmeter weiter, erreichen Sie den **Sonnenhof** (Ostern–Mitte Juni, Aug.–1. Nov. Sa–Do 11–17 Uhr), bei dem ähnliche Speisen wie beim Schlossbauer auf den Tisch kommen: Speck, Kaiserschmarren & Co.

3 VON BRIXEN ZUM WÜRZJOCH UND ÜBER LÜSEN ZURÜCK

Rundfahrt

LÄNGE: 60 km **DAUER:** ca. 3 Stunden (nur in schneefreien Monaten; für Gespanne immer gesperrt)
START/ZIEL: Brixen 199 F2

Die serpentinenreiche Strecke um den Plose-Gebirgsstock führt Sie an reizvollen Dörfern vorbei und durch Wald- und Wiesenlandschaften hoch zum Würzjoch (1967 m). Nach dem Blick ins ladinische Gadertal geht es zurück durch ein verträumtes Dolomitental.

1–2

Sie starten am Kreisverkehr, wo die Mozartstraße in Brixen-Milland in die Plosestraße mündet, in Richtung Plose/St. Andrä. Die Straße steigt außerhalb der Stadt schnell an und schlängelt sich in Serpentinen durch Wälder und Wiesen. Nach einer Kehre Richtung Norden weitet sich der Blick auf ein überwältigendes Panorama mit dem Brixener Talkessel. Hinter den Randgebirgen schieben sich die weißen Alpengipfel in den Himmel, darunter die Wilde Kreuzspitze (3132 m) und der Hochpfeiler (3510 m).

In den stillen Dolomitentälern nimmt man sich gerne Zeit für ein Gespräch

2–3

Weiter geht es die Hangstraße entlang, bis nach etwa 5 km am Hang Scheunen und Höfe auftauchen, die **St. Andrä** (960 m) ankündigen. Der nächste Panoramablick gilt den Sarntaler Alpen westlich von Brixen mit der Radlseespitze (2252 m). Zu St. Andrä gehören ein Freischachspielplatz beim Hotel Post und ein entzückendes Kirchlein. Sie bleiben auf der Hauptstraße und orientieren sich nach der Ausschilderung »Würzjoch«. Am Ortsende geht es zur Umlaufbahn, die ganzjährig Tausende auf die baumlosen Kuppen der Plose befördert.

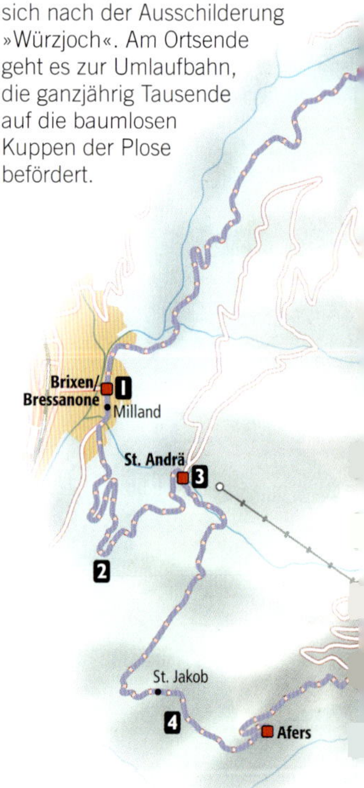

Bleich ragen die Dolomitentürme über Wiesen und Wäldern auf

MÜHLEN AM KASERBACH

Die **Pardellermühle** (1646 m; Führungen nach Anmeldung beim Tourismusverein, Tel. 0472 41 37 50) ist eine von vielen Mühlen, die einst zu Lüsen gehörten. Sie ist restauriert und gibt zusammen mit einer Sägemühle und einer Schmiede Auskunft über das alte Handwerk.

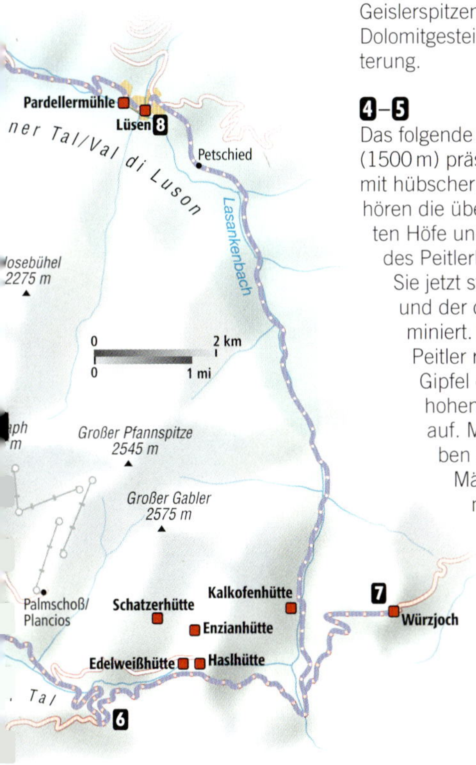

3–4

Kurvenarm geht es weiter durch Blumenwiesen und lichten Nadelwald mit Blaubeeren. Mit dem Schild »Willkommen in St. Jakob« (1336 m) kommt ein atemberaubender Anblick auf Sie zu: die mächtigen Türme der Villnösser Geislerspitzen (3025 m) – reines Dolomitgestein in bizarrer Verwitterung.

4–5

Das folgende Bergdorf **Afers** (1500 m) präsentiert sich schmuck mit hübscher Kirche. Zur Idylle gehören die über die Hänge verstreuten Höfe und der mächtige Stock des Peitlerkofels (2874 m), dem Sie jetzt stetig näher kommen und der das Würzjoch dominiert. Direkt neben dem Peitler ragen die sägeartigen Gipfel der bis zu 2300 m hohen Aferer Geislerspitzen auf. Mit etwas Glück erleben Sie die Bauern beim Mähen der Steilwiesen mit der Sense.

6–7

Kurz hinter dem Abzweig zur Aferer Fraktion Palmschoß (mit Aufstiegsanlage zur Plose) fällt

Der »Sound« der Berge: Kuhglocken führen Senner zu verirrten Tiere ihrer Herde

die Straße leicht ab. Der Peitler und seine Begleiter werden immer sichtbarer, am Fuß gesäumt von großen Geröllhalden, die bis zu den Almen hinabreichen. Wo die Straße geradeaus ins Villnösser Tal führt, folgen Sie der Ausschilderung »Würzjoch« nach links.

6–7

Viehzäune und Hinweise »Achtung Kühe!« begleiten Sie, während Sie bei Kilometer 28 den Abzweig nach Lüsen passieren und nach 30 km und etwa 90 Minuten das Joch erreichen. Mit seinem Namen »Ütia de Börz« (ladinisch für: **Würzjoch**) sagt Ihnen der prächtige Almgasthof, wo Sie sich befinden: auf der Passhöhe zwischen dem Eisacktal und dem Gadertal, mit Untermoi in Sichtweite.

7–8

Auf dem Rückweg biegen Sie rechts nach Lüsen ab. Bis in die jüngste Zeit war das Tal kaum vom Tourismus berührt. Der Weg mäandert über Holzbrücken, während das Gewässer langsam zum Lasankenbach wird. Vorbei an der Jausenstation **Kalkofenhütte** (Christi Himmelfahrt–Ende Sept. tägl. 10–19 Uhr, unregelmäßig geöffnet) geht es über den unübersichtlichen Weg vorsichtig zu Tal, während am Horizont der Gitschberg glitzert. Mit Petschied erreichen Sie die erste kleine Siedlung – mit Höfen und Kirchlein – und schließlich den properen Hauptort. Hier schweben oft Dutzende Paraglider durch die Luft; diese starten vom Tulperhof. In Lüsen gibt es einen kleinen, idyllisch gelegenen **Naturbadeteich**, in dem täglich kostenlos und auf eigene Gefahr von 9.30 bis 20 Uhr geschwommen werden kann; zur Anlage gehören auch ein Kinderteich und eine 41-m-Rutsche. Wer sich für die Geschichte des 893 erstmals urkundlich erwähnten Orts oder den Ansitz Moarhofer interessiert, kann sich führen lassen.

8–1

Ab Lüsen wird die Straße breiter, verläuft links am Hang und lässt sich zügig Richtung Brixen befahren. Nach gut 51 km ist ein letzter Zwischenstopp angesagt: Weit schweift der Blick auf die wunderschönen Hochflächen der Plateaus von Natz, Spinges, Meransen und Rodenegg. Die Straße wird noch einmal kurvenreich, bis Sie schließlich in Brixen ankommen. Sie biegen vor der Brücke über die Rienz links ab und erreichen schnell den Kreisverkehr, von dem aus Sie gestartet sind.

KLEINE PAUSE

Gut 25 km nach dem Start können Sie sich an der **Edelweißhütte** (Mai–1. Nov. tägl. 7.30–22 Uhr) und der **Haslhütte** (Mitte Mai–Juni Di–So 9–19 Uhr, Juli–Sept. u. Weihnachten–Mitte März tägl. 7–22 Uhr, Okt. u. Nov. 9.30–17 Uhr) zünftig stärken. Kinder finden auf der nahen Wiese Spielgeräte. Wer mehr als nur die Beine ausschütteln will, wandert leicht hinauf zur **Enzianhütte** (25 Min., Christi Himmelfahrt–1. Nov. tägl. 10–19 Uhr) oder weiter zur **Schatzerhütte** (35 Min., Christi Himmelfahrt–1. Nov. tägl. 8.30–24 Uhr). Welche Hütte Ruhetag hat, wird an der Edelweißhütte angezeigt.

Praktisches

REISEVORBEREITUNGEN

WICHTIGE PAPIERE

● Erforderlich
○ Empfohlen
▲ Nicht erforderlich

	Deutschland	Österreich	Schweiz
Pass/Personalausweis	●	●	●
Visum	▲	▲	▲
Impfungen (Tetanus und Polio)	○	○	○
Auslandskrankenversicherung (➤ 192, Gesundheit)	○	○	○
Reiseversicherung	○	○	○
Führerschein (national)	●	●	●
Kfz-Haftpflichtversicherung	●	●	●
Fahrzeugschein	●	●	●
Grüne Versicherungskarte	○	○	○

REISEZEIT

Hauptsaison / Nebensaison

JAN	FEB	MÄRZ	APRIL	MAI	JUNI	JULI	AUG	SEPT	OKT	NOV	DEZ
Nebensaison	Nebensaison	Nebensaison	Hauptsaison	Hauptsaison	Hauptsaison	Hauptsaison	Hauptsaison	Hauptsaison	Nebensaison	Nebensaison	Hauptsaison
5°C	9°C	14°C	19°C	22°C	27°C	29°C	28°C	24°C	18°C	11°C	6°C
sonnig	sonnig	sonnig	sonnig	wechselhaft	bewölkt	regnerisch	wechselhaft	sonnig	regnerisch	wechselhaft	bewölkt

sonnig · wechselhaft · regnerisch · bewölkt

In Südtirol ist immer irgendwo Saison. Da die Region rund ums Jahr viel zu bieten hat, ist sie auch von Januar bis Dezember ein beliebtes Reiseziel. Verlässliche Größen sind mehr als 300 Sonnentage im Jahr, die Apfelblüte im April und der neue Wein im Oktober. Je nach Region wechseln die Betriebsferien der Hotels und Restaurants. Schwerpunkte bilden dabei der November und die Wochen vor Ostern. Richtig voll wird es in Südtirol, wenn Italien im August selbst Ferien macht.

Wetterdienst: Mehrtägige Prognosen gibt der Südtiroler Wetterdienst (www.provinz.bz.it/wetter/suedtirol.htm, aktualisiert um 7.30 und 11 Uhr), auch über das Wetter im Gebirge. Der Tonbanddienst lässt sich über Tel. 0471 27 05 55 oder 0471 27 11 77 abhören.

INFORMATIONEN VORAB

Websites

- www.suedtirol.info
- www.vinschgau.is.it
- www.meranerland.com
- www.eisacktal.info
- www.tauferer.ahrntal.com
- www.suedtirols-sueden.info
- www.seiseralm.it
- www.valgardena.it
- www.altabadia.org
- www.kronplatz.com
- www.hochpustertal.info

ANREISE

Mit dem Auto: Die bekannteste Route von Deutschland nach Südtirol führt über die Autobahn A8 München–Innsbruck–Brenner nach Bozen. In Österreich und Italien sind Autobahnen **mautpflichtig**; ein extra Gebühr wird auf der Brennerautobahn für den Abschnitt Schönberg – Brenner (Europabrücke) fällig. Bereits an Autobahntankstellen hinter München können Vignette und Brennermaut gekauft werden.
Aus dem westlichen Österreich kommend, gelangt man am besten über den ganzjährig befahrbaren Reschenpass nach Südtirol. Timmelsjochstraße (mautpflichtig), Staller Sattel, Stilfser Joch und Umbrailpass sind je nach Schneelage von Juni/Juli bis Oktober geöffnet. Aus dem östlichen Österreich empfiehlt sich die Fahrt über Lienz und weiter auf der E66 über Winnebach und das Pustertal nach Brixen. Von der Schweiz gelangt man zwischen Müstair und Taufers im Münstertal über die Grenze nach Südtirol (ganzjährig geöffnet).
Mit der Bahn: Von Norden her kann man mit der Bahn über zwei Grenzübergänge nach Südtirol einreisen: über den Brenner oder aus Richtung Lienz (Österreich) über Innichen (➤ 32). Die Anreise mit Autoreisezug ist ebenfalls eine Alternative.
Mit dem Flugzeug: Regelmäßig bedient der Flughafen Bozen nur die Strecke Bozen – Rom. Je nach Urlaubsziel empfiehlt es sich, auf die nächstgelegenen Flughäfen von Innsbruck (120 km) oder Verona (150 km) auszuweichen (➤ 33).

ZEIT

Im Winterhalbjahr gilt in Südtirol die Mitteleuropäische Zeit (MEZ), von Ende März bis Ende Oktober die Mitteleuropäische Sommerzeit (MEZ +1 Std.).

WÄHRUNG UND GELDWECHSEL

Währung: Italien gehört zur Euro-Zone. Für die Schweiz gilt: 1 € = 1,22 CHF bzw. 1 CHF = 0,82 €.
Banken und Bankautomaten (italienisch: *bancomat*), an denen man mit Kredit- und Bankkarte rund um die Uhr Geld abheben kann, finden Sie in allen größeren Orten.
Kreditkarten sind gängige Zahlungsmittel, aber je kleiner die Restaurants oder Gasthöfe sind, desto eher wird Bargeld gewünscht. **Reiseschecks** werden meist akzeptiert.
Sperrnummern: Unter Tel. 11 61 16 (aus dem Ausland mit der Vorwahl 0049) kann man für **Deutschland** elektronische Berechtigungen wie Kreditkarten, Handykarten und die Identitätsfunktion des neuen Personalausweises bei Verlust sperren lassen. Für **Österreich** gilt die Telefonnummer: 0043 1 717 01 45 00. Die wichtigsten Notfallnummern in der **Schweiz** sind: 0041 044 659 69 00 (Swisscard); 0041 044 8 28 35 01 (UBS Card Center); 0041 044 2 00 83 83 (VISECA); 0041 044 8 28 32 81 (Postfinance).
Quittungen: In Italien sind Käufer verpflichtet, Kassenbelege (*ricevuta fiscale, scontrino*) zu verlangen und aufzubewahren. Es kann vorkommen, dass man nach dem Verlassen eines Geschäfts aufgefordert wird, die Quittung vorzuweisen – damit soll Steuerbetrug erschwert werden.

Deutschland (ENIT)
Barckhausstr. 10
60325 Frankfurt/Main
☎ 069 23 74 34
www.enit.de

Österreich (ENIT)
Mariahilfer Str. 1 B
1060 Wien
☎ Tel. 01 5 05 16 30 12
www.enit.at

Schweiz (ENIT)
Uraniastr. 32
8001 Zürich
☎ 043 4 66 40-40
www.enit.ch

Praktisches

DAS WICHTIGSTE VOR ORT

FEIERTAGE

1. Januar	Neujahrstag	2. Juni	Proklamation der Republik (1946)
6. Januar	Heilige Drei Könige	3. Junisonntag	Herz-Jesu-Sonntag
März/April	Ostermontag	15. August	Mariä Himmelfahrt
25. April	Befreiung von der faschistischen Diktatur	1. November	Allerheiligen
1. Mai	Tag der Arbeit	8. Dezember	Mariä Empfängnis
Mai/Juni	Pfingstmontag	25./26. Dezember	Weihnachten

An allen oder manchen dieser Tage sind Banken, Museen und viele Läden (außer Bäckereien) geschlossen.

ÖFFNUNGSZEITEN

○ Geschäfte
● Ämter
● Banken
● Postämter
● Apotheken

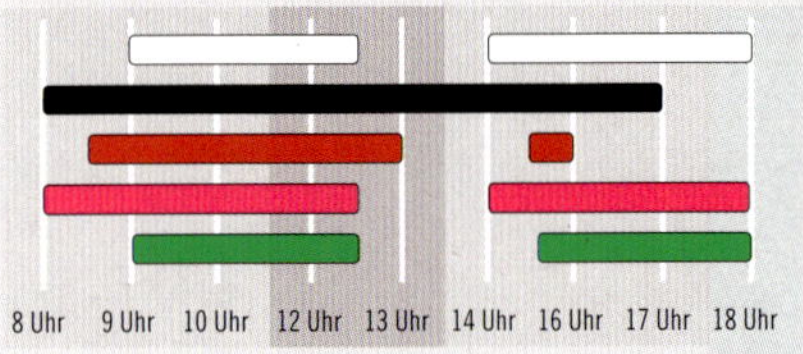

☐ Tagsüber ☐ Mittags ☐ Abends

Geschäfte sind in Südtirol meisten Mo–Fr 9–12.30 u. 15–18 u. Sa 9–12.30 Uhr geöffnet. Manche Läden haben einen halben Werktag geschlossen, oft montagvormittags oder mittwochnachmittags. Einige Läden haben auch sonntags geöffnet.
Banken sind Mo–Fr von 8.30–13 u. 15–16 Uhr geöffnet. Postbankstellen finden Sie bei den Postämtern.
Museen haben sehr unterschiedliche Öffnungszeiten. Weitere Infos im Band.

TRINKGELD

Generell ist der Service im Preis enthalten. Zusätzlich sind 5–10 % des Endpreises für Hotelangestellte, Kellner und Taxifahrer üblich. In guten Hotels können Sie dem Zimmermädchen durchaus 5 Euro pro Woche geben.

Stadtführer	nach Ermessen
Toilette	30 Cent

ELEKTRIZITÄT

Die Spannung in Südtirol beträgt 230 Volt. Im Allgemeinen wird ein Adapter benötigt; Europanorm-Stecker können aber auch oft ohne verwendet werden.

ZEITUNTERSCHIED

Bozen	Berlin (MEZ)	London (GMT)	New York (EST)	Sydney (AEST)
12 Uhr	12 Uhr	11 Uhr	6 Uhr	21 Uhr

IN KONTAKT BLEIBEN

Post: Postämter gibt es in den meisten Orten; sie sind im Allgemeinen Mo–Fr von 8.30–13.30 Uhr geöffnet, samstags und am letzten Tag des Monats schließen sie um 11.45 Uhr. Allerdings werden nicht überall die üblichen Öffnungszeiten eingehalten. Briefmarken (francobolli) erhält man entweder in Postämtern, in Souvenirläden oder in Tabakwarengeschäften, die mit einem »T«-Schild (tabacchi) gekennzeichnet sind (hier gelten deren Öffnungszeiten). Ein Brief bis 20 g sowie eine Postkarte ins europäische Ausland kosten 0,75 € und werden mit »Posta prioritaria« frankiert.

Öffentliche Fernsprecher: Mit Ihrem Handy können Sie in ganz Südtirol telefonieren – wenn Sie ein Netz haben. In den Telefonzellen benutzen Sie Telefonkarten (Scheda telefonica), die es an den Schaltern der Telecom Italia, in Tabakläden oder bei Verkehrsämtern gibt. Bei Gesprächen immer die 0 aller Vorwahlen mitwählen, auch bei Ortsgesprächen.

Internationale Vorwahlen:

Deutschland	**00 49**
Österreich	**00 43**
Schweiz	**00 41**

Mobilfunkanbieter und -dienste: Das Handynetz ist ausgezeichnet, in den Bergen muss man jedoch mit Funklöchern rechnen. Italien hat drei Hauptanbieter: Vodafone (www.vodafone.it), TIM (www.tim.it) und Wind (www.wind.it). Alle bieten Prepaid-Karten an. Sie benötigen einen Ausweis, um ein Konto freizuschalten. Eine vor Ort erworbene Prepaid-Karte ist vor allem für Telefonate von Italien ins Ausland günstiger.

WLAN und Internet: Viele öffentliche Bibliotheken haben Internet-Terminals, zudem gibt es zahlreiche öffentliche Hotspots und Internetcafés. In Bars und besseren Hotels wird ein Internetzugang per WLAN auch immer häufiger kostenlos angeboten.

SICHERHEIT

Südtirol ist ziemlich sicher, Diebe und Unachtsamkeit im Gebirge sind die größten Gefahrenquellen:

- Tragen Sie Geld in der Bauchtasche oder im Brustbeutel.
- Lassen Sie Wertgegenstände im Hotelsafe.
- Lassen Sie keine Gegenstände sichtbar im Fahrzeug liegen.
- Nehmen Sie sich an belebten Plätzen vor Taschendieben in Acht.
- Melden Sie Diebstähle sofort. Sie erhalten dann eine Referenznummer für die Schadensmeldung bei der Versicherung.
- Bei Wanderungen in abgelegenen Gebieten sollten Sie ausreichend Getränke, Essen, Kleidung und im Idealfall ein Mobiltelefon für den Notfall mitnehmen.
- Beherzigen Sie vor allem im Hochgebirge stets Warnhinweise vor Ort und bleiben Sie auf den gekennzeichneten Wanderwegen. Wer unerfahren ist, sollte ggf. einen Wanderguide engagieren.

VERKEHRSPOLIZEI 113

FEUERWEHR 115

PANNENHILFE 116

RETTUNG/NOTARZT 118

GESUNDHEIT

Arzt: In medizinischen Notfällen erreichen Sie über die 118 (Festnetz oder Handy) einen Notarzt. Denken Sie unbedingt an eine Reisekrankenversicherung.
Krankenhaus: Erste Hilfe erhalten Sie in den Ambulanzen der sieben Südtiroler Krankenhäuser.

Zahnarzt: Die örtlichen Tourismusbüros haben den Überblick, wer Ihnen kompetent und schnell helfen kann. Das hilft mehr als Blättern in Telefonbüchern.

Wetter: Wegen der enormen Höhen- und Temperaturunterschiede müssen Sie bei Ausflügen an Sonnenschutz und richtige Kleidung denken. Außerdem sollten Sie immer ausreichend Flüssigkeit zu sich nehmen.

Medikamente: Tourismusbüros – wie auch Ihre Unterkunft – kennen die nächste Apotheke. Notdienst-Apotheken finden Sie auch unter www.provinz.bz.it/gesundheitswesen.

Trinkwasser: Generell hat das Trinkwasser in Südtirol eine gute Qualität. Nicht immer kann das Wasser aus Brunnen bedenkenlos getrunken werden.

ERMÄSSIGUNGEN

Kaum zu überblicken ist die Vielfalt von Ermäßigungen und Rabatten. So gibt es Tourist Cards von verschiedenen örtlichen Tourismusvereinen, die kostenlos über die Vermieter verteilt werden und die die kostenlose Teilnahme an Veranstaltungen, Führungen und Wanderungen ermöglichen und Ermäßigungen bei Seilbahnen, Sesselliften, Fahrradverleihern, in Schwimmbädern, auf Tennisanlagen, bei Raftings, Paragliding-Flügen etc. gewähren. In der Urlaubsregion »Meraner Land« können Sie z. B. eine »Touristcard« für 3 oder 7 Tage erwerben und bei Eintritten bis zu 65 % sparen. Erkundigen Sie sich am besten direkt bei den Touristeninformationen.

EINRICHTUNGEN FÜR BEHINDERTE

Auf der Homepage www.suedtirol.info sind unter »Unterkünfte«, »Themenunterkünfte« und »Barrierefreier Urlaub« Spezialanbieter gelistet. Die Vinschgerbahn mit ihren Niederflurwagen und der barrierefreie Rundweg für Rollstuhlfahrer an der Zanser Alm im Naturpark Puez Geisler (Infos über Tourismusverband Eisacktal, Tel. 0472 80 22 32) sind Beispiele für auf Behinderte eingestellte Optionen.

KINDER

Viele Tourismusvereine bieten Kinderprogramme an, bei denen Bergführer den Nachwuchs beim Klettern und Abseilen anleiten, Zeltcamps und Nachtwandern angeboten und viele andere Aktivitäten unternommen werden. Auf Südtirols Pisten gilt Helmpflicht für Wintersportler unter 14 Jahren. Besondere Attraktionen für Kinder sind durch oben stehendes Logo gekennzeichnet.

FUNDSACHEN

Wenn etwas verloren gegangen ist, sind die Tourismusbüros für Sie die beste Anlaufstelle.

BOTSCHAFTEN IN ROM

Deutschland
☎ 06 49 21 31
www.rom.diplo.de

Österreich
☎ 06 8 41 82 12
www.bmeia.gv.at/botschaft/rom.html

Schweiz
☎ 06 80 95 71
www.eda.admin.ch/roma

JANUAR

Pustertaler Skimarathon: In Volksfestatmosphäre starten Sie selber oder feuern die Läufer auf der Loipe an.
Schneeskulpturen-Wettbewerb: Internationale Künstler bearbeiten in Innichen und St. Vigil tagelang Eisblöcke.
Kastelruther Bauernhochzeit: Zum Publikumsmagnet werden die Fahrt mit Pferdeschlitten und das bunte Treiben mit Hochzeitsmahl und Tanz.
Biathlon-Weltcup Antholz: Immer am dritten Januar-Wochenende ist die Biathlon-Elite in Antholz zu Gast. Die Weltcup-Station zeichnet Schneesicherheit und meistens Bilderbuchwetter aus.
Dolomiti-Balloonfestival: Während der mehrtägigen Wettkämpfe in Toblach können die Besucher den wunderbaren Adlerblick auf die Dolomiten auch von der Gondel aus genießen. Bis zu vier Personen können mit dem Piloten mitfahren.

FEBRUAR/MÄRZ

Faschingsbräuche: Am »Unsinnigen Donnerstag« beschwören junge Männer beim »Zusslrennen« in Prad mit Schellen alte Fruchtbarkeitskulte. Uralt ist der Egetmann-Umzug, der in ungeraden Jahren am Faschingsdienstag durch Tramin zieht. Die Münstertaler vertreiben Anfang März die Wintergeister mit Kuhglocken.
Scheibenschlagen: In vielen Vinschgau-Orten wird am ersten Fastensonntag der Winter mit glühenden Holzscheiben verjagt.
Sella-Ronda-Skimarathon: Anfang März starten Hunderte Zweimannteams zur Nachtrunde um die Sella.

MÄRZ/APRIL

Passionsspiele: Das Martyrium Christi wird in Lana nach Ostern dargestellt.
Bauerngalopprennen: Ostermontag galoppieren Haflinger über die Rennbahn in Meran.
Bozner Filmtage: Europäische Spiel- und Dokumentarfilme konkurrieren um Jury- und Publikumspreise.

APRIL/MAI

Bozener Weinkost: Die Leistungsschau Südtiroler Weine lädt Ende April Genießer auf Schloss Maretsch.
Locknfest: Mit irren Rutschgefährten endet die Wintersaison am Brunecker Kronplatz im Teich.
Spargelzeit: Von Mitte April bis Ende Mai wird in Terlan der Spargel gestochen.
Blumenmarkt in Bozen: Farben, Düfte und fachkundige Gärtner beherrschen Ende April den Waltherplatz.
Eppaner Burgenritt: An drei Tagen Ende April/Anfang Mai stehen die Weindörfer im Zeichen mittelalterlicher Turniere und Ritte mit Hunderten von Reitern.
Meranflora: Zur Frühlingsmesse um Beet- und Zierpflanzen gehören die Kuranlagen und die Gärten von Schloss Trauttmannsdorff.
Kirchtage: Bei den Kirchtagen im Pustertal versuchen die Dörfler, die Strohpuppe des Michls aus dem Nachbardorf von einem hohen Baumgerüst zu stehlen.

Veranstaltungen rund ums Jahr

MAI/JUNI

Kalterer-See-Triathlon: Mitte Mai messen die Athleten ihre Kräfte und sorgen damit für starken Publikumsandrang.
Südtiroler Speckfest: Ende Mai gibt es auf dem Bozener Waltherplatz die Spezialitäten des Landes und dazu Volksmusik. Jetzt beginnt auch die Zeit der Konzerte, Freilichttheater, Ritterspiele und Umzüge (bis September).
Fronleichnamsprozessionen: In Kastelruth findet die prächtigste Prozession des Landes statt.
Oswald-von-Wolkenstein-Ritt: Ritterlich geht es beim Reiterwettkampf Mitte Juni rund um Völs, Seis und Kastelruth zu.
Erdbeerfest im Martelltal: Zur Krönung der Südtiroler Erdbeerkönigin gibt es quadratmeterweise Erdbeertorte.

JULI/AUGUST

Maratona dles Dolomites: Mehr als 8000 Radfahrer gehen Anfang Juli an den Start über die schönsten Alpenpässe.
Sella-Ronda-Bike-Day: Einen Julitag lang gehören die Pässe um den Sellastock den Radfahrern – vom Freak bis hin zu Familien.
Weinkulturwochen in St. Pauls: Wein, Gastronomie und Kultur füllen tagelang die Gassen und Häuser des Orts.
Gustav-Mahler-Musikwochen: Im Juli und August erinnern Konzerte mit internationalen Künstlern in Toblach an den Komponisten.

AUGUST/SEPTEMBER

Meraner Musikwochen: Bei diesem Festival klassischer Musik treten große Orchester und bekannte Solisten auf.
Marmor & Marillen: Das Kult- und Kulturfest im Marmor- und Marillendorf Laas findet immer am ersten August-Wochenende statt und bietet kunstvolle Wohnaccessoires aus Marmor, aber vor allem Gaumenfreuden wie Marillenmarmeladen, -knödel und -kuchen.
Almabtrieb am Ritten: Höhepunkt des Viehabtriebs ist der »Barthlmastag« (24. Aug.), der auf der Schian-Alm gefeiert wird.
Drei-Zinnen-Alpin-Marathon: Der bekannteste Berglauf Südtirols führt unter großem Zuschauerandrang über 17,5 km.

OKTOBER

Almabtrieb in Rein: Almabtrieb mit prachtvoll geschmücktem Almvieh.
Törggelen: Mit dem »Nuien«, dem neuen Wein, beginnt die Dreier-Disziplin: gut trinken, lecker essen, viel wandern.

NOVEMBER/DEZEMBER

Meran WineFestival: Verkostet wird, was die besten Güter vorstellen.
Weihnachtsmärkte: Fünf Städte voller Delikatessen, Kunsthandwerk und Chormusik: in Bozen, Brixen, Bruneck, Meran und Sterzing weihnachtet es ab Ende November mit Kunsthandwerk und Delikatessen.
Alpiner Skiweltcup: Wenige Tage vor Weihnachten stehen Gröden und Alta Badia alljährlich im Mittelpunkt des Skiweltcups, mit einem Super-G und einer Abfahrt (Gröden) und einem Riesenslalom (Alta Badia).
Nikolausumzug: Beim »Klosn« in Stilfs geht es ausgelassen zu.

Reiseatlas

Kapiteleinteilung: siehe vordere Umschlaginnenseite

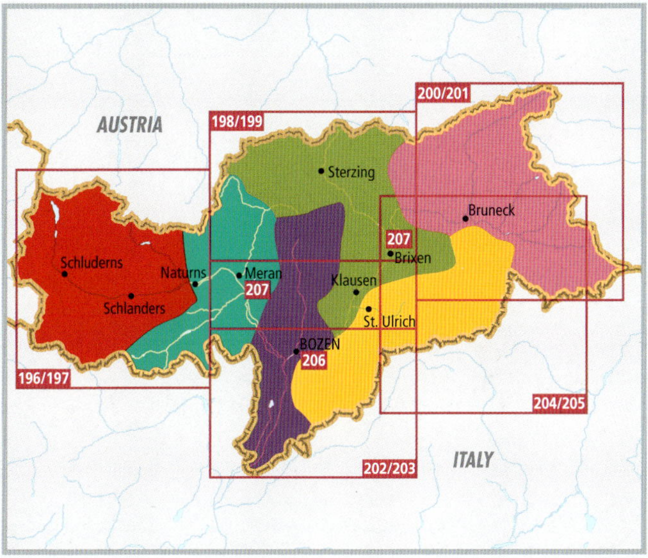

Legende

- Autobahn mit Anschlußstelle (A 22)
- Schnellstraße mit Europastraßennr. (E 45)
- Fernstraße mit Nummer (SS38)
- Hauptstraße
- Nebenstraße
- Straße nicht asphaltiert
- Fahrweg
- Wanderweg
- Straße in Bau/Straße in Planung
- Straße für Kfz gesperrt
- Tunnel
- Eisenbahn
- Seilbahn/Sessellift
- Staatsgrenze
- Provinzgrenze
- Nationalpark/Naturpark
- Sperrgebiet
- Internationaler Flughafen
- Regionaler Flughafen/Flugplatz
- Kirche; Kapelle
- Schloss; Burg
- Kloster; Ruine
- Sehenswürdigkeit; Berghütte
- Wasserfall; Höhle
- Berggipfel; Pass, Joch
- Campingplatz; Aussichtspunkt
- Information; Krankenhaus
- Museum; Theater, Oper
- Polizei; Post
- Busbahnhof; Denkmal, Monument
- 1 TOP 10
- 26 Nicht verpassen!
- 22 Nach Lust und Laune!

1 : 270.000

0 — 10 — 20 km

0 — 5 — 10 mi

Martina/
Martinsbruck
A
185
B
3353 m
C
Tschlin
Nauderer Skihütte
Hennesiglspitze
3141 m
Rauhekopf
Strada
180
Fuhr-
mannsloch
Schafkopf
3000 m
Piz Lad
2808 m
Inn / En
Weißseespitze
3518 m
5
Ramosch/Remüs
SS40
Reschen/
Résia
Langtauferertal/
Valle Lunga
Melag/
Melago
Weißkugel-
hütte
Reschenpass/
Passo di Résia
1507 m
St. Anna
Pedroß/
Pedross
Kapron/
Caprone
Karlinbach/Rio Carlino
Schöneben
12
Graun i.Vinschgau/
Curon Venosta
Falbanairspitze
3199 m
Weißkugel
3738 m
Rojen
Reschensee/
Lago di Résia
St. Valentin a. d. Heide/
S. Valentino alla Muta
Oberetteshütte
(ehem. Höller
Il Quar
Elferspitze
2926 m
Dörfl/
Monteplair
Punibach/Rio Puni
Planeiltal / Val di Planol
Haidersee/
L. della Muta
Rasaßspitze
2941 m
Plawenn/
Piavenna
Saldurspitze
3433 m
2309 m
4
SS40
Sesvennahütte
Pforzheimer Htt.
(geschlossen)
Watlessp.
2555 m
Alsack/
Alsago
Thanei/
Tanei
Kortscher
Schafberg
3103 m
Planeil/
Planol
14
Matscher Tal/Val di Mazia
Saldurbach/Rio Saldura
Sesvenna
3205 m
Schlinig Tal /
Val Slingia
Burgeis/
Burgúsio
Marienberg
Schlinig/
Slingia
Mals/
Malles Venosta
Cruschetta
2296 m
Litznerspitze
3206 m
Hochalt
3285 m
Schleis/
Clúsio
Matsch/
Mazia
Tartsch/
Tarces
Arundakopf
2879 m
Laatsch/
Láudes
8
Starlex
3075 m
Glurns/
Glorenza
11
Schloss Churburg
Schluderns/Sluderno
Münstertal
(V. Monastero)
SS41
Rambach
Etsch/Adige
SS40
P. Terza
2909 m
13
Taufers/
Tubre
Tannas/
Tanas
3
Spondinig/
Spondigna
Eyrs/
Oris
Allitz/
Aliz
St. Johann
Lichtenberg/
Montechiaro
Müstair
P. Chavalatsch
2763 m
Kortsch/
Corzes
Agums/Agumes
SS38
Il Rom
28
Laas/
Lasa
15
Tschengls/
Cengles
Stilfs/
Stélvio
Suldenbach/Rio Solda
Prad/
Prato
Santa Maria
V. Müstair
Parnetz
Tarnell/Tarnes
Valchava
Valle di Trafoi
SCHWEIZ
Marmor-
brüche
Nationalpark
Furkelhütte
Gomagoi
Tschenglser Hochwand
3375 m
Obere Laaser Alm
Furkelspitz
3004 m
SS622
Laaser Tal
Val di Lasa
Laaser Spitze
3305 m
Lai da
Rims
Außersulden/
Solda di Fuori
Umbrailpass
2501 m
Umbrail
3033 m
Trafoi
Düsseldorfer Htt.
Hoher Angelus
3521 m
Suldental/Val Solda
Trafoier Tal
Vertainspitze
3545 m
4
Stilfser
2
SS38
St. Gertraud/
S. Gertrude
Stilfserjoch/
Passo dello Stélvio
2757 m
Franzens-
höhe
(ehem. Hamburger Htt.)
Berglhtt.
Payer-Hütte
Sulden/Solda
Äuß. Pederspitze
3406 m
Martelltal/Val di Martello
Plimabach
Livriohütte
Thurwiesersp.
3652 m
Ortler/
Ortles
3905 m
Hint. Schöntaufsp.
3324 m
16
Parco
Tuckettspitze
3466 m
Hintergrathütte
Cresta di Réit
3075 m
Nazionale
Monte Zebrù
3740 m
Ortler
Schaubachhtt.
Enzianhütte
Zufritthütte
Bormio
Rif. V° Alpini
Zufallhütte
Marteller Hütte
Valle del Zebrù
Königsspitze
3859 m
Gran Zebrù
Rif. Casati
Uzza
Plazzola
S. Nicolo
S. Antonio
dello
Zufallspitze
3757 m
Rif. Dorigoni
Valfurva
M. Confinale
3370 m
Rif. Pizzini
Veneziaspitze
Cima Venezia
3385 m
Frodolfo
Bórmio
2000
Stélvio
Valle di Cedec
Monte Cevedale
3769 m
Rif. G. Larcher-
-Cevedale
M. Vallecetta
3148 m
Rif. Ghiacciaio
dei Forni
Lago del
Careser
SS300
M. Rosole
3504 m
Palon de la Mare
3708 m
Val di Forni
Rif. Branca
Monte Vioz
3645 m
S. Caterina
Valfurva
M. Sobretta
B
C
Pizzo Tresero
Rif. Mantova

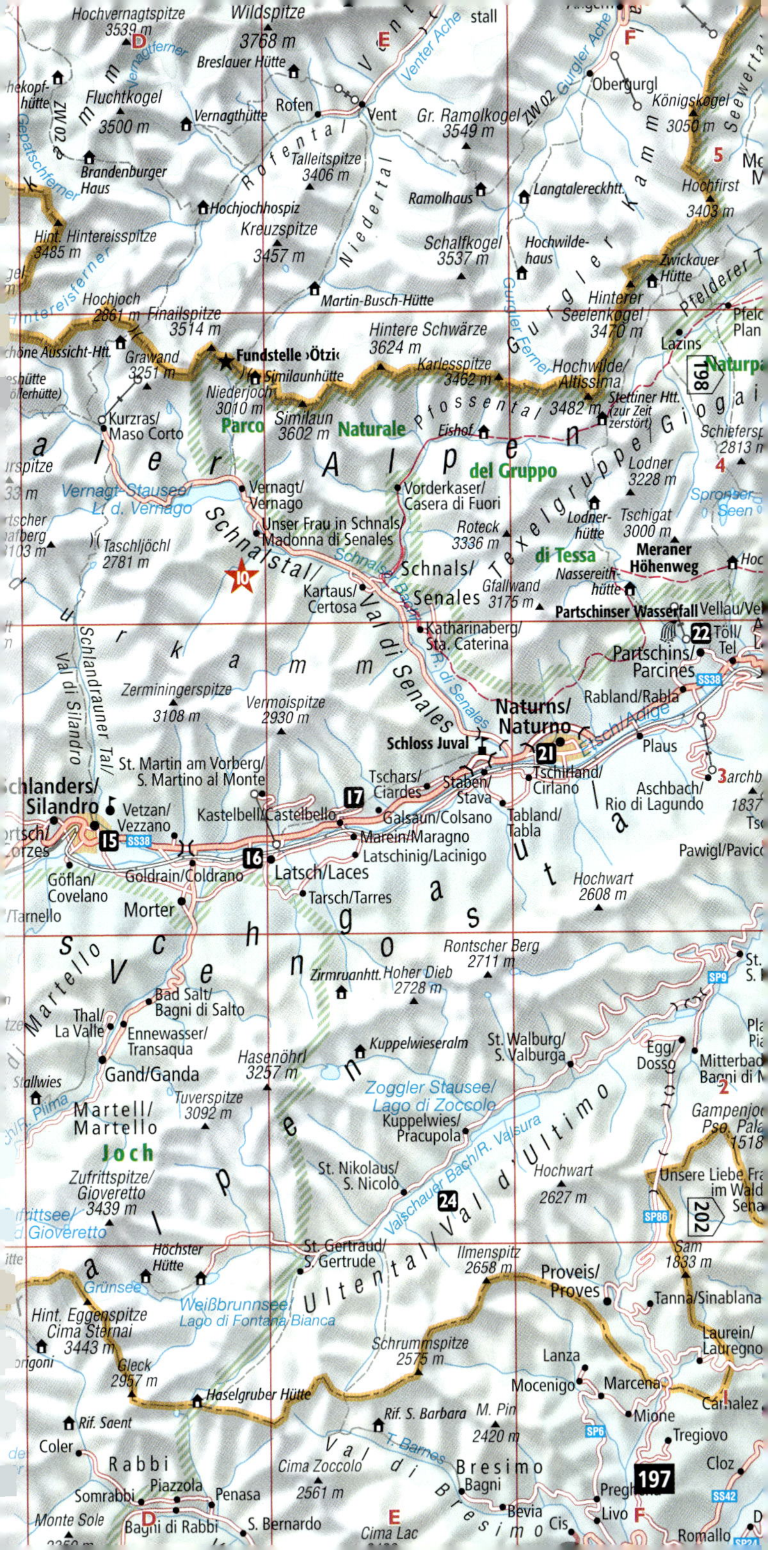
Hochvernagtspitze 3539 m
Wildspitze 3768 m
Breslauer Hütte
Vent
Venter Ache
Obergurgl
Gurgler Ache
Königskogel 3050 m
Fluchtkogel 3500 m
Vernagthütte
Rofen
Gr. Ramolkogel 3549 m
Brandenburger Haus
Rofental
Talleitspitze 3406 m
Niedertal
Ramolhaus
Langtalereckhtt.
Hochfirst 3403 m
Hochjochhospiz
Kreuzspitze 3457 m
Hint. Hintereisspitze 3485 m
Schalfkogel 3537 m
Hochwildehaus
Zwickauer Hütte
Hochjoch 2861 m
Finailspitze 3514 m
Martin-Busch-Hütte
Hinterer Seelenkogel 3470 m
Gurgler Ferner
Pfelderer Tal
Lazins
Hintere Schwärze 3624 m
Schöne Aussicht-Htt.
Grawand 3251 m
Fundstelle ›Ötzi‹
Similaunhütte
Karlesspitze 3462 m
Hochwilde/Altissima 3482 m
Stettiner Htt. (zur Zeit zerstört)
Niederjoch 3010 m
Similaun 3602 m
Pfossental
Eishof
Kurzras/Maso Corto
Parco Naturale del Gruppo di Tessa
Texelgruppe
Lodner 3228 m
Vernagt-Stausee/L. d. Vernago
Vernagt/Vernago
Vorderkaser/Casera di Fuori
Spronser Seen
Unser Frau in Schnals/Madonna di Senales
Roteck 3336 m
Lodnerhütte
Tschigat 3000 m
Taschljöchl 2781 m
Meraner Höhenweg
Schnalstal/Val di Senales
Schnals/Senales
Nassereithhütte
Kartaus/Certosa
Gfallwand 3175 m
Partschinser Wasserfall
Vellau
Katharinaberg/Sta. Caterina
Töll/Tel
Schlandrauner Tal/Val di Silandro
Partschins/Parcines
Zerminingerspitze 3108 m
Vermoispitze 2930 m
Rabland/Rabla
Naturns/Naturno
Etsch/Adige
Schloss Juval
Plaus
St. Martin am Vorberg/S. Martino al Monte
Tschars/Ciardes
Staben/Stava
Tschirland/Cirlano
Aschbach/Rio di Lagundo
Schlanders/Silandro
Vetzan/Vezzano
Kastelbell/Castelbello
Galsaun/Colsano
Tabland/Tabla
Marein/Maragno
Latschinig/Lacinigo
Pawigl/Pavicolo
Göflan/Covelano
Goldrain/Coldrano
Latsch/Laces
Tarsch/Tarres
Hochwart 2608 m
Morter
Rontscher Berg 2711 m
Vinschgau
Ortlergruppe
Zirmruanhtt.
Hoher Dieb 2728 m
Bad Salt/Bagni di Salto
Thal/La Valle
Ennewasser/Transaqua
Kuppelwieseralm
St. Walburg/S. Valburga
Egg/Dosso
Mitterbad
Hasenöhrl 3257 m
Gand/Ganda
Zoggler Stausee/Lago di Zoccolo
Stallwies
Martell/Martello
Tuverspitze 3092 m
Kuppelwies/Pracupola
Joch
Zufrittspitze/Gioveretto 3439 m
St. Nikolaus/S. Nicolò
Valschauer Bach/R. Valsura
Hochwart 2627 m
Unsere Liebe Frau im Walde
Zufrittsee/L. di Gioveretto
Ultental/Val d'Ultimo
Sam 1833 m
Höchster Hütte
St. Gertraud/S. Gertrude
Ilmenspitz 2658 m
Proveis/Proves
Grünsee
Weißbrunnsee/Lago di Fontana Bianca
Tanna/Sinablana
Hint. Eggenspitze Cima Sternai 3443 m
Laurein/Lauregno
Schrummspitze 2575 m
Lanza
Gleck 2957 m
Mocenigo
Marcena
Haselgruber Hütte
Mione
Rif. Saent
Rif. S. Barbara
M. Pin 2420 m
Tregiovo
Coler
Val di Bresimo
Rabbi
Cima Zoccolo 2561 m
Bresimo
Cloz
Somrabbi
Piazzola
Penasa
Bagni
Preghena
Monte Sole
Bagni di Rabbi
S. Bernardo
Cima Lac
Bevia
Cis
Livo
Romallo
SS38
SS42
SP6
SP9
SP86
197
198
202

Stubaier Alpen / Alpi dello Stubai
Mutterbergalm
Dresdner Hütte
Hochstubaihtt.
Schaufelsp. 3333 m
Hildesheimer Hütte
Zuckerhütl 3505 m
Wilder Freiger 3418 m
Östl. Feuerstein 3267 m
Sulzenauhtt.
Nürnberger Hütte
Wetterspitze 3070 m
Laponisalm
Bremer Htt.
Weißwandsp. 3018 m
Pflerscher Tribulaun 3097 m
Tribulaunhaus
Tribulaunhütte
Obernberg am Brenner
Sandjöchl 2165
Müllerhütte
Becherhaus
Schneespitz 3174 m
Magdeburger Hütte
Stein
Innerpflersch/ Fleres di Dentro
Sonklarspitze 3471 m
Teplitzer Hütte
Grohmannhtt.
Pflerschtal/Val di Fleres
Ast/Lasta
Vallming/Valmigna
Brunnenkogelhaus
Siegerlandhtt.
Botzer 3251 m
Burkhardsklamm
Scheiblehnkogel 3060 m
Landesbergbaumuseum
Telfer Weißen 2588 m
Timmelsjoch/ Passo del Rombo 2474 m
Schwarzseespitze 2987 m
Ridnauntal/Val Ridanna
Maiern/ Masseria
Roßkopf 2176 m
Hochgurgl
Schneeberghtt.
St. Martin am Schneeberg/ S. Martino Monteneve
Ridnaun/ Ridanna
Mareit/ Mareta
Telfes/ Telves
Schönau/ Belprato
Hohe Ferse 2669 m
Stange/Stanghe
Gilfenklamm
Sterzing
Flading/ Gaude
Ratschings/Racines
Gasteig/ Casateia
Rabenstein/ Corvara
Bichl/Colle
Königskogel 3050 m
Seewertal
Hohe Kreuzspitze 2743 m
Ratschingstal/Valle di Racines
Passeiertal/Val Passiria
Jaufenpass Pso. di M. Giovo 2094 m
Sterzinger Jaufenhaus
Obertal
Jaufental
Jaufenspitze 2481 m
Moos in Passeier/ Moso in Passiria
Stuls/ Stulles
Hochfirst 3403 m
Platt/ Plata
Walten/Valtina
Penser Joch Pso. di Pennes
Zwickauer Hütte
Pfelderer Tal/Val di Plan
Ulfaß/ Ulfas
Breiteben/Pianlargo
Christl/Cresta
St. Leonhard in Passeier/ S. Leonardo in Passiria
Sandwirt
Weisshorn 2705 m
Hohe Warte 2746 m
Pfelders/ Plan
St. Martin in Passeier/ S. Martino in Passiria
Lazins
Naturpark
Kolbenspitze 2868 m
Prantach/ Prantago
Weißenbach/ Riobianco
Gioggaia di Tessa
Alpler Spitze 2748 m
Sarntaler Alpen
Schieferspitze 2813 m
Texelgruppe
Hirzerhtt.
Hirzer/ Pta. Cervina 2781 m
Rabenstein/ Corvara
St. Ursula/S. Orsola
Saltaus/Saltusio
Obertall/ Talle di Sopra
Bockerhütte
Vernuer/Vernurio
Aberstückl/ Sonvigo
Radelspitze 2422 m
Hochganghaus
Riffian/Rifiano
Verdins
Penser Tal/Val di Pennes
Durnholzer Tal/Val Durna
Kuens/Caines
Schloss Tirol (Castel Tirol)
Tschivon/Civone
Ifingerhtt.
Ifinger 2581 m
Gr. Mittager 2422 m
Vellau/Velloi
Töll/ Tel
Dorf Tirol/ Tirolo
Algund/ Lagundo
Schenna/Scena
St. Georgen/S. Giorgio
Gratsch/ Quarazze
Forst/ Foresta
MERAN/ MERANO
Vernaun/ Vernone
Meraner Htt.
Astfeld/ Campolasta
Falzeben
Kreuzjoch 2084 m
Nordheim/ Villa
Villanders
Marling/ Marlengo
Schloss Trauttmansdorff
St. Kathrein/S. Caterina
Sarner Skihtt.
Larchbühel 1837 m
Hafling/Avelengo
Sarnthein/ Sarentino
Basling/Baslan
Sinich/ Sinigo
Tscherms/Cermes
Pawigl/Pavicolo
Lana
Bad Schörgau/ Bagni Serga
Bundschen/ Ponticino
Aschl/ Eschio
Möltner Joch 1734 m
Burgstall/ Postal
Vöran/Verano
Tschögglberg
Brandis
Völlan/ Foiana
Gargazon/ Gargazzone
Mölten/ Meltina
Flaas/ Valas
Etsch/Adige
St. Pankraz/ S. Pancrazio
Sarntal/Valle Sarentina
Schlaneid/Salonetto
Naraun/Narano
Tisens/Tesimo
Afing/ Avigna
Wangen/ Vanga
Platzers/ Piazzoles
Gfrill/ Caprile
Prissian/ Prissiano
Vilpian/ Vilpiano
Verschneid/ Frassinetto
Salten/Il Salto
Ritten
Mitterbad/ Bagni di Mezzo
Nals/Nalles
Grissian/ Grissiano
Terlan/ Terlano
Jenesien/ S. Genesio
Talfer/T. Talvera
Oberbozen/ Soprabolzano
Gampenjoch
Bad Gfrill/ Bagni di Caprile
198
202
197

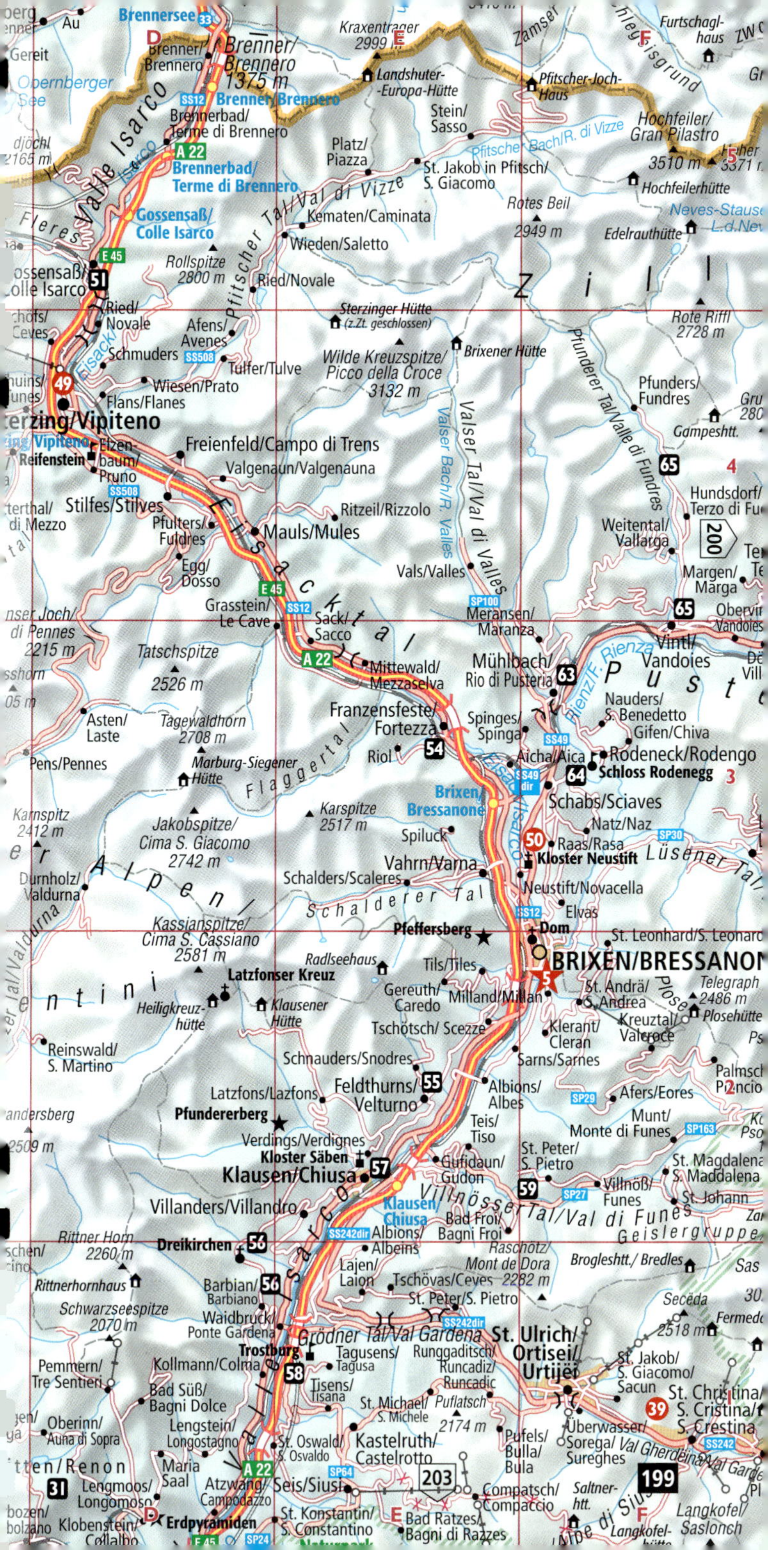

Au
Gereit
Brennersee
33
D
Brenner/
Brennero
Brenner/
Brennero
1375 m
Obernberger
See
Kraxentrager
2999
E
Landshuter-
-Europa-Hütte
Zamser
Schlegeisgrund
Furtschagl-
haus
F
Pfitscher-Joch-
Haus
Valle Isarco
Isarco
SS12
Brenner/Brennero
Brennerbad/
Terme di Brennero
Stein/
Sasso
Hochfeiler/
Gran Pilastro
3510 m
Hochferner
3371 m
5
Platz/
Piazza
Pfitscher Bach/R. di Vizze
St. Jakob in Pfitsch/
S. Giacomo
A 22
Brennerbad/
Terme di Brennero
Hochfeilerhütte
Pfitscher Tal/Val di Vizze
Kematen/Caminata
Rotes Beil
2949 m
Neves-Stausee
L. di Neves
Fleres
Gossensaß/
Colle Isarco
Wieden/Saletto
Edelrauthütte
E 45
Rollspitze
2800 m
Gossensaß/
Colle Isarco
51
Ried/Novale
Z i l l
Ried/
Novale
Sterzinger Hütte
(z.Zt. geschlossen)
Rote Riffl
2728 m
Afens/
Avenes
Eisack
Schmuders
SS508
Tulfer/Tulve
Wilde Kreuzspitze/
Picco della Croce
3132 m
Brixener Hütte
Pfunderer Tal/Valle di Fundres
Pfunders/
Fundres
49
Wiesen/Prato
Flans/Flanes
Sterzing/Vipiteno
Valser Bach/R. Valles
Valser Tal/Val di Valles
Gampeshtt.
Sterzing/Vipiteno
Reifenstein
Elzenbaum/
Pruno
SS508
Freienfeld/Campo di Trens
Valgenaun/Valgenauna
65
4
Stilfes/Stilves
Pfulters/
Fuldres
Eisacktal
Mauls/Mules
Ritzeil/Rizzolo
Hundsdorf/
Terzo di Fuori
Weitental/
Vallarga
200
Egg/
Dosso
Vals/Valles
Margen/
Marga
Penser Joch/
Passo di Pennes
2215 m
E 45
Grasstein/
Le Cave
SS12
Sack/
Sacco
SP100
Meransen/
Maranza
65
Obervintl/
Vandoies
Tatschspitze
2526 m
A 22
Mittewald/
Mezzaselva
Mühlbach/
Rio di Pusteria
63
Rienz/F. Rienza
Vintl/
Vandoies
Pustertal
Asten/
Laste
Tagewaldhorn
2708 m
Franzensfeste/
Fortezza
Spinges/
Spinga
Nauders/
S. Benedetto
Gifen/Chiva
Pens/Pennes
Marburg-Siegener
Hütte
Flaggertal
Riol
54
Aicha/Aica
SS49
Rodeneck/Rodengo
SS49
dir
64
Schloss Rodenegg
3
Karnspitz
2412 m
Karspitze
2517 m
Brixen/
Bressanone
Schabs/Sciaves
Jakobspitze/
Cima S. Giacomo
2742 m
Spiluck
50
Natz/Naz
Raas/Rasa
SP30
Sarntaler Alpen
Vahrn/Varna
Kloster Neustift
Lüsener Tal
Durnholz/
Valdurna
Schalders/Scaleres
Neustift/Novacella
Elvas
Schalderer Tal
SS12
Kassianspitze/
Cima S. Cassiano
2581 m
Pfeffersberg
Dom
St. Leonhard/S. Leonardo
Radlseehaus
Tils/Tiles
BRIXEN/BRESSANONE
Latzfonser Kreuz
5
St. Andrä/
S. Andrea
Plose
Telegraph
2486 m
Heiligkreuz-
hütte
Klausener
Hütte
Gereuth/
Caredo
Milland/Millan
Plosehütte
Kreuztal/
Valcroce
Tschötsch/ Scezze
Klerant/
Cleran
Reinswald/
S. Martino
Sarns/Sarnes
Schnauders/Snodres
Feldthurns/
Velturno
55
Albions/
Albes
Palmschoss/
Plancios
Latzfons/Lazfons
SP29
Afers/Eores
Pfundererberg
Teis/
Tiso
Munt/
Monte di Funes
SP163
Verdings/Verdignes
St. Peter/
S. Pietro
Kloster Säben
Gufidaun/
Gudon
St. Magdalena/
S. Maddalena
Klausen/Chiusa
57
59
Villnöß/
Funes
Klausen/
Chiusa
Villnösser Tal/Val di Funes
St. Johann
Villanders/Villandro
Bad Froi/
Bagni Froi
SS242dir
Albions/
Albeins
Geislergruppe
Rittner Horn
2260 m
Dreikirchen
56
Raschötz/
Mont de Dora
2282 m
Brogleshtt./ Bredles
Lajen/
Laion
Tschövas/Ceves
Rittnerhornhaus
Barbian/
Barbiano
56
St. Peter/S. Pietro
Secëda
Schwarzseespitze
2070 m
Waidbruck/
Ponte Gardena
SS242dir
Grödner Tal/Val Gardena
St. Ulrich/
Ortisei/
Urtijëi
2518 m
Fermeda
Pemmern/
Tre Sentieri
Kollmann/Colma
Trostburg
Tagusens/
Tagusa
Runggaditsch/
Runcadiz/
Runcadic
St. Jakob/
S. Giacomo/
Sacun
58
Bad Süß/
Bagni Dolce
Tisens/
Tisana
St. Michael/
S. Michele
Puflatsch
2174 m
St. Christina/
S. Cristina/
S. Crestina
39
Oberinn/
Auna di Sopra
Lengstein/
Longostagno
St. Oswald/
S. Osvaldo
Kastelruth/
Castelrotto
Pufels/
Bulla/
Bula
Überwasser/
Sorega/
Sureghes
SS242
Val Gherdëina/Val Gardena
Ritten/Renon
Maria
Saal
A 22
SP64
203
199
31
Lengmoos/
Longomoso
Atzwang/
Campodazzo
Seis/Siusi
Compatsch/
Compaccio
Saltner-
htt.
D
Erdpyramiden
St. Konstantin/
S. Constantino
E
Bad Ratzes/
Bagni di Razzes
Alpe di Siusi
F
Langkofel/
Saslonch
Langkofel-
hütte
Klobenstein/
Collalbo
E 45
SP24

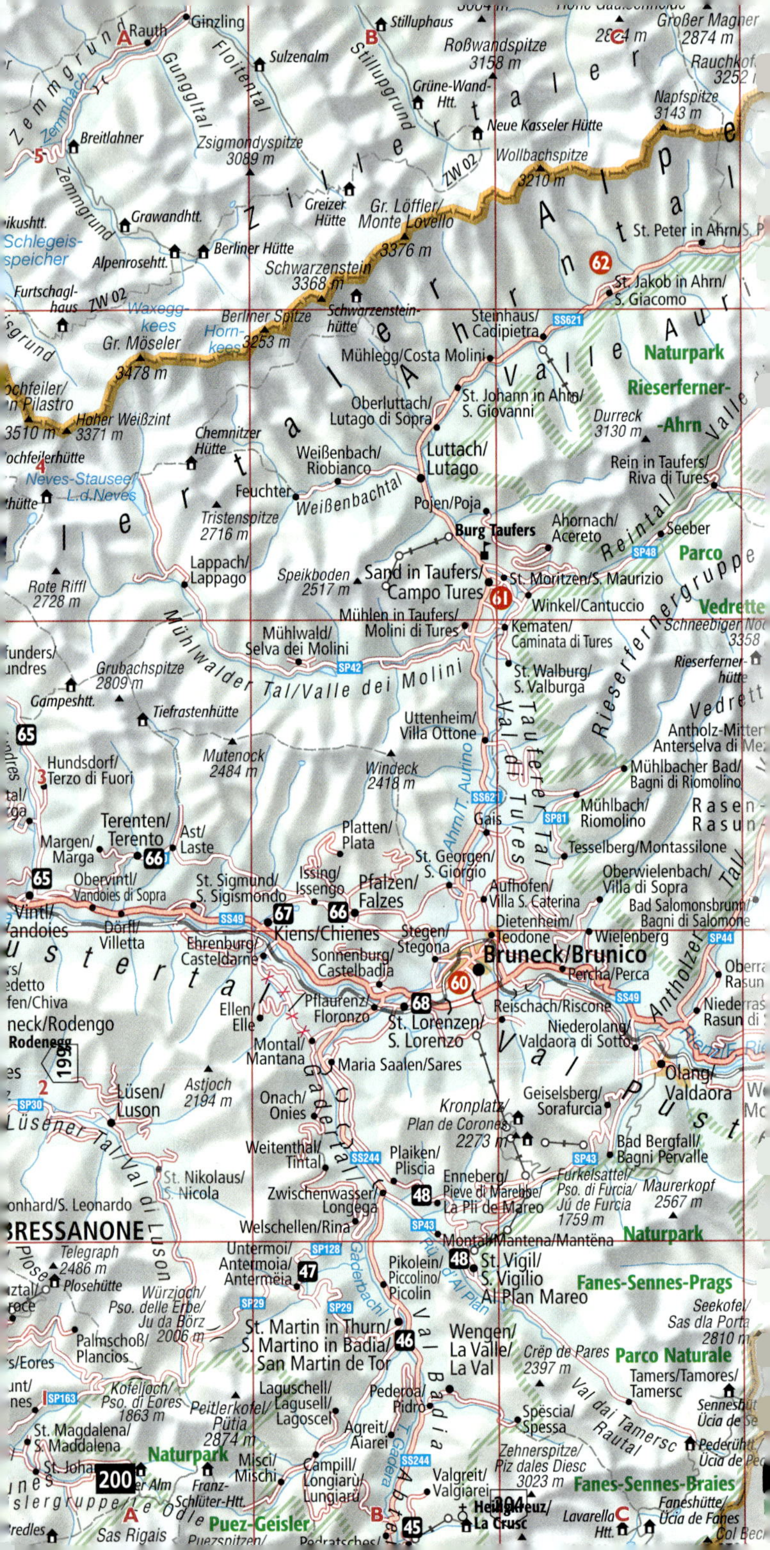

A
B
C
Rauth
Ginzling
Stilluphaus
Großer Magner
2874 m
Roßwandspitze
3158 m
Rauchkofl
Sulzenalm
Floitental
Stillupgrund
Grüne-Wand-Htt.
Napfspitze
3143 m
Zemmgrund
Zemmbach
Gunggltal
Neue Kasseler Hütte
Breitlahner
Zsigmondyspitze
3089 m
Wollbachspitze
3210 m
ZW 02
Zillertaler Alpen
Greizer Hütte
Gr. Löffler/ Monte Lovello
Grawandhtt.
Schlegeis-speicher
Alpenrosehtt.
Berliner Hütte
Schwarzenstein
3368 m
3376 m
St. Peter in Ahrn
62
St. Jakob in Ahrn/ S. Giacomo
Furtschaglhaus
Waxeggkees
Hornkees
Berliner Spitze
3253 m
Schwarzensteinhütte
Steinhaus/ Cadipietra
SS621
Gr. Möseler
3478 m
Ahrntal
Valle Aurina
Mühlegg/Costa Molini
Naturpark Rieserferner-Ahrn
St. Johann in Ahrn/ S. Giovanni
Oberluttach/ Lutago di Sopra
Hochfeiler/ Gran Pilastro
3510 m
Hoher Weißzint
3371 m
Durreck
3130 m
Chemnitzer Hütte
Luttach/ Lutago
Weißenbach/ Riobianco
Hochfeilerhütte
Neves-Stausee/ L.d.Neves
Rein in Taufers/ Riva di Tures
Feuchter
Weißenbachtal
Pojen/Poja
Tristenspitze
2716 m
Burg Taufers
Ahornach/ Acereto
Reintal
Seeber
SP48
Parco
Lappach/ Lappago
Speikboden
2517 m
Sand in Taufers/ Campo Tures
61
St. Moritzen/S. Maurizio
Rote Riffl
2728 m
Rieserfernergruppe
Winkel/Cantuccio
Vedrette
Mühlen in Taufers/ Molini di Tures
Kematen/ Caminata di Tures
Schneebiger Nock
3358
Mühlwald/ Selva dei Molini
Mühlwalder Tal/Valle dei Molini
SP42
Grubachspitze
2809 m
St. Walburg/ S. Valburga
Rieserfernerhütte
Gampeshtt.
Tiefrastenhütte
Tauferer Tal
Val di Tures
Antholz-Mittertal/ Anterselva di Mezzo
65
Uttenheim/ Villa Ottone
Mutenock
2484 m
Windeck
2418 m
Mühlbacher Bad/ Bagni di Riomolino
Hundsdorf/ Terzo di Fuori
Ahrn/T. Aurino
SS621
Mühlbach/ Riomolino
SP81
Rasen-Rasun
Gais
Terenten/ Terento
Platten/ Plata
Margen/ Marga
66
Ast/ Laste
Tesselberg/Montassilone
St. Georgen/ S. Giorgio
Issing/ Issengo
Oberwielenbach/ Villa di Sopra
Obervintl/ Vandoies di Sopra
St. Sigmund/ S. Sigismondo
Pfalzen/ Falzes
Aufhofen/ Villa S. Caterina
Bad Salomonsbrunn/ Bagni di Salomone
Vintl/ Vandoies
Dörfl/ Villetta
SS49
67
66
Dietenheim/ Teodone
Wielenberg
SP44
Pustertal
Ehrenburg/ Casteldarne
Kiens/Chienes
Stegen/ Stegona
Bruneck/Brunico
Percha/Perca
Sonnenburg/ Castelbadia
60
Oberrasen
Ellen/ Elle
Pflaurenz/ Floronzo
68
Reischach/Riscone
SS49
Antholzer Tal
Niederrasen
St. Lorenzen/ S. Lorenzo
Niederolang/ Valdaora di Sotto
Rodeneck/Rodengo
Rodenegg
Montal/ Mantana
Maria Saalen/Sares
Val Pusteria
Olang/ Valdaora
2
Astjoch
2194 m
Lüsen/ Luson
Gadertal
Onach/ Onies
Geiselsberg/ Sorafurcia
Kronplatz/ Plan de Corones
2273 m
SP30
Lüsener Tal/Val di Luson
Weitenthal/ Tintal
Plaiken/ Pliscia
Bad Bergfall/ Bagni Pervalle
SS244
SP43
St. Nikolaus/ S. Nicola
Enneberg/ Pieve di Marebbe/ La Pli de Mareo
Furkelsattel/ Pso. di Furcia/ Jú de Furcia
1759 m
Maurerkopf
2567 m
Zwischenwasser/ Longega
48
St. Leonhard/S. Leonardo
BRESSANONE
Welschellen/Rina
SP43
Naturpark
Untermoi/ Antermoia/ Antermëia
Montal/Mantena/Mantëna
SP128
Telegraph
2486 m
48
St. Vigil/ S. Vigilio
Al Plan Mareo
Plose
Plosehütte
47
Pikolein/ Piccolino/ Picolin
Fanes-Sennes-Prags
Würzjoch/ Pso. delle Erbe/ Ju da Börz
2006 m
Rü dl'Al Plan
Gaderbach
SP29
SP29
Seekofel/ Sas dla Porta
2810 m
St. Martin in Thurn/ S. Martino in Badia/ San Martin de Tor
46
Val Badia
Palmschoß/ Plancios
Wengen/ La Valle/ La Val
Crëp de Pares
2397 m
Parco Naturale
Tamers/Tamores/ Tamersc
Kofeljoch/ Pso. di Eores
1863 m
SP163
Laguschell/ Lagusell/ Lagoscel
Pederoa/ Pidro
Peitlerkofel/ Pütia
2874 m
Val dai Tamersc
Rautal
Senneshütte/ Ücia de Senes
Spëscia/ Spessa
St. Magdalena/ S. Maddalena
Agreit/ Aiarei
Pederühütte/ Ücia de Pederü
Naturpark
Misci/ Mischi
Campill/ Longiarü/ Lungiarü
Zehnerspitze/ Piz dales Diesc
3023 m
St. Johann
200
SS244
Valgreit/ Valgiarei
Fanes-Sennes-Braies
Geislergruppe/ Le Odle
Franz-Schlüter-Htt.
T. Gadera
204
Heiligkreuz/ La Crusc
Faneshütte/ Ücia de Fanes
Lavarella Htt.
Puez-Geisler
Sas Rigais
45

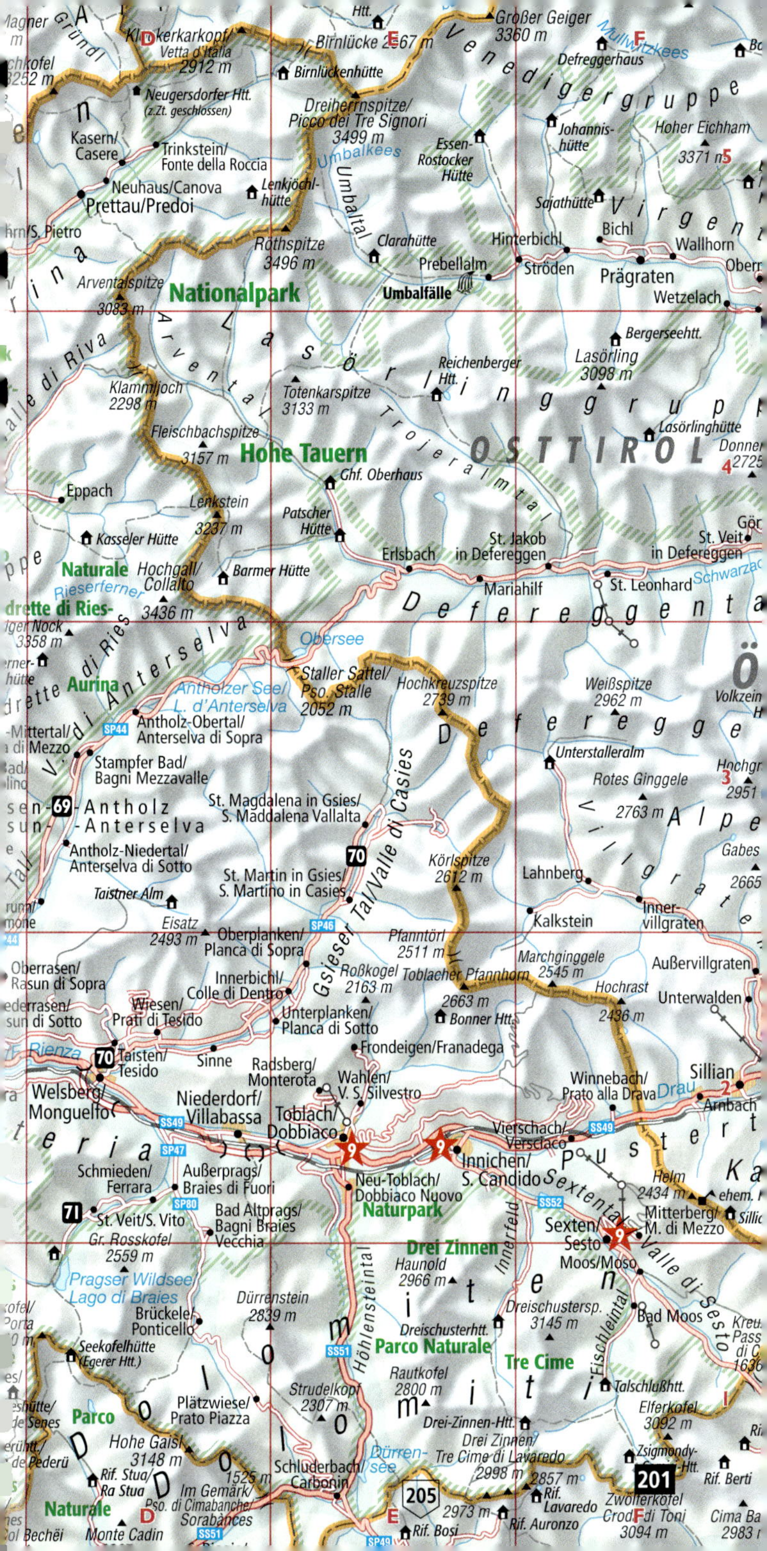

Klockerkarkopf/ Vetta d'Italia 2912 m
Birnlücke 2667 m
Birnlückenhütte
Großer Geiger 3360 m
Venedigergruppe
Mullwitzkees
Defreggerhaus
Neugersdorfer Htt. (z.Zt. geschlossen)
Dreiherrnspitze/ Picco dei Tre Signori 3499 m
Umbalkees
Umbaltal
Essen-Rostocker Hütte
Johannis-hütte
Hoher Eichham 3371 m
Kasern/ Casere
Trinkstein/ Fonte della Roccia
Neuhaus/Canova
Prettau/Predoi
Lenkjöchl-hütte
Sajathütte
Virgental
Bichl
Wallhorn
S. Pietro
Röthspitze 3496 m
Clarahütte
Hinterbichl
Prebellalm
Ströden
Prägraten
Arventalspitze 3083 m
Nationalpark
Umbalfälle
Wetzelach
Valle di Riva
Arvental
Lasörlinggruppe
Bergerseehtt.
Lasörling 3098 m
Klammljoch 2298 m
Totenkarspitze 3133 m
Reichenberger Htt.
Trojeralmtal
Lasörlinghütte
Fleischbachspitze 3157 m
Hohe Tauern
OSTTIROL
Eppach
Ghf. Oberhaus
Lenkstein 3237 m
Patscher Hütte
Kasseler Hütte
Naturale
Hochgall/ Collalto 3436 m
Barmer Hütte
Erlsbach
St. Jakob in Defereggen
St. Veit in Defereggen
Rieserferner
Mariahilf
St. Leonhard
Schwarzach
Defereggental
Vedrette di Ries-
Nock 3358 m
Obersee
Aurina
Valle di Anterselva
Antholzer See/ L. d'Anterselva
Staller Sattel/ Pso. Stalle 2052 m
Hochkreuzspitze 2739 m
Weißspitze 2962 m
Volkzein
Defregger Alpen
Mittertal/ di Mezzo
SP44
Antholz-Obertal/ Anterselva di Sopra
Stampfer Bad/ Bagni Mezzavalle
Unterstalleralm
Rotes Ginggele 2763 m
69
Antholz - Anterselva
St. Magdalena in Gsies/ S. Maddalena Vallalta
Villgratental
Gabes
Antholz-Niedertal/ Anterselva di Sotto
70
Gsieser Tal/Valle di Casies
Körlspitze 2612 m
Lahnberg
St. Martin in Gsies/ S. Martino in Casies
Taistner Alm
Kalkstein
Inner-villgraten
Eisatz 2493 m
SP46
Oberplanken/ Planca di Sopra
Pfanntörl 2511 m
Marchginggele 2545 m
Außervillgraten
Oberrasen/ Rasun di Sopra
Innerbichl/ Colle di Dentro
Roßkogel 2163 m
Toblacher Pfannhorn 2663 m
Hochrast 2436 m
Unterwalden
Niederrasen/ Rasun di Sotto
Wiesen/ Prati di Tesido
Unterplanken/ Planca di Sotto
Bonner Htt.
Frondeigen/Franadega
Rienza
70
Taisten/ Tesido
Sinne
Radsberg/ Monterota
Wahlen/ V. S. Silvestro
Winnebach/ Prato alla Drava
Drau
Sillian
Arnbach
Welsberg/ Monguelfo
Niederdorf/ Villabassa
Toblach/ Dobbiaco
SS49
Vierschach/ Versciaco
Pustertal
Val Pusteria
SP47
Innichen/ S. Candido
Schmieden/ Ferrara
Außerprags/ Braies di Fuori
Neu-Toblach/ Dobbiaco Nuovo
SS52
Sextental
Helm 2434 m
71
St. Veit/S. Vito
SP80
Bad Altprags/ Bagni Braies Vecchia
Naturpark
Innerfeld
Mitterberg/ M. di Mezzo
Sexten/ Sesto
Gr. Rosskofel 2559 m
Drei Zinnen
Haunold 2966 m
Moos/Moso
Valle di Sesto
Pragser Wildsee/ Lago di Braies
Dürrenstein 2839 m
Dreischusterspitze 3145 m
Bad Moos
Kreuzbergpass
Brückele/ Ponticello
Höhlensteintal
Dreischusterhtt.
Fischleintal
Seekofelhütte (Egerer Htt.)
SS51
Parco Naturale
Tre Cime
Dolomiten
Rautkofel 2800 m
Talschlußhtt.
Plätzwiese/ Prato Piazza
Strudelkopf 2307 m
Elferkofel 3092 m
Parco
Drei-Zinnen-Htt.
Hohe Gaisl 3148 m
Drei Zinnen/ Tre Cime di Lavaredo 2998 m
Zsigmondy-Htt.
Rif. Berti
Dürrensee
Schluderbach/ Carbonin
2857 m
Rif. Stua/ Ra Stua
1525 m
Im Gemärk/ Pso. di Cimabanche/ Sorabances
205
Rif. Lavaredo
201
Zwölferkofel Croda di Toni 3094 m
Naturale
Rif. Auronzo
Rif. Bosi
2973 m
Monte Cadin
SS51
SP49
Cima Ba 2983

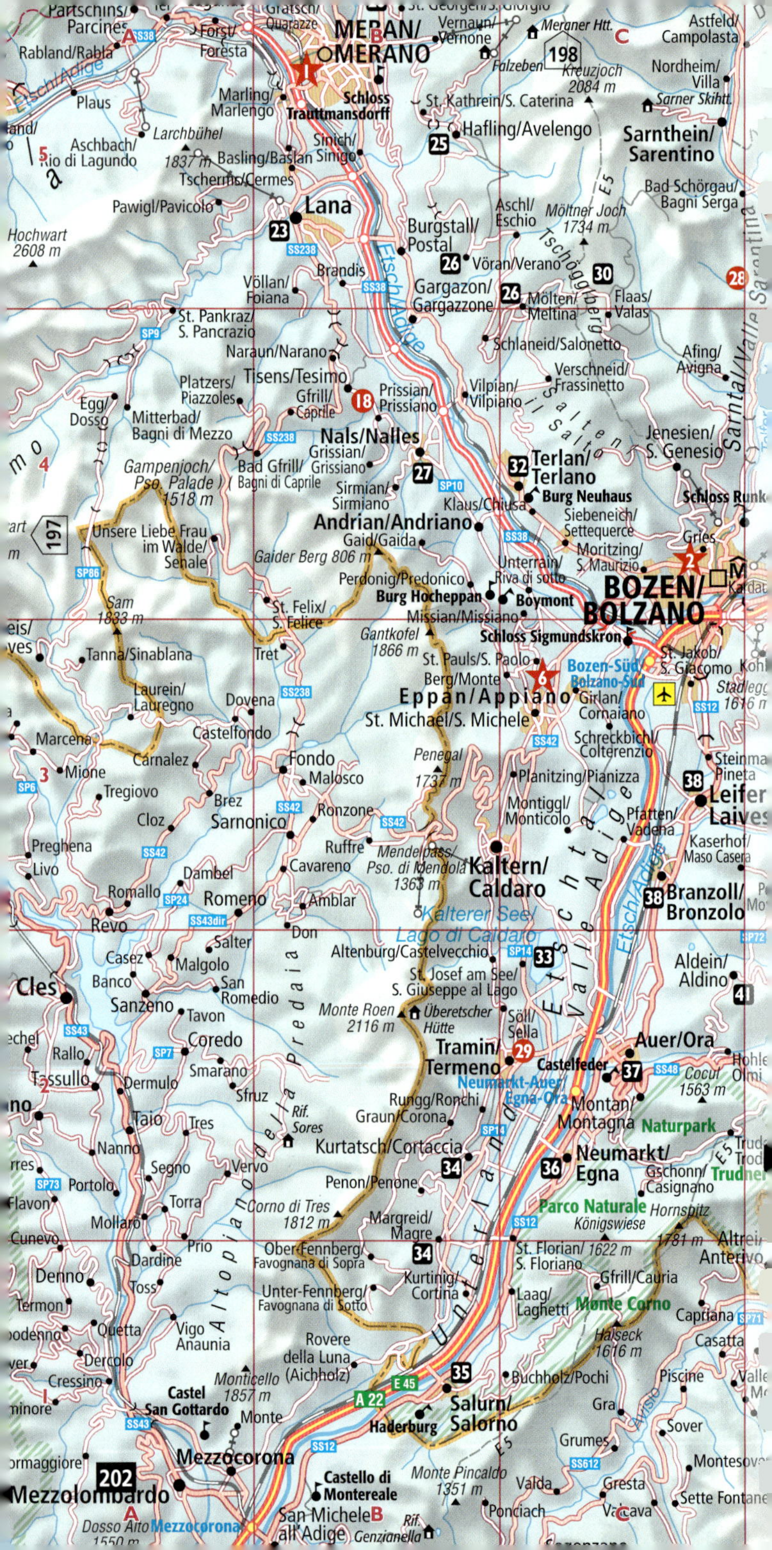

Partschins/Parcines
Meran/Merano
St. Georgen/S. Giorgio
Vernaun/Vernone
Meraner Htt.
Astfeld/Campolasta
198
Falzeben
Kreuzjoch 2084 m
Nordheim/Villa
Sarner Skihtt.
Rabland/Rabla
Forst/Foresta
Quarazze
Etsch/Adige
Plaus
Marling/Marlengo
Schloss Trauttmansdorff
St. Kathrein/S. Caterina
Hafling/Avelengo
Sarnthein/Sarentino
Aschbach/Rio di Lagundo
Larchbühel 1837 m
Sinich/Sinigo
Basling/Baslan
Tscherms/Cermes
Lana
Pawigl/Pavicolo
Bad Schörgau/Bagni Serga
Aschl/Eschio
Möltner Joch 1734 m
Hochwart 2608 m
Burgstall/Postal
Vöran/Verano
Brandis
Völlan/Foiana
Gargazon/Gargazzone
Mölten/Meltina
Flaas/Valas
St. Pankraz/S. Pancrazio
Schlaneid/Salonetto
Naraun/Narano
Afing/Avigna
Verschneid/Frassinetto
Tisens/Tesimo
Platzers/Piazzoles
Gfrill/Caprile
Prissian/Prissiano
Vilpian/Vilpiano
Egg/Dosso
Mitterbad/Bagni di Mezzo
Nals/Nalles
Grissian/Grissiano
Jenesien/S. Genesio
Sarntal/Valle Sarentina
Gampenjoch/Pso. Palade 1518 m
Bad Gfrill/Bagni di Caprile
Sirmian/Sirmiano
Terlan/Terlano
Klaus/Chiusa
Burg Neuhaus
Schloss Runk
Unsere Liebe Frau im Walde/Senale
Andrian/Andriano
Siebeneich/Settequerce
Gaid/Gaida
Gries
Gaider Berg 806 m
Moritzing/S. Maurizio
Unterrain/Riva di sotto
Perdonig/Predonico
Burg Hocheppan
Boymont
Bozen/Bolzano
St. Felix/S. Felice
Missian/Missiano
Sam 1833 m
Schloss Sigmundskron
Gantkofel 1866 m
Tret
Tanna/Sinablana
St. Pauls/S. Paolo
Berg/Monte
Bozen-Süd/Bolzano-Sud
St. Jakob/S. Giacomo
Laurein/Laurego
Dovena
Eppan/Appiano
Girlan/Cornaiano
Stadlegg 1616 m
St. Michael/S. Michele
Castelfondo
Marcena
Schreckbichl/Colterenzio
Carnalez
Fondo
Penegal 1737 m
Steinmannwald/Pineta
Mione
Malosco
Planitzing/Pianizza
Leifer/Laives
Tregiovo
Brez
Ronzone
Montiggl/Monticolo
Pfatten/Vadena
Cloz
Sarnonico
Preghena
Ruffre
Mendelpass/Pso. di Mendola 1363 m
Kaltern/Caldaro
Kaserhof/Maso Casera
Livo
Cavareno
Dambel
Romallo
Romeno
Amblar
Kalterer See/Lago di Caldaro
Branzoll/Bronzolo
Revo
Don
Salter
Altenburg/Castelvecchio
Casez
Malgolo
St. Josef am See/S. Giuseppe al Lago
Aldein/Aldino
Cles
Banco
San Romedio
Sanzeno
Monte Roen 2116 m
Überetscher Hütte
Söll/Sella
Tavon
Coredo
Tramin/Termeno
Auer/Ora
Rallo
Smarano
Castelfeder
Cocul 1563 m
Tassullo
Dermulo
Sfruz
Neumarkt-Auer/Egna-Ora
Rif. Sores
Rungg/Ronchi
Montan/Montagna
Naturpark
Taio
Tres
Graun/Corona
Nanno
Kurtatsch/Cortaccia
Neumarkt/Egna
Segno
Vervo
Gschonn/Casignano
Portolo
Torra
Penon/Penone
Parco Naturale
Hornspitz 1781 m
Flavon
Corno di Tres 1812 m
Königswiese
Mollaro
Margreid/Magre
Cunevo
Prio
Ober-Fennberg/Favognana di Sopra
St. Florian/S. Floriano
1622 m
Altrei/Anterivo
Denno
Dardine
Toss
Kurtinig/Cortina
Gfrill/Cauria
Termon
Unter-Fennberg/Favognana di Sotto
Laag/Laghetti
Monte Corno
Capriana
Quetta
Vigo Anaunia
Altopiano della Predaia
Unterland
Etschtal
Valle dell'Adige
Halseck 1616 m
Casatta
Dercolo
Rovere della Luna (Aichholz)
Buchholz/Pochi
Piscine
Cressino
Monticello 1857 m
Castel San Gottardo
Gra
Salurn/Salorno
Haderburg
Sover
Monte
Grumes
Mezzocorona
Montesover
Castello di Montereale
Monte Pincaldo 1351 m
Valda
Gresta
Sette Fontane
Mezzolombardo
202
San Michele all'Adige
Rif. Genzianella
Dosso Alto 1550 m
Ponciach
Vaccava

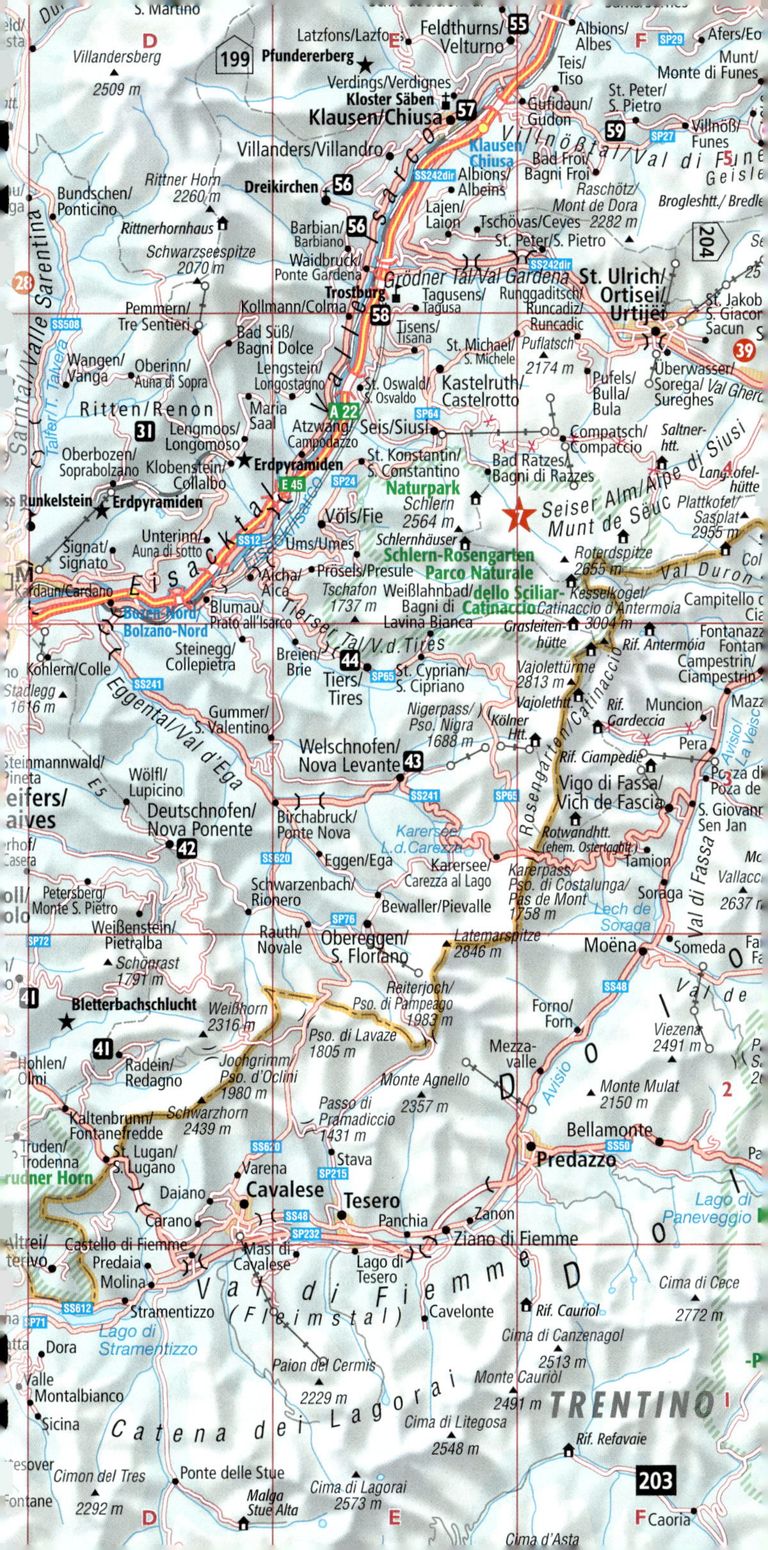

S. Martino
D
E
F
Villandersberg
2509 m
199
Pfundererberg
Latzfons/Lazfons
Feldthurns/ Velturno
55
Albions/ Albes
SP29
Afers/Eores
Munt/ Monte di Funes
Teis/ Tiso
Verdings/Verdignes
Kloster Säben
Klausen/Chiusa
57
Gufidaun/ Gudon
St. Peter/ S. Pietro
59
SP27
Villnöß/ Funes
Villnößtal/Val di Funes
Geisler
Villanders/Villandro
Klausen/ Chiusa
Bad Froi/ Bagni Froi
SS242dir
Albions/ Albeins
Raschötz/ Mont de Dora 2282 m
Brogleshtt./ Bredles
Rittner Horn 2260 m
Dreikirchen
56
Bundschen/ Ponticino
Lajen/ Laion
Tschövas/Ceves
Rittnerhornhaus
Barbian/ Barbiano
56
204
St. Peter/S. Pietro
Schwarzseespitze 2070 m
Waidbruck/ Ponte Gardena
SS242dir
28
Sarntal/Valle Sarentina
Grödner Tal/Val Gardena
St. Ulrich/ Ortisei/ Urtijëi
Trostburg
Tagusens/ Tagusa
Runggaditsch/ Runcadiz/ Runcadic
St. Jakob/ S. Giacomo Sacun
Pemmern/ Tre Sentieri
Kollmann/Colma
58
SS508
Bad Süß/ Bagni Dolce
Tisens/ Tisana
St. Michael/ S. Michele
Puflatsch 2174 m
39
Wangen/ Vanga
Oberinn/ Auna di Sopra
Lengstein/ Longostagno
St. Oswald/ S. Osvaldo
Kastelruth/ Castelrotto
Pufels/ Bulla/ Bula
Überwasser/ Soregal Val Gherdëina
Sureghes
Talfer/ T. Talvera
Ritten/Renon
31
Maria Saal
A 22
Atzwang/ Campodazzo
Seis/Siusi
SP64
Compatsch/ Compaccio
Saltner-htt.
Oberbozen/ Soprabolzano
Lengmoos/ Longomoso
St. Konstantin/ S. Constantino
Bad Ratzes/ Bagni di Razzes
Langkofel-hütte
Klobenstein/ Collalbo
Erdpyramiden
E 45
SP24
Naturpark
Schlern 2564 m
Seiser Alm/Alpe di Siusi
Mont de Sëuc
Runkelstein
Erdpyramiden
Eisacktal
Völs/Fie
7
Plattkofel/ Sasplat 2955 m
Unterinn/ Auna di sotto
Schlernhäuser
Signat/ Signato
SS12
Ums/Umes
Schlern-Rosengarten
Roterdspitze 2655 m
Col
Kardaun/Cardano
Aicha/ Aica
Prösels/Presule
Parco Naturale
Val Duron
Tschafon 1737 m
Weißlahnbad/ Bagni di Lavina Bianca
dello Sciliar- Catinaccio
Kesselkogel/ Catinaccio d'Antermoia 3004 m
Campitello di Fassa
Bozen-Nord/ Bolzano-Nord
Blumau/ Prato all'Isarco
Tierser Tal/V.d.Tires
Grasleiten-hütte
Rif. Antermóia
Fontanazzo
Kohlern/Colle
Steinegg/ Collepietra
Breien/ Brie
44
SP65
St. Cyprian/ S. Cipriano
Tiers/ Tires
Vajolettürme 2813 m
Campestrin/ Ciampestrin
Stadlegg 1616 m
SS241
Eggental/Val d'Ega
Gummer/ S. Valentino
Nigerpass/ Pso. Nigra 1688 m
Vajoletthtt.
Kölner Htt.
Rif. Gardeccia
Muncion
Mazzin
Rosengarten/Catinaccio
Welschnofen/ Nova Levante
43
Rif. Ciampedie
Pera
Avisio/ La Veisc
Steinmannwald/ Pineta
Wölfl/ Lupicino
SS241
SP65
Pozza di Fassa/ Poza de Fascia
Vigo di Fassa/ Vich de Fascia
Leifers/ Laives
E5
Deutschnofen/ Nova Ponente
Birchabruck/ Ponte Nova
Karersee/ L.d.Carezza
S. Giovanni/ Sen Jan
Rotwandhtt. (ehem. Ostertaghtt.)
Tamion
42
SS620
Eggen/Ega
Karersee/ Carezza al Lago
Karerpass/ Pso. di Costalunga/ Pas de Mont 1758 m
Soraga
Vallaccia 2637 m
Petersberg/ Monte S. Pietro
Schwarzenbach/ Rionero
Bewaller/Pievalle
Lech de Soraga
Val di Fassa
SP76
Rauth/ Novale
Obereggen/ S. Floriano
Latemarspitze 2846 m
Moëna
Someda
Weißenstein/ Pietralba
SP72
Schönrast 1791 m
Reiterjoch/ Pso. di Pampeago 1983 m
SS48
Val de
41
Bletterbachschlucht
Weißhorn 2316 m
Forno/ Forn
Viezena 2491 m
Pso. di Lavaze 1805 m
Mezza-valle
41
Hohlen/ Olmi
Radein/ Redagno
Jochgrimm/ Pso. d'Oclini 1980 m
Monte Agnello 2357 m
Monte Mulat 2150 m
2
Avisio
Passo di Pramadiccio 1431 m
Kaltenbrunn/ Fontanefredde
Schwarzhorn 2439 m
Bellamonte
Truden/ Trodenna
St. Lugan/ S. Lugano
SS620
Stava
Predazzo
SS50
Trudner Horn
Varena
SP215
Daiano
Cavalese
Tesero
Lago di Paneveggio
Carano
SS48
Panchia
Zanon
Altrei/ Anterivo
Castello di Fiemme
SP232
Ziano di Fiemme
Masi di Cavalese
Lago di Tesero
Predaia
Molina
Val di Fiemme
Dolomiti
Cima di Cece 2772 m
SS612
Stramentizzo
(Fleimstal)
Cavelonte
Rif. Cauriol
SP71
Lago di Stramentizzo
Cima di Canzenagol 2513 m
Dora
Paion del Cermis
Monte Cauriòl 2491 m
Valle
Montalbianco
2229 m
TRENTINO
Sicina
Catena dei Lagorai
Cima di Litegosa 2548 m
Rif. Refavaie
Cimon del Tres 2292 m
Ponte delle Stue
Cima di Lagorai 2573 m
203
Malga Stue Alta
D
E
F
Caoria
Cima d'Asta

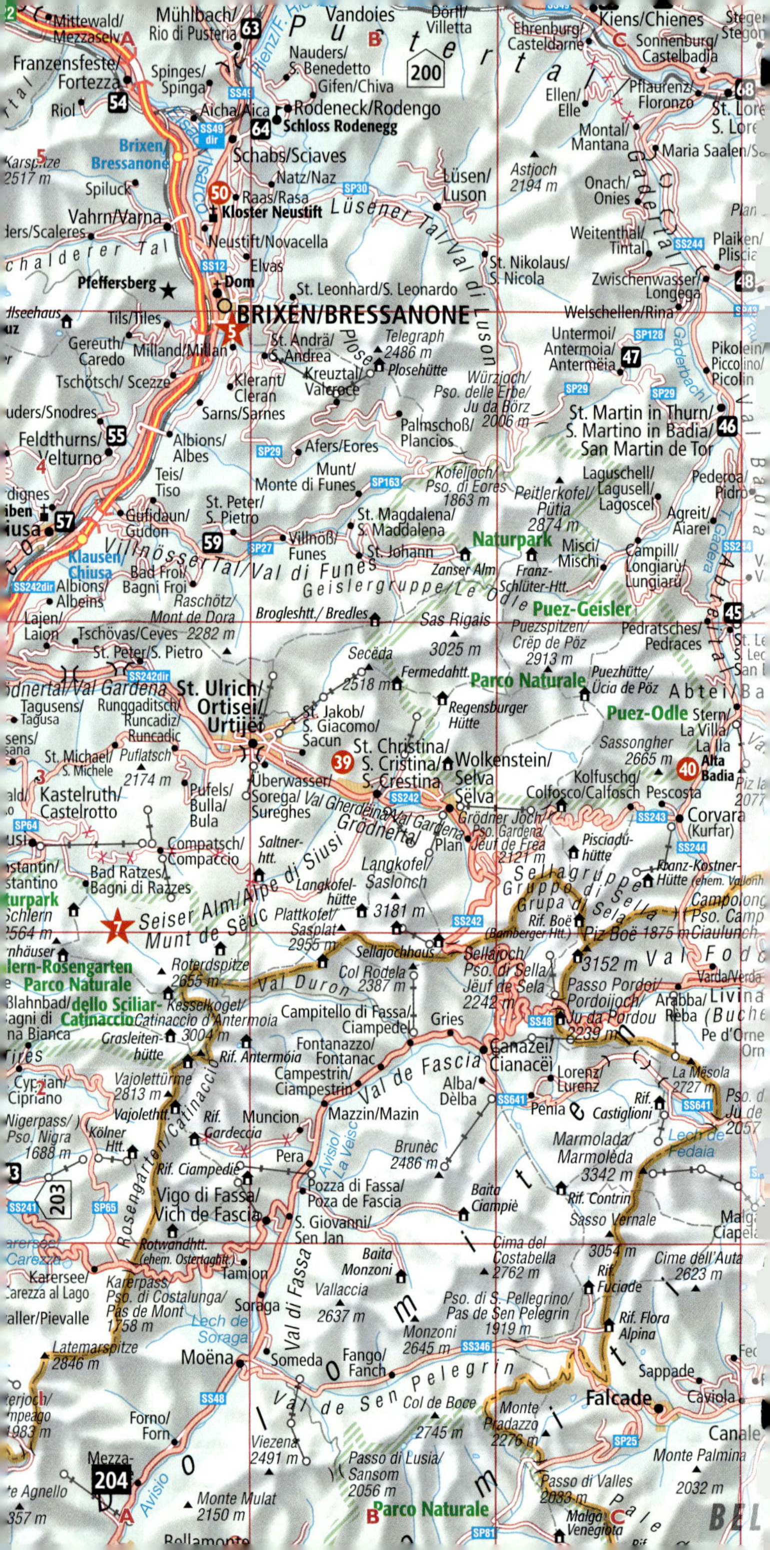

Mittewald/ Mezzaselva
Mühlbach/ Rio di Pusteria
Vandoies
Dörfl/ Villetta
Kiens/Chienes
Ehrenburg/ Casteldarne
Sonnenburg/ Castelbadia
Franzensfeste/ Fortezza
Nauders/ S. Benedetto
Gifen/Chiva
Spinges/ Spinga
Pflaurenz/ Floronzo
Ellen/ Elle
St. Lorenzen
Riol
Aicha/Aica
Rodeneck/Rodengo
Schloss Rodenegg
Montal/ Mantana
Maria Saalen
Brixen/ Bressanone
Schabs/Sciaves
Karspitze 2517 m
Natz/Naz
Lüsen/ Luson
Astjoch 2194 m
Onach/ Onies
Spiluck
Raas/Rasa
Kloster Neustift
Vahrn/Varna
Lüsener Tal/Val di Luson
Neustift/Novacella
Weitenthal/ Tintal
Plaiken/ Pliscia
Elvas
St. Nikolaus/ S. Nicola
Zwischenwasser/ Longega
Pfeffersberg
Dom
St. Leonhard/S. Leonardo
BRIXEN/BRESSANONE
Welschellen/Rina
Tils/Tiles
Gereuth/ Caredo
Milland/Millan
St. Andrä/ S. Andrea
Plose
Telegraph 2486 m
Plosehütte
Untermoi/ Antermoia/ Antermëia
Pikolein/ Piccolino/ Picolin
Tschötsch/ Scezze
Klerant/ Cleran
Kreuztal/ Valcroce
Würzjoch/ Pso. delle Erbe/ Ju da Börz 2006 m
Gaderbach
Sarns/Sarnes
Palmschoß/ Plancios
St. Martin in Thurn/ S. Martino in Badia/ San Martin de Tor
Feldthurns/ Velturno
Albions/ Albes
Afers/Eores
Teis/ Tiso
Munt/ Monte di Funes
Kofeljoch/ Pso. di Eores 1863 m
Peitlerkofel/ Pütia 2874 m
Laguschell/ Lagusell/ Lagoscel
Pederoa/ Pidro
Gufidaun/ Gudon
St. Peter/ S. Pietro
St. Magdalena/ S. Maddalena
Agreit/ Aiarei
Villnöß/ Funes
St. Johann
Naturpark
Misci/ Mischi
Campill/ Longiarü/ Lungiarü
Klausen/ Chiusa
Villnösser Tal/Val di Funes
Bad Froi/ Bagni Froi
Zanser Alm
Franz-Schlüter-Htt.
Albions/ Albeins
Raschötz/ Mont de Dora
Geislergruppe/Le Odle
Puez-Geisler
Lajen/ Laion
Tschövas/Ceves 2282 m
Brogleshtt./ Bredles
Sas Rigais 3025 m
Puezspitzen/ Crëp de Pöz 2913 m
Pedratsches/ Pedraces
St. Peter/S. Pietro
Secëda 2518 m
Fermedahtt.
Parco Naturale
Puezhütte/ Ücia de Pöz
Abtei/Badia
Grödnertal/Val Gardena
St. Ulrich/ Ortisei/ Urtijëi
St. Jakob/ S. Giacomo/ Sacun
Regensburger Hütte
Puez-Odle
Stern/ La Villa/ La Ila
Tagusens/ Tagusa
Runggaditsch/ Runcadiz/ Runcadic
St. Christina/ S. Cristina/ S. Crestina
Wolkenstein/ Selva/ Sëlva
Sassongher 2665 m
Alta Badia
St. Michael/ S. Michele
Puflatsch 2174 m
Kolfuschg/ Colfosco/Calfosch
Pescosta
Kastelruth/ Castelrotto
Pufels/ Bulla/ Bula
Überwasser/ Sorega/ Sureghes
Val Gherdëina/Val Gardena
Grödner Joch/ Pso. Gardena/ Jëuf de Frea 2121 m
Corvara (Kurfar)
Compatsch/ Compaccio
Saltner-htt.
Grödnertal
Plan
Pisciadù-hütte
Franz-Kostner-Hütte
Bad Ratzes/ Bagni di Razzes
Langkofel/ Saslonch 3181 m
Sellagruppe/ Gruppo di Sella/ Grupa di Sela
Naturpark
Schlern 2564 m
Seiser Alm/Alpe di Siusi/ Mont de Sëuc
Langkofel-hütte
Plattkofel/ Sasplat 2955 m
Rif. Boè
(Bamberger Htt.)
Piz Boè 3152 m
Campolongo/ Pso. Campolongo 1875 m
Sellajochhaus
Sellajoch/ Pso. di Sella/ Jëuf de Sela 2242 m
Val Fodom
Schlern-Rosengarten/ Parco Naturale dello Sciliar-Catinaccio
Roterdspitze 2655 m
Col Rodela 2387 m
Val Duron
Passo Pordoi/ Pordoijoch/ Ju da Pordou 2239 m
Arabba/ Reba
Livinallongo (Buchenstein)
Pe d'Ornella
Kesselkogel/ Catinaccio d'Antermoia 3004 m
Campitello di Fassa/ Ciampedel
Gries
Canazei/ Cianacëi
Grasleiten-hütte
Rif. Antermöia
Fontanazzo/ Fontanac
Campestrin/ Ciampestrin
Val de Fascia
Alba/ Dèlba
Lorenz/ Lurenz
La Mësola 2727 m
Vajolettürme 2813 m
Rosengarten/Catinaccio
Penia
Rif. Castiglioni
Pso. di Fedaia/ Ju de Fedaia 2057
Cyprian/ Cipriano
Vajolethtt.
Rif. Gardeccia
Muncion
Mazzin/Mazin
Nigerpass/ Pso. Nigra 1688 m
Kölner Htt.
Avisio/ La Veisc
Brunèc 2486 m
Marmolada/ Marmoléda 3342 m
Lech de Fedaia
Rif. Ciampedie
Pera
Pozza di Fassa/ Poza de Fascia
Baita Ciampiè
Rif. Contrin
Vigo di Fassa/ Vich de Fascia
Sasso Vernale 3054 m
Malga Ciapela
S. Giovanni/ Sen Jan
Rotwandhtt. (ehem. Ostertaghtt.)
Karersee/ Carezza
Tamion
Baita Monzoni
Cima del Costabella 2762 m
Cime dell'Auta 2623 m
Karersee/ Carezza al Lago
Karerpass/ Pso. di Costalunga/ Pas de Mont 1758 m
Soraga
Vallaccia 2637 m
Pso. di S. Pellegrino/ Pas de Sen Pelegrin 1919 m
Rif. Fuciade
Rif. Flora Alpina
Val di Fassa
Lech de Soraga
Monzoni 2645 m
Latemarspitze 2846 m
Moëna
Someda
Fango/ Fanch
Val de Sen Pelegrin
Sappade
Dolomiti
Falcade
Caviola
Col de Boce 2745 m
Monte Pradazzo 2276 m
Forno/ Forn
Viezena 2491 m
Canale
Monte Palmina 2032 m
Mezzano
Passo di Lusia/ Sansom 2056 m
Passo di Valles 2033 m
Monte Mulat 2150 m
Parco Naturale
Malga Venegiota
Bellamonte
200
203
204

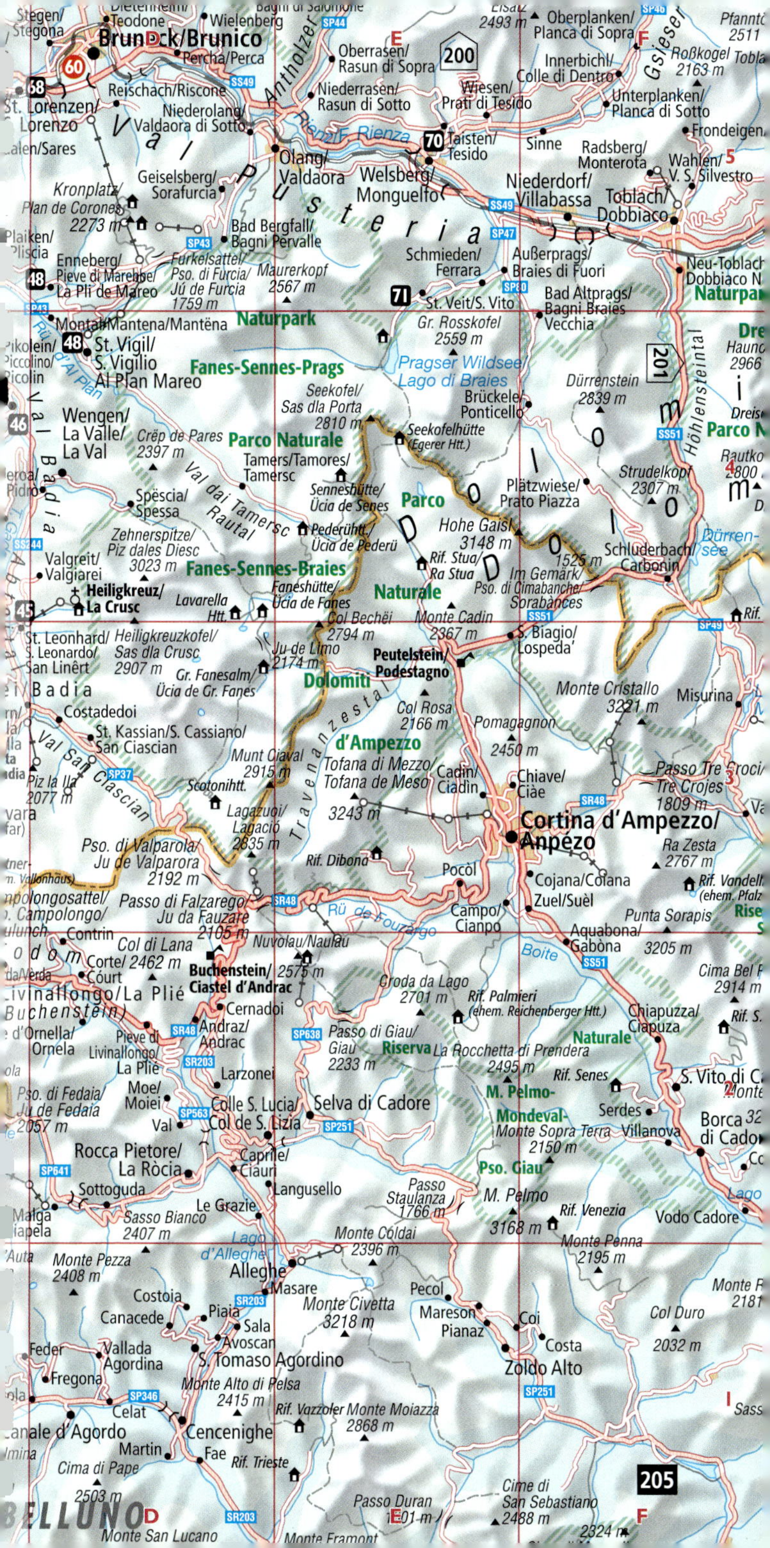
Bruneck/Brunico
Percha/Perca
Wielenberg
Oberrasen/ Rasun di Sopra
Niederrasen/ Rasun di Sotto
Oberplanken/ Planca di Sopra
Innerbichl/ Colle di Dentro
Unterplanken/ Planca di Sotto
Roßkogel 2163 m
Frondeigen
Reischach/Riscone
Niederolang/ Valdaora di Sotto
Antholzer
Wiesen/ Prati di Tesido
Taisten/ Tesido
Sinne
Radsberg/ Monterota
Wahlen/ V. S. Silvestro
St. Lorenzen/ Lorenzo
Val Pusteria
Olang/ Valdaora
Welsberg/ Monguelfo
Niederdorf/ Villabassa
Toblach/ Dobbiaco
Geiselsberg/ Sorafurcia
Kronplatz/ Plan de Corones 2273 m
Bad Bergfall/ Bagni Pervalle
Furkelsattel/ Pso. di Furcia/ Jú de Furcia 1759 m
Maurerkopf 2567 m
Schmieden/ Ferrara
Außerprags/ Braies di Fuori
Neu-Toblach/ Dobbiaco N
Enneberg/ Pieve di Marebbe/ La Pli de Mareo
St. Veit/S. Vito
Bad Altprags/ Bagni Braies Vecchia
Montal/Mantena/Mantëna
Naturpark
St. Vigil/ S. Vigilio Al Plan Mareo
Gr. Rosskofel 2559 m
Fanes-Sennes-Prags
Pragser Wildsee/ Lago di Braies
Dürrenstein 2839 m
Höhlensteintal
Seekofel/ Sas dla Porta 2810 m
Brückele/ Ponticello
Wengen/ La Valle/ La Val
Crëp de Pares 2397 m
Parco Naturale
Seekofelhütte (Egerer Htt.)
Tamers/Tamores/ Tamersc
Val Badia
Val dai Tamersc
Rautal
Senneshütte/ Ücia de Senes
Parco
Plätzwiese/ Prato Piazza
Strudelkopf 2307 m
Dolomiti
Spëscial/ Spessa
Pederühtt./ Ücia de Pederü
Hohe Gaisl 3148 m
Zehnerspitze/ Piz dales Diesc 3023 m
Rif. Stua/ Ra Stua
1525 m
Schluderbach/ Carbonin
Dürrensee
Valgreit/ Valgiarei
Fanes-Sennes-Braies
Im Gemärk/ Pso. di Cimabanche/ Sorabànces
Heiligkreuz/ La Crusc
Lavarella Htt.
Faneshütte/ Ücia de Fanes
Naturale
Col Bechëi 2794 m
Monte Cadin 2367 m
S. Biagio/ Lospeda
St. Leonhard/ S. Leonardo/ San Linërt
Heiligkreuzkofel/ Sas dla Crusc 2907 m
Ju de Limo 2174 m
Peutelstein/ Podestagno
Gr. Fanesalm/ Ücia de Gr. Fanes
Badia
Monte Cristallo 3221 m
Misurina
Costadedoi
Travenanzestal
Col Rosa 2166 m
St. Kassian/S. Cassiano/ San Ciascian
d'Ampezzo
Pomagagnon 2450 m
Val San Ciascian
Munt Ciaval 2915 m
Tofana di Mezzo/ Tofana de Meso 3243 m
Cadin/ Ciadìn
Chiave/ Ciàe
Passo Tre Croci/ Tre Crojes 1809 m
Piz la Ila 2077 m
Scotonihtt.
Lagazuoi/ Lagació 2835 m
Cortina d'Ampezzo/ Anpezo
Ra Zesta 2767 m
Pso. di Valparola/ Ju de Valparora 2192 m
Rif. Dibona
Pocòl
Cojana/Colana
Rif. Vandelli (ehem. Pfalz
Campolongosattel/ Campolongo
Passo di Falzarego/ Ju da Fauzare 2105 m
Rü de Fouzargo
Campo/ Cianpo
Zuel/Suèl
Punta Sorapis 3205 m
Contrin
Col di Lana 2462 m
Nuvolau/Naulau 2575 m
Aquabona/ Gabòna
Boite
Cortel
Còurt
Buchenstein/ Ciastel d'Andrac
Croda da Lago 2701 m
Cima Bel Pra 2914 m
Livinallongo/La Plié
Buchenstein
Cernadoi
Rif. Palmieri (ehem. Reichenberger Htt.)
Chiapuzza/ Ciapuza
Andraz/ Andrac
Pieve di Livinallongo/ La Plié
Passo di Giau/ Giau 2233 m
Riserva
La Rocchetta di Prendera 2495 m
Naturale
Larzonei
Rif. Senes
S. Vito di Cadore
Pso. di Fedaia/ Ju de Fedaia 2057 m
Moe/ Moiei
Colle S. Lucia/ Col de S. Lizia
Selva di Cadore
M. Pelmo-Mondeval-
Serdes
Villanova
Borca di Cadore
Val
Monte Sopra Terra 2150 m
Rocca Pietore/ La Ròcia
Caprile/ Ciauri
Pso. Giau
Sottoguda
Langusello
Passo Staulanza 1766 m
M. Pelmo 3168 m
Rif. Venezia
Vodo Cadore
Malga Ciapela
Le Grazie
Sasso Bianco 2407 m
Monte Coldai 2396 m
Monte Penna 2195 m
Lago d'Alleghe
Monte Pezza 2408 m
Alleghe
Masare
Pecol
Costoia
Piaia
Monte Civetta 3218 m
Mareson
Pianaz
Coi
Col Duro 2032 m
Canacede
Sala
Avoscan
Costa
Feder
Vallada Agordina
S. Tomaso Agordino
Zoldo Alto
Fregona
Monte Alto di Pelsa 2415 m
Celat
Rif. Vazzoler
Monte Moiazza 2868 m
Canale d'Agordo
Cencenighe
Martin
Fae
Rif. Trieste
Cima di Pape 2503 m
Passo Duran
Cime di San Sebastiano 2488 m
2324 m
BELLUNO
Monte San Lucano
Monte Framont
200
201
205

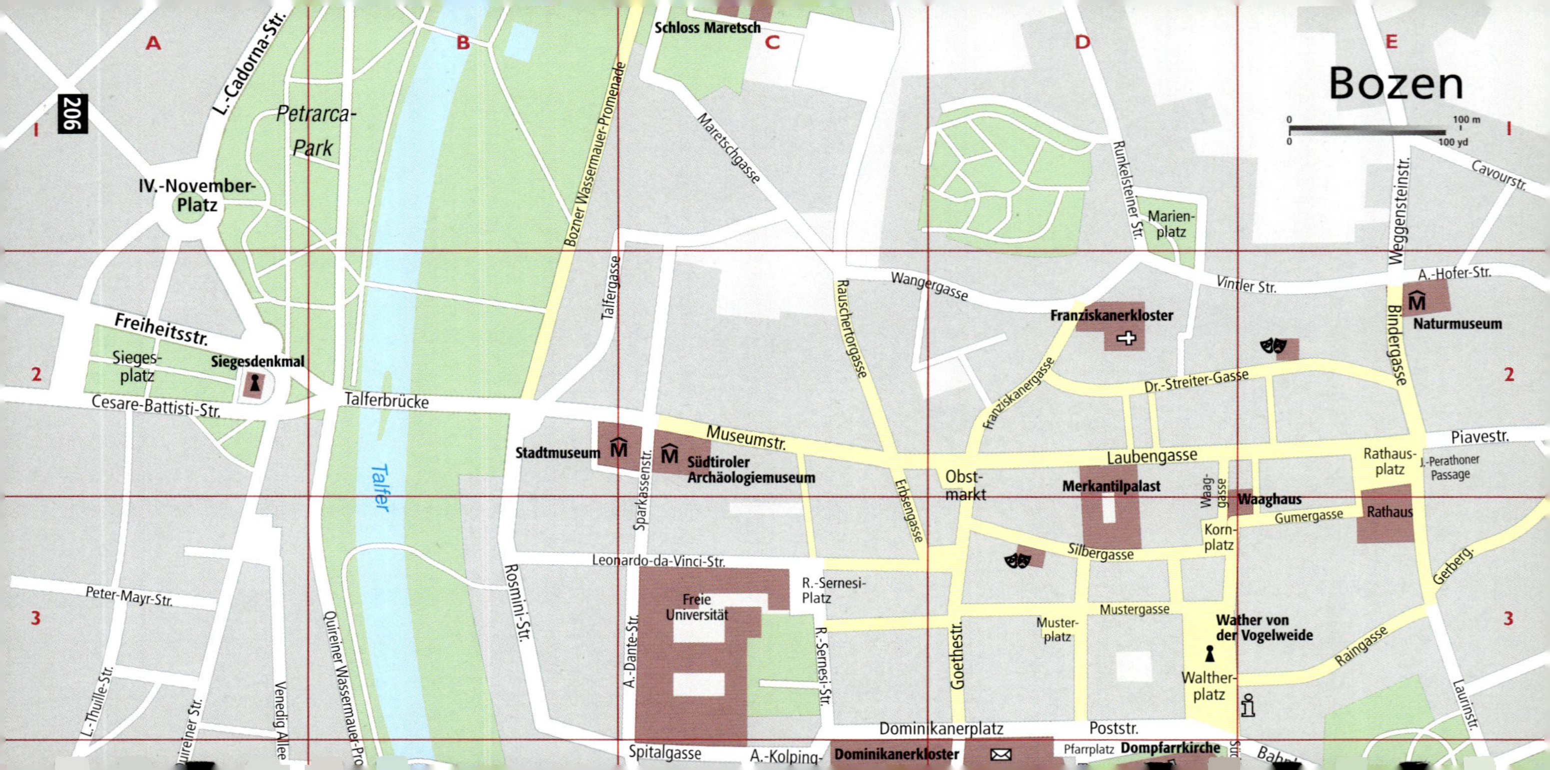
Bozen
0
100 m
0
100 yd
A
B
C
D
E
1
2
3
L.-Cadorna-Str.
Petrarca-Park
IV.-November-Platz
Freiheitsstr.
Sieges-platz
Siegesdenkmal
Cesare-Battisti-Str.
Talferbrücke
Talfer
Schloss Maretsch
Bozner Wassermauer-Promenade
Maretschgasse
Talfergasse
Stadtmuseum
Sparkassenstr.
Museumstr.
Südtiroler Archäologiemuseum
Rauschertorgasse
Wangergasse
Runkelsteiner Str.
Marien-platz
Vintler Str.
Weggensteinstr.
A.-Hofer-Str.
Cavourstr.
Naturmuseum
Bindergasse
Franziskanerkloster
Franziskanergasse
Dr.-Streiter-Gasse
Piavestr.
Laubengasse
Rathaus-platz
J.-Perathoner Passage
Obst-markt
Erbsengasse
Merkantilpalast
Waag-gasse
Waaghaus
Rathaus
Gumergasse
Korn-platz
Silbergasse
Gerberg.
Leonardo-da-Vinci-Str.
R.-Sernesi-Platz
Freie Universität
Rosmini-Str.
Peter-Mayr-Str.
Quireiner Wassermauer-Pro
Mustergasse
Muster-platz
Goethestr.
Wather von der Vogelweide
Walther-platz
Raingasse
Laurinstr.
A.-Dante-Str.
R.-Sernesi-Str.
Dominikanerplatz
Poststr.
L.-Thuille-Str.
uireiner Str.
Venedig Allee
Spitalgasse
A.-Kolping-
Dominikanerkloster
Pfarrplatz
Dompfarrkirche
Bahn

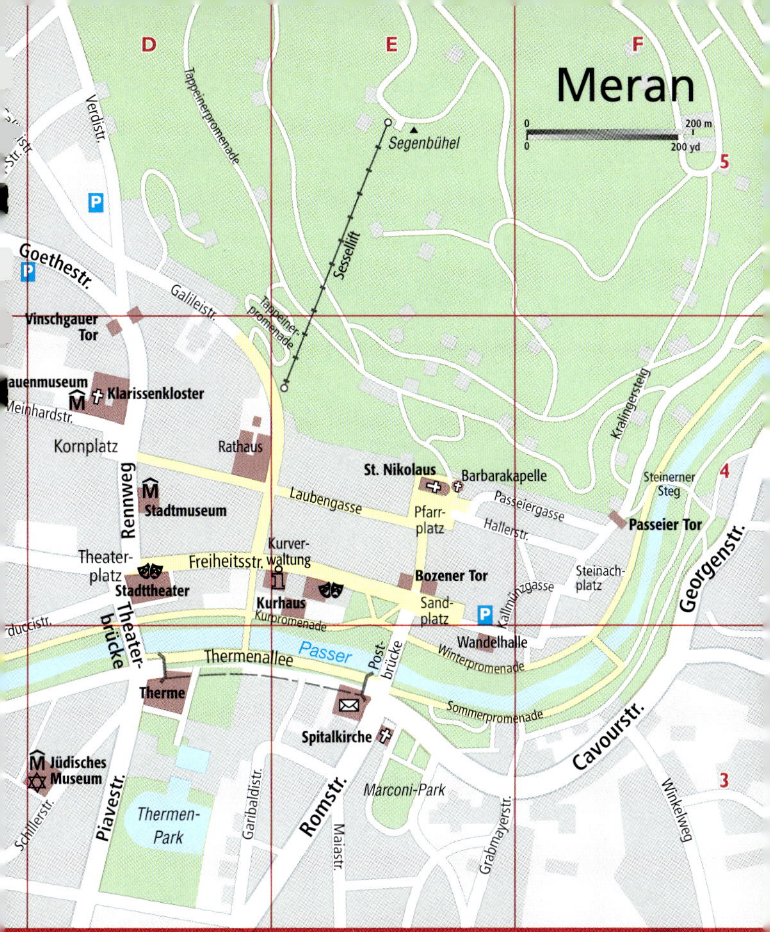

Meran
0
200 m
0
200 yd
D
E
F
5
4
3
Segenbühel
Sessellift
Tappeinerpromenade
Tappeiner-
promenade
Verdistr.
Goethestr.
Galileistr.
Vinschgauer
Tor
Klarissenkloster
Meinhardstr.
Kornplatz
Rathaus
Rennweg
Stadtmuseum
Laubengasse
St. Nikolaus
Barbarakapelle
Pfarr-
platz
Passeiergasse
Hallerstr.
Passeier Tor
Steinerner
Steg
Kralingersteig
Theater-
platz
Freiheitsstr.
Kurver-
waltung
Stadttheater
Kurhaus
Kurpromenade
Bozener Tor
Sand-
platz
Kallmünzgasse
Steinach-
platz
Georgenstr.
Theater-
brücke
Thermenallee
Passer
Post-
brücke
Wandelhalle
Winterpromenade
Therme
Sommerpromenade
Spitalkirche
Cavourstr.
Jüdisches
Museum
Schillerstr.
Piavestr.
Thermen-
Park
Garibaldistr.
Romstr.
Maiastr.
Marconi-Park
Grabmayerstr.
Winkelweg

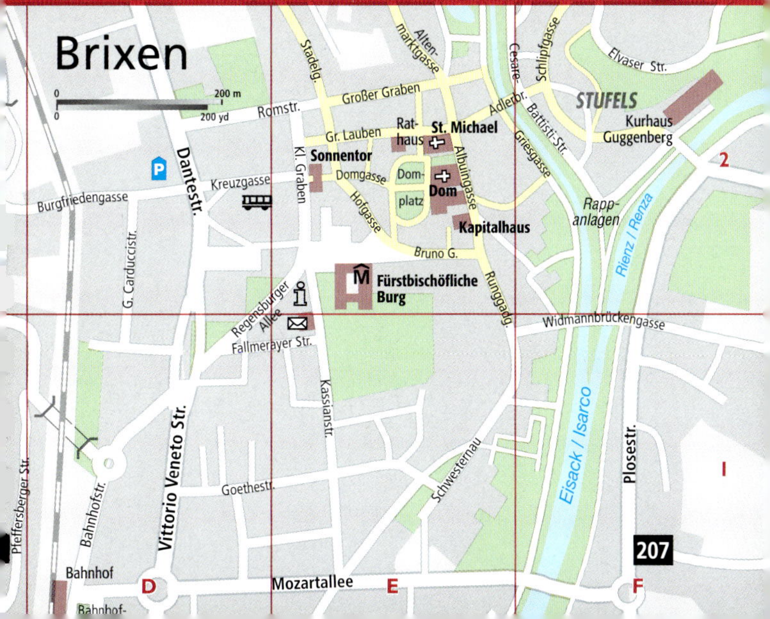

Brixen
0
200 m
0
200 yd
Stadelg.
Alten-
marktgasse
Cesare-
Schlipfgasse
Elvaser Str.
Großer Graben
Romstr.
STUFELS
Adlerbr.
Battisti-Str.
Rat-
haus
St. Michael
Kurhaus
Guggenberg
Gr. Lauben
Sonnentor
Kl. Graben
Griesgasse
Dantestr.
Kreuzgasse
Domgasse
Dom-
platz
Dom
Albuingasse
Burgfriedengasse
Hofgasse
Rapp-
anlagen
Kapitalhaus
Rienz / Renza
Bruno G.
Fürstbischöfliche
Burg
G. Carduccistr.
Regensburger
Allee
Runggadg.
Widmannbrückengasse
Fallmerayer Str.
Kassianstr.
Schwesternau
Eisack / Isarco
Plosestr.
Vittorio Veneto Str.
Bahnhofstr.
Goethestr.
Pfeffersberger Str.
Bahnhof
Mozartallee
Bahnhof-
D
E
F
2
1

Register

Register

Notizen

Bildnachweis

akg-images: 17, 18 (oben), Erich Lessing 18 (unten), 24/25 (Hintergrund)

Bildagentur Huber: H. P. Huber 44, Olimpio Fantuz 136

DuMont Bildarchiv/Udo Bernhart: 8

DuMont Bildarchiv/Werner Fabig: 24, 28 (links), 28/29, 168, 169

Roger M. Gill, Tübingen: 191 (Mitte)

Gerold Jung, Ottobrunn: 102

laif: Clemens Zahn 4, Conrad Piepenburg 27 (links)

LOOK-foto: W. Ehn 6/7, Südtirolfoto/O. Seehauser 98

Peter Mathis, Hohenems: 29 (unten), 126

Erhard Pansegrau, Berlin: 15 (rechts oben), 16 (unten), 20, 20/21, 26, 30 (oben)

Martina Quill, Esslingen: 191 (oben)

Thomas Stankiewicz, München: 15 (rechts unten), 21, 28 (rechts), 29 (oben), 68, 92, 93, 129 (unten), 180, 183 (unten), 185, 191 (unten)

Thomas Peter Widmann, Regensburg: 12 (links), 13, 19 (oben), 30 (unten), 42, 47, 49, 64 (unten), 65, 66, 69, 71, 74, 76, 89, 94, 95, 97, 100, 101, 105, 106, 115 (unten), 116, 118/119, 119,120, 121, 124, 127, 128, 137, 140, 141 (unten), 142 (oben), 144, 145, 148, 150, 159, 160, 161, 162/163, 164/165, 167, 170, 184, 186

alle weiteren Fotos: Hartmut Krinitz, Müllheim-Feldberg

Titelbild: O. Seehauser/Suedtirolfoto/LOOK-foto

VERLAG KARL BAEDEKER

1. Aufl. 2015

Text: Ulf Hausmanns, Robert Asam
Redaktion: Frank Müller, Anja Schlatterer, Anette Vogt
(red.sign, Stuttgart)
Programmleitung: Birgit Borowski
Chefredaktion: Rainer Eisenschmid

Kartografie: ©MAIRDUMONT GmbH & Co. KG, Ostfildern
3D-Illustration: jangled nerves, Stuttgart

Anzeigenvermarktung:
MAIRDUMONT MEDIA
Tel. 0711/4502 333
media@mairdumont.com
media.mairdumont.com

Printed in China

Trotz aller Sorgfalt von Autoren und Redaktion sind Fehler und Änderungen nach Drucklegung leider nicht auszuschließen. Dafür kann der Verlag keine Haftung übernehmen. Berichtigungen, Kritik und Verbesserungsvorschläge sind uns jederzeit willkommen, bitte informieren Sie uns unter:

Verlag Karl Baedeker/Redaktion
Postfach 3162
D-73751 Ostfildern
Tel. 0711 4502 262
smart@baedeker.com
www.baedeker.com

FSC
www.fsc.org
MIX
Papier aus verantwortungsvollen Quellen
FSC® C020056

10 GRÜNDE WIEDERZUKOMMEN

1. Hinter jedem **Berggipfel** versteckt sich ein weiterer.
2. Nirgendwo **scheint die Sonne** so oft, so warm und so lange wie über Südtirol.
3. Beim nächsten Mal läuft einem **Reinhold Messner** über den Weg. Versprochen!
4. **Südtirols Weine** kann man unmöglich alle auf einmal verkosten.
5. Nicht mehr ganz deutsch, noch nicht ganz italienisch, diese **Mischung** erlebt man nur hier.
6. Da war doch noch diese eine **Wanderung**, für die die Zeit nicht mehr reichte.
7. Diese **Knödel** – ob deftig mit Speck, Käse oder Spinat oder süß mit Marillen oder Zwetschgen!
8. Vielleicht lacht einem dann auch das Wettglück beim **Haflinger Bauerngalopp**.
9. **Sella Ronda** oder ein Radtag am **Stilfserjoch** machen süchtig und zufrieden.
10. Auch **Kaiserin Elisabeth** kam wieder, und damals war die Anreise bei Weitem beschwerlicher.